साहित्य और हमारा समय

वाणी प्रकाशन

नयी दिल्ली-110002

फोन : 3273167, 3275710 ● फैक्स : 3275710

e-mail : vani_prakashan@yahoo.com

vani_prakashan@mantraonline.com

साहित्य और हमारा समय

कुँवर पाल सिंह

ISBN : 978-81-7055-933-7

वाणी प्रकाशन
21-ए, दरियागंज, नयी दिल्ली-110002
द्वारा प्रकाशित

प्रथम संस्करण : 2002

मूल्य : 150.00

नागरी प्रिंटर्स, दिल्ली-110032
में मुद्रित

SAHITYA AUR HAMARA SAMAY
by Kunwar Pal Singh

प्रो. सतीश चन्द्र

एवं

प्रो. (श्रीमती) सावित्री चन्द्र शोभा

को

सम्मान के साथ

भूमिका

कला, साहित्य और संस्कृति किसी जीवन्त और सभ्य समाज का महत्त्वपूर्ण अंग होते हैं। हमारी स्वयं की पहचान साहित्यिक और सांस्कृतिक विरासत से होती है। आज यह महत्त्वपूर्ण प्रश्न हो गया है कि विरासत का मूल्यांकन हम किस रूप में करें। क्या रूढ़ियाँ हमारी विरासत और परम्परा का अंग हो सकती हैं? रूढ़ियाँ तो मार्ग की रुकावट होती हैं, परम्परा एक बहती हुई नदी की तरह है जो अशुद्ध जल को शुद्ध जल में बदलती रहती है। विरासत स्वस्थ समाज और उसके बौद्धिक निर्माण में महत्त्वपूर्ण भूमिका का निर्वाह करती है लेकिन आज यह सवाल विवाद के घेरे में है। भारतीय संस्कृति इकहरी नहीं है, इस देश में बहुत से बाहर के लोग आए और बस गए। भारतीय संस्कृति के निर्माण और विकास में उन सभी का योगदान है जो इसे अपनी मातृभूमि कहते हैं। भारत की सभ्यता और संस्कृति मूलतः एक सामासिक संस्कृति है जिसे हम 'मिश्रित संस्कृति' कह सकते हैं। इसमें विभिन्न संस्कृतियों का समावेश होता रहा है और यह प्रक्रिया आज भी थमी नहीं है। यही कारण है कि विश्व के अन्य प्राचीन देशों की सभ्यता और संस्कृतियां इतिहास की वस्तु रह गई है जहाँ आर्य, द्रविड़ और मंगोल सभ्यताओं का मिलन हुआ हो। यह तय करने का आज हमारे पास कोई साधन नहीं है कि किस सभ्यता और संस्कृति ने किससे क्या लिया और क्या दिया। इसके साथ ही विभिन्न धर्मावलम्बी समुदाय भी यहाँ शताब्दियों से साथ-साथ रहते आए हैं। इनके बीच विरोध भी है और अद्‌भुत सामंजस्य भी, इसी को हम भारतीय संस्कृति का समन्वयवाद कह सकते हैं।

हमारे हिन्दी साहित्य में आरम्भ से ही उपरोक्त सांस्कृतिक प्रवृत्तियां मिलती हैं। हमारे चेतनासम्पन्न साहित्यकार यथास्थितिवादी नहीं हैं। उन्होंने जड़ सांस्कृतिक परम्पराओं, सामाजिक रूढ़ियों, धार्मिक पाखंडों और मनुष्य को बाँटने वाली प्रवृत्तियों का निरन्तर विरोध किया है। हमारे तमाम महत्त्वपूर्ण साहित्यकार सामाजिक परिवर्तनों के आकांक्षी रहे हैं। उन्होंने धर्म के दो चेहरों का वर्णन किया है—एक सत्ता का धर्म होता है और एक जनता का धर्म। वे हमेशा जनसंस्कृति और जनधर्म के साथ हैं। भक्तिकाल का साहित्य इसका सर्वश्रेष्ठ उदाहरण है।

लेकिन आज साझी सांस्कृतिक धरोहर के सामने प्रश्न चिह्न लगाए जा रहे हैं। एक ओर ज्ञान, विज्ञान और तकनीक में देश ने अभूतपूर्व उन्नति की है दूसरी ओर एक मिथ्या चेतना का कई रूपों में प्रचार-प्रसार किया जा रहा है। प्राचीन सभ्यता और संस्कृति के नाम पर रूढ़ विचारों को आधुनिक और तर्कसंगत कहकर उन्हें स्थापित करने का प्रयास हो रहा है। भ्रम का ऐसा कुहासा फैलाया जा रहा है जहाँ विवेक, अविवेक, तर्क-कुतर्क, आधुनिकता और पौराणिकता के बीच कोई अन्तर ही नहीं दिखाई देता है। समाज के मूल प्रश्न हाशिए पर चले गए हैं और गौण प्रश्न मुख्य पृष्ठ पर सजा दिए गए हैं। हमारे साहित्य में भी इन दिनों यह अराजकता चरम सीमा पर है। यह अराजकता और दिशाहीनता गहरे बौद्धिक और सांस्कृतिक संकट का प्रतीक है। हम इतिहास के सबसे भयानक दौर से गुजर रहे हैं। आज अज्ञान रूपी राक्षस निरंतर हमारे विवेक को डंसने का प्रयास कर रहा है। इससे संघर्ष करने के लिए तथा स्थिति को बदलने के लिए हमारे प्रयास बहुत कम हैं। छोटे सवाल उठाकर और व्यक्तिगत आकांक्षाओं की पूर्ति करने से समस्या का समाधान संभव नहीं है। वैचारिक दरिद्रता समाज को पीछे ही ले जा सकती है, इससे समाज विकास की कोई संभावना नहीं होती। सामाजिक उपलब्धियों के बिना व्यक्तिगत उपलब्धियों का कोई महत्व नहीं होता। इतिहास की यह शिक्षा है कि रचनाकार की सामाजिक भूमिका ही उसके व्यक्तित्व और साहित्य का निर्माण करती है। उसके साहित्य का मूल्यांकन भी उसकी सामाजिक भूमिका से तय होता है। साहित्य हमेशा जनसाधारण की पीड़ा, सुख-दुख, जय-पराजय और संघर्षों का साक्षी और साथी होता है। न साहित्य परिवर्तनों का मूकदर्शक होता है और न साहित्यकार। वह तो इनका सहभागी होता है।

जनवाद और यथार्थवादी साहित्य के सामने कलावाद और रूपवाद नए रूप और वेश-भूषा में आ रहा है, कहीं मानवीय गरिमा के नाम पर विचार हीनता का सृजन कर रहा है, कहीं क्रांति के नाम पर रीतिवाद की पुनर्स्थापना कर रहा है। क्या यह विडम्बना नहीं है कि आज हिन्दी साहित्य में किसान-मजदूर-शिल्पी वर्ग हाशिये पर है। महिलाओं और दलितों की चर्चा तो बहुत हो रही है, किन्तु वास्तविकता का पुट इसमें कम है। महानगर के लेखकों का अनुभव संसार बहुत सीमित है। भारत के बृहद जीवन से उनका सीधा सम्बन्ध नहीं है। उनका यथार्थबोध द्वितीय ढंग के स्रोतों पर आधारित है इसलिए अधिकांश रचनाएँ सीमित संसार का चित्रण करती हैं। हमारे मध्यवर्ग का सम्बन्ध भी अब साधारणजन से बहुत विरल होता जा रहा है। ये भद्रजन लोक से दूर हो रहे हैं। उसकी भाषा और खुशबू इनके साहित्य में अब नहीं मिलती। हिन्दी क्षेत्र को आज एक नए नवजागरण की आवश्यकता है जो इस प्रदेश को नई ऊर्जा और जीवनी शक्ति प्रदान करे, तभी बड़ा साहित्य लिखा जा सकता है। बिना परिस्थितियों को बदले साहित्य में बदलाव संभव नहीं है।

यह आलेख पिछले दिनों इसी उद्‌देश्य से लिखे गए थे कि साहित्य में व्याप्त निराशा और दिशाहीनता के सामने कुछ प्रश्नचिह्न लगें। इन आलेखों में किसी सफलता और समाधान का दावा नहीं है। यह संभव भी नहीं है, हाँ, अपने समय में हस्तक्षेप की कोशिश जरूर है। यह प्रयास कितना सफल है इसका निर्णय सुधी पाठक ही करेंगे। डॉ. देवेन्द्र गुप्ता के सहयोग के बिना यह कार्य इतनी जल्दी संभव नहीं होता। उन्हें मेरा हार्दिक धन्यवाद।

कुँवरपाल सिंह

1 जनवरी, 2002

एम.आई.जी. 28, अवन्तिका-I, रामघाट रोड
अलीगढ़-202001

अनुक्रम

कुलीन संस्कृति बनाम जन संस्कृति

1955 की बात है, छुट्टी का दिन था। हम लोग गाँव के पंचायतघर पर बैठे ख्रुश्चेव और बुलगानिन की भारत यात्रा पर चर्चा कर रहे थे। उन दिनों नौजवानों में वामपंथी विचारधारा का व्यापक प्रभाव था। हमारे सभी साथी किसानों में काम करते थे और मूढ़जी और नागरजी के सांस्कृतिक दल में भी सक्रिय थे। गायन के अतिरिक्त नागरजी के लिखे हुए राजनीतिक एवं सामाजिक नाटक भी गाँव में खेलते थे। उस समय राजनीति सामाजिक और सांस्कृतिक सवालों से भी गहराई से जुड़ी हुई थी। इसलिए किसानों और नौजवानों में कम्युनिस्ट पार्टी का व्यापक प्रभाव था। जनकवि मूढ़ एकाएक हम लोगों के बीच में आकर बैठ गए। उनकी परेशानी देखकर हमने कहा—"आप परेशान दिखाई दे रहे हैं क्या बात है ?" उन्होंने कहा—"भई, मुझे बीस रुपए की जरूरत है, दिल्ली जाकर कामरेड अजय घोष से मिलना है।" कामरेड घोष उन दिनों पार्टी के महामंत्री थे। मूढ़जी और नागरजी को व्यक्तिगत रूप से जानते थे। मैंने पूछा—"कामरेड ऐसी क्या आवश्यकता पड़ गयी।" वे गंभीर होकर बोले, "मैं उनसे यह पूछूँगा कि नेहरू ऐसे ही प्रगतिशील थे तो मूढ़ को नेहरू की सरकार ने जेल में इतना क्यों पिटवाया था। मेरे ये दो दाँत क्यों टूटते। हमें पहले ही बता देते कि ये नेहरू की सरकार प्रगतिशील है तो हम लोग क्यों इतना संघर्ष करते। नेहरू और उसकी सरकार का चरित्र जो 1950 में था, वह अब भी है। किसान, मजदूरों के लिए इस सरकार की नीति जो 1950 में थी, वह अब भी है तो अब क्या नेहरू में सुर्खाब के पर लग गए। भइया हम तो कामरेड घोष से पूछेंगे कि ये सरकार किसानों और मजूदरों की हितैषी नहीं है तो हम इसके साथ क्यों सहयोग करें। तेल और पानी को मिलाओ तो दोनों ही बर्बाद हो जाते हैं।" मूढ़जी की पीड़ा काफी सीमा तक सही थी। मूढ़जी और नागरजी ब्रज क्षेत्र के बहुत बड़े जनकवि और किसान नेता थे। हजारों लोग इनके गीत और भजन सुनने आते थे। ये दोनों राष्ट्रीय मुक्ति आंदोलन में आर्यसमाज के माध्यम से आए थे। दस साल आर्य समाज के सुधारवादी कार्यक्रमों में सक्रिय रहे। 1921 के असहयोग आंदोलन में कांग्रेस के सक्रिय सदस्य बने। उसके बाद क्रांतिकारी गतिविधियों में सक्रिय रहे। भगतसिंह और

चंद्रशेखर आजाद के संपर्क में आए। 1936 में कम्युनिस्ट पार्टी के सदस्य बने। जनमुक्ति के योद्धा जीवन भर किसान और मजदूरों की मुक्ति के लिए सक्रिय रहे। आजादी की लड़ाई में भी कई बार जेल गए और यातनाएँ सहीं लेकिन मूढ़जी को सबसे अधिक जेल में यातनाएँ नेहरू की सरकार ने दीं। स्वतंत्रता के बाद कम्युनिस्ट पार्टी पर प्रतिबंध लगा दिया था। मूढ़जी और उनके साथी भी जेल में बंद कर दिए गए। कम्युनिस्टों के विरुद्ध हर प्रकार का अनर्गल प्रचार किया जा रहा था। अलीगढ़ जेल में कम्युनिस्टों के सामने जेल अधिकारी उनका उपहास करते थे और उन्हें इस रास्ते को छोड़ने की सलाह देते थे।

जेल अधिकारियों को सरकार की ओर से कम्युनिस्टों के दमन की पूरी छूट थी। एक दिन जेल अधीक्षक ने कम्युनिस्टों को भद्दी गालियाँ दीं। मूढ़जी की सहनशक्ति जवाब दे गयी। उन्होंने तनकर कहा कि–"खबरदार ! अब गाली दी तो !" जेल अधीक्षक ने तमककर कहा कि–"मेरा क्या करोगे। और गाली दूँगा।" मूढ़जी ने एक ईंट उठाई और जोर से उसके मुँह पर दे मारी। जेल अधीक्षक लहूलुहान हो गया और उसके दो दाँत भी टूट गए। फिर क्या था मूढ़जी की बाँधकर निर्मम पिटाई हुई और उनके भी दो दाँत तोड़ दिए गए। मूढ़जी मजे ले लेकर इस घटना को सुनाते थे। "भइया पिटे तो बहुत लेकिन फिर किसी की कम्युनिस्टों को बुरा-भला कहने की हिम्मत नहीं हुई।" मूढ़जी किसानों में कितने लोकप्रिय थे, इसका एक दिलचस्प उदाहरण पुराने किसान नेताओं से सुनने को मिला–अलीगढ़ जिले के हरदुआगंज कस्बे में किसान सभा का एक बड़ा सम्मेलन हुआ जिसकी अध्यक्षता के लिए पं. जवाहरलाल नेहरू आए थे। नेहरू जी के भाषण के दौरान किसान बेचैन हो उठे और शोर मचाने लगे। नेहरूजी की ऊँची सैद्धांतिक बातें उनकी समझ में नहीं आ रही थीं। वे भाषण के बीच में 'मूढ़जी' और 'नागरजी' की आवाजें लगा रहे थे। पं. जवाहरलाल नेहरू बहुत गुस्सा हुए और उन्होंने आयोजनकर्ताओं से अंग्रेजी में पूछा–"ये नागर कौन है ? मूढ़ कौन है ?" उन्होंने कहा कि ये किसानों के कवि हैं। मूढ़जी मंच पर आए। किसानों को ब्रजभाषा में उन्होंने खूब डाँटा और कहा कि इतना बड़ा नेता और तुम उसे नहीं सुन रहे। लोगों ने कहा कि जरूर सुनेंगे, पहले भजन सुनाइए। उन्होंने किसानों की पीड़ा और शोषण, उनके संघर्षों के दो गीत सुनाए। उन्होंने किसानों से अपील की कि पहले पंडितजी को सुनो। उसके बाद मैं तुम्हें और भजन सुनाऊँगा। ये जनगायक सिद्धांत बखारने वाले बुद्धिजीवी नहीं थे लेकिन किसान भाइयों के हितों की इन्हें गहरी पहचान और परख थी। वह उच्चवर्ग की चालाकी और धूर्तता को भली भाँति पहचानते थे।

दिल्ली से लौटने के बाद मूढ़जी से फिर मुलाकात हुई। मैंने पूछा–"मूढ़जी कामरेड अजय घोष से क्या बात हुई।" मूढ़जी मुस्कराकर बोले–"अजय घोष के साथ डॉ. अहमद भी चिपके हुए थे। कामरेड घोष कम, डॉ. अहमद ज्यादा कुतर्क

कर रहे थे। मैं तो दुःखी हो गया। मैंने कहा आप पढ़े-लिखे बुद्धिजीवी हो, स्याह को सफेद सिद्ध कर सकते हो, वर्ग सहयोग की राजनीति पार्टी को ले डूबेगी। आप नेहरू और कांग्रेस को प्रगतिशील नहीं बना सकते। वे आपको जरूर अपने रंग में में रंग लेंगे।'' मूढ़जी ने यह भी बताया ख्रुश्चेव, बुलगानिन भी नेहरू को प्रगतिशील बता गए हैं। मूढ़जी ने आक्रोश में कहा, ''कांग्रेस तो प्रगतिशील नहीं बनेगी लेकिन रूस के बारे में संदेह होने लगा है।'' 1957 में मूढ़जी की मृत्यु हो गयी। जीवन के अंतिम दिनों में पार्टी की नीतियों को लेकर मूढ़जी बहुत दुःखी थे।

मूढ़जी के इस प्रसंग से ये स्पष्ट है कि कम्युनिस्ट और वामपंथियों के बीच कुलीन बनाम जनसंस्कृति का द्वंद्व काफी पुराना है। उस समय ये इतना स्पष्ट नहीं था। सारे कार्य पर्दे के पीछे से होते थे, आज की तरह खुलेआम नहीं। सत्ता के चरित्र के बारे में काफी बहस होती थी और बड़ा बहुमत इसे जनविरोधी मानता था। कांग्रेस को प्रगतिशील मानने वाले 1964 में कम्युनिस्ट पार्टी में रह गए और कांग्रेस को बड़े पूँजीपतियों और भू-स्वामियों के हितों की रक्षा करने वाली पार्टी मानने वाले मार्क्सवादी कम्युनिस्ट पार्टी में। कुलीन संस्कृति अपनी राजनीति तय करती है और अपने सामाजिक परिवेश में कार्य करती है। उसने सदैव सत्ता की राजनीति का समर्थन किया है, भले ही वह प्रत्यक्ष हो या अप्रत्यक्ष। उसके पास अच्छी भाषा, शैली और विशाल शब्द-संपदा होती है, इसे इसमें एक विशिष्टताबोध होता है। वह जनसंस्कृति को सदैव उपेक्षा की दृष्टि से देखती है। हिंदी में जनसंस्कृति की सदैव उपेक्षा रही है लेकिन अंत में विजय उसी की हुई है। सिद्ध और नाथों का साहित्य हो या संतों का, इसे सदैव कुलीन संस्कृति वालों ने हेय दृष्टि से देखा। सिद्ध और नाथ साहित्य को तो साम्प्रदायिक साहित्य बताते रहे और कबीर आदि संतों को साहित्यकार ही नहीं मानते थे। उनके लिए बराबर कहा गया कि उन्हें न छंद शास्त्र आता है न भाषा। यह आक्रोश के कवि हैं। सामंती सौंदर्यशास्त्र की कसौटी पर रखकर उसे सदैव द्वितीय और तृतीय श्रेणी का साहित्य सिद्ध करते रहे हैं।

रोमानी क्रान्ति की भावना लेकर बहुत से उच्च मध्य वर्ग के लोग पार्टी में आए। उन्हें ये विश्वास था कि भारत में किसान-मजदूरों के आंदोलनों का जो उभार है उससे लगता है अब क्रान्ति दूर नहीं। अगर क्रान्ति आएगी तो उसका नेतृत्व हमारे हाथों में होगा। इन उच्च मध्यवर्गीय कम्युनिस्टों का सिद्धांत पक्ष तो बहुत मजबूत था लेकिन व्यवहारिक पक्ष बहुत कमजोर; यानि कृत्रिमता थी और क्रांतिकारिता ओढ़ी हुई थी। वे किसानों-मजदूरों की बात तो बहुत करते लेकिन सामाजिक स्तर पर उन्हें कभी बराबरी का दर्जा नहीं देते थे। अपने वर्ग की कुलीन संस्कृति और सामाजिक उनके दैनिक व्यवहार में बहुत आसानी से देखी जा सकती है। जनहित की बात करते-करते ये लोग बड़ी ही सावधानी और सलीके से पार्टी को अपने हित में इस्तेमाल करना बहुत अच्छा जानते हैं। हमारे एक मित्र हैं जिनकी मार्क्सवादी समाजशास्त्री

की छवि है। बाप-दादे अवध के ताल्लुकेदार थे; पिता प्रसिद्ध शिक्षाशास्त्री। परिवार में हर विचारधारा के लोग हैं। एक ही छत के नीचे बिना किसी असुविधा के रहते रहे। एक चचा कांग्रेसी, दूसरे मुस्लिम लीगी और स्वयं मार्क्सवादी। बहुत संपन्न परिवार। सारी सुख-सुविधाएँ। हर आदमी अपनी राजनीति बाहर करता था लेकिन परिवार की विरासत और संपत्ति के मामले में सबका नजरिया एक था। सब एक-दूसरे की हित साधना करते थे। अजीब विरोधों का संबंध इस कुलीन संस्कृति में देखा जा सकता है। बड़े-बड़े राजनेताओं से व्यक्तिगत मित्रता इस संस्कृति की अपनी विशेषता है। अपने वर्ग हित इनसे कभी ओझल नहीं होते। समय आने पर राजनीति में विरोधी समझे जाने वाले लोग इनकी पूरी मदद करते हैं। ये कुलीन संस्कृति वर्चस्व की संस्कृति है, सुविधाओं की संस्कृति है, त्याग और बलिदान की संस्कृति नहीं। इसी संस्कृति के एक वामपंथी प्रोफेसर का दिलचस्प शौक है—वह इग्लैंड में पढ़े हैं उनकी ख्याति यह है कि वे बहुत अच्छी अंग्रेजी लिखते और बोलते हैं। ऐकेडमिक दुनिया में उनका बहुत रौब है। वह व्यक्तियों के लेख और पत्र इकट्ठे करते हैं और अंग्रेजी की गल्तियाँ दूर कर उन लोगों का सार्वजनिक उपहास करते हैं। इस काम में वो समदर्शी हैं कोई मार्क्सवादी हो या गैर-मार्क्सवादी। वे समान रूप से उपहास करते हैं। ऐसा मेरे साथ भी हो चुका है। मैंने उन्हें एक पत्र लिखा, उसमें किसी एक शब्द की स्पेलिंग सही नहीं थी। इस बात पर लंबे समय तक मेरा मजाक उड़ाते रहे। ये उपहास जब बंद हुआ जब मैंने एक दिन सख्ती से ये कहा "मान्यवर, मैं किसी बड़े प्रोफेसर का बेटा नहीं हूँ, न जमींदार परिवार से आया हूँ, न मेरी शिक्षा-दीक्षा इग्लैंड में हुई है। मैं हिंदी सही लिख लेता हूँ, और काम की अंग्रेजी भी। अंग्रेजी कुलीनों की भाषा है। मेरी अंग्रेजी अच्छी नहीं है तो इस पर मुझे कोई अफसोस नहीं है।" गजब ये हुआ कि एक और इग्लैंड में पढ़े हुए अध्यापक ने उनके अंग्रेजी ड्राफ्ट में कुछ सुधार कर दिया। नतीजा जानते हैं आप कि क्या हुआ ? उस अध्यापक से दो साल से बोलचाल बंद है।

कुलीन संस्कृति के मार्क्सवादी हों या गैर-मार्क्सवादी। इनकी कटुता के पीछे एक अहं और पारिवारिक दंभ छिपा रहता है। ये बहुत अच्छी सैद्धांतिक बातें कर सकते हैं, लेख लिख सकते हैं। बहुत-सी गलत बातों को भी तर्क और प्रमाण देकर सही सिद्ध करके अपने गुट के लोगों को कई तरह का लाभ पहुँचा सकते हैं। जिसे लाभ पहुँचाते हैं उसे प्रगतिशील बता देते हैं, जिस पर कुदृष्टि होती है वह प्रतिक्रियावादी हो जाता है। यह खेल बहुत सलीके से खेला जाता है। ये लोग कठमुल्लापन और संशोधनवाद दोनों के सम्मिश्रण हैं। हालाँकि ये दोनों का विरोध करते हैं लेकिन सिद्धांत और व्यवहार की खाई बहुत गहरी है।

अपने 45 साल के राजनीतिक जीवन पर दृष्टि डालता हूँ और आज उनका विश्लेषण करता हूँ तो बहुत से दिलचस्प परिणाम सामने आते हैं। जोश और अंधभक्ति

में हम कभी-कभी यथार्थ का उद्घाटन नहीं करते। पार्टी में इस कुलीन और जनसंस्कृति का संघर्ष हमेशा किसी न किसी स्तर पर रहा है। पहले बहुत कम था लेकिन आज कुछ अधिक मुखर है। सत्ता सुख की जो होड़ 1954 के आस-पास वामपंथियों को लगी थी उसका परिणाम 1964 में पार्टी का विभाजन हुआ। लेकिन इस रोग से आज भी हम मुक्त नहीं हैं। 1955 से पार्टी में बहुत से इस तरह के उदाहरण मेरे सामने हैं जिनके माध्यम से इस कुलीन संस्कृति को समझने की आवश्यकता है। खाली राजनीतिक शब्दावली से व्यक्ति की पहचान और परख नहीं हो सकती।

एक थे लाल सिद्दीक। जब पार्टी पर प्रतिबंध था और जिले के तमाम नेता जेल चले गए तो वो जिला पार्टी के मंत्री हो गए। घोर क्रांतिकारी स्वयं अभिजात्य वर्ग से थे और उस संस्कृति का जाने अनजाने प्रदर्शन भी करते थे। 'बुर्जुआ मनोवृत्ति के हो', 'पैटी बुर्जुआ हो'—ये उनका तकिया कलाम था। 1950 में वे 'अंडर ग्राउंड' थे। बस से किसी देहात में जा रहे थे। सर पर साफा, धोती पहनकर ऊपर से बढ़िया विलायती ओवरकोट पहने हुए थे और इस किसान वेशभूषा में पाइप पी रहे थे। किसी किसान ने उन्हें पहचान लिया और कहा कि सिद्दीक साहब, ये क्या हुलिया बना रखा है। उन्होंने आश्चर्य व्यक्त करते हुए पूछा कि "तुमने मुझे कैसे पहचान लिया, मैं तो 'अंडर ग्राउंड' हूँ।" "आपका ओवरकोट और पाइप देखकर—" किसान ने कहा। उनके बारे में एक और लतीफा मशहूर है। उन्होंने एक नौजवान महिला पार्टी कामरेड को मैन्डेट दिया कि तुम मुझसे शादी करो। ये पार्टी के हित में है। यह मामला प्रांतीय पार्टी तक गया, तब उस महिला कामरेड को राहत मिली। अब पूछेंगे लाल सिद्दीक कहाँ हैं ? कश्मीर के उग्रवादियों के पक्ष में पुस्तकें और लीफलेट लिख रहे हैं और वह भी मार्क्सवाद के फ्रेमवर्क में। इन अभिजात्य लोगों की एक पूरी क्लास रही है जिन्होंने अपने हित में पार्टी का इस्तेमाल किया और जब मौका लगा तो पार्टी को छोड़ दिया। 42 साल के पार्टी जीवन में मैं ऐसे कई लोगों को जानता हूँ।

वर्ग सहयोग की राजनीति के प्रवक्ता डॉ. जेड. ए अहमद थे। अलीगढ़ पार्टी के इंचार्ज। वे जब भी आते थे तो हमें यह समझाते थे कि कांग्रेस में एक बहुत बड़ा प्रगतिशील तबका है। वह प्रतिक्रियावादियों से घिरा हुआ है। उनकी हमें मदद करनी चाहिए। वे समाजवादी शक्तियों को मजबूत करने में हमारा हाथ बँटाएँगे। और फिर धीरे से कहते थे, "वे लोग भी हमारी पूरी मदद करने को तैयार हैं।" हम नौजवान उनसे पूछते थे—"कामरेड अहमद क्या कांग्रेस सरकार हमारी मदद करके अपने पैरों पर कुल्हाड़ी मारेगी ?" वो डाँटते और कहते, आप लोग कामरेड बी.टी. रणदिवे की संकीर्ण लाइन ले रहे हैं और फिर कामरेड बी.टी.आर. के संबंध में अनेक सच्चे-झूठे किस्से सुनाते थे। उन्हें कामरेड बी.टी.आर. से सबसे बड़ी शिकायत थी कि कामरेड रणदिवे बहुत तानाशाह हैं और उनकी समझ बहुत यांत्रिक है। 1980

में जब मैं कामरेड बी.टी.आर. से मिला तब मेरे अनुभव कामरेड अहमद से बिलकुल भिन्न थे। इतने अधिक मानवीय, गरिमामय और सहृदय व्यक्ति मैंने जीवन में बहुत कम देखे हैं।

आज हमारे कला, संस्कृति और साहित्य के क्षेत्र में काम करने वाले वामपंथी हैं जो डॉ. अहमद की वर्ग सहयोग की राजनीति का शिकार हैं। वे दो नावों पर सवार हैं। सत्ता का सुख भी भोगना चाहते हैं और क्रांतिकारी छवि को भी बनाए रखना चाहते हैं। मैं अपने अनुभव के आधार पर यह कह सकता हूँ कि इस प्रकार के बुद्धिजीवी, रंगकर्मी और लेखक बहुत दिनों तक आपके साथ नहीं रह सकते। इस वर्ग के बुद्धिजीवी अब तक नाराज हैं कि कामरेड ज्योति बसु प्रधानमंत्री क्यों नहीं बने या पार्टी केंद्र सरकार में शामिल क्यों नहीं होती और उनकी रुचि के विभाग—शिक्षा संस्कृति, सूचना और प्रसारण मंत्रालय अपने हाथ में क्यों नहीं लेती। इस राजनीतिक अवसरवादिता में सभी मतभेद भुलाकर एक हैं। इसका प्रदर्शन मई 1996 में दिल्ली में देखने को मिला था। इससे आप इन बुद्धिजीवियों की बेसब्री का अनुमान लगा सकते हैं।

एक हमारा सहयोगी सांस्कृतिक संगठन है। आरंभ के कुछ वर्षों में उसने साधारण जन में राजनीतिक चेतना फैलाने में बहुत महत्त्वपूर्ण योगदान दिया। लोक गायकी और नुक्कड़ नाटक को बड़े शहरों से निकालकर कस्बों तक पहुँचा दिया। नुक्कड़ नाटक के नाम पर जो भद्रजन नाक-भौं सिकोड़ते थे, उन्होंने भी इसे एक नाटक विधा के रूप में स्वीकारा। सरकारी तंत्र ने भी अपने प्रचार-प्रसार में नुक्कड़ नाटक का प्रयोग करना आरंभ कर दिया। इस ख्याति ने जाने-अनजाने इस संस्था को सत्ताधारी वर्ग के निकट ला दिया। धीरे-धीरे उनकी कार्य-पद्धति सुविधाभोगी होती गई। जो हाल 1950 के लगभग इप्टा का हुआ, वही इस संस्था का भी होने जा रहा है। वे सांप्रदायिकता के विरुद्ध लड़ने के नाम पर वो उन लोगों से सहयोग ले रहे हैं जो सिद्धांत में सांप्रदायिकता और जातिवाद की राजनीति खुलकर करते रहे हैं और आज भी इससे परहेज नहीं है। केरल और पश्चिम बंगाल में हिंदू और मुस्लिम दोनों तरह की सांप्रदायिकता का सहारा लेकर वामपंथी सरकारों के विरुद्ध काम करते रहे हैं और अब भी कर रहे हैं। मार्क्सवादी केवल सिद्धांत के आधार पर किसी व्यक्ति या संस्था का मूल्यांकन नहीं करते बल्कि कार्यपद्धति और व्यावहारिक पक्ष पर ध्यान देते हैं। ये महत्त्वपूर्ण नहीं है कि आप क्या कहते हैं, महत्त्वपूर्ण यह है कि आप क्या करते हैं। सरकारी सहयोग के बल पर चलने वाली सांस्कृतिक और साहित्यिक संस्थाओं की नियति और दुर्गति किसी से छिपी नहीं है। विडंबना यह है कि इतिहासकार भी इतिहास से सबक नहीं ले रहे हैं। कला, संस्कृति और साहित्य के नाम पर जब हम व्यापार करने लगते हैं तो उसका उद्देश्य जनजागरण और जन-आंदोलनों से हटकर धीरे-धीरे मुनाफे और पूँजी के खाते में चला जाता है।

मैं जनकवि मूढ़ की बात से इस प्रसंग को समाप्त करना चाहता हूँ। डॉ. अहमद की बात से आहत होकर उन्होंने कहा था—"मैंने तो ऐसा मूर्ख जमींदार और पूँजीपति अब तक नहीं देखा जो अपनी जड़ें खोदने के लिए आपको औजार उपलब्ध कराए।"

कुलीन संस्कृति : बौद्धिकता और अध्ययन का आतंक

कुलीन संस्कृति के प्रतिनिधि बुद्धिजीवी चाहे मार्क्सवादी हों अथवा गैर-मार्क्सवादी, सामान्य छात्रों एवं अध्यापक वर्ग पर उनके ज्ञान, बौद्धिकता और अध्ययन का बहुत आतंक रहता है। वे अपने ज्ञान से लोगों को अज्ञान से मुक्त नहीं करते बल्कि उन्हें आतंकित करके अपना वर्चस्व कायम करते हैं। ये लोग साथी और मित्र नहीं बनाते बल्कि अनुयायी बनाना इन्हें अधिक अच्छा लगता है। साथी और मित्र तभी तक हैं जब तक आप उनकी कुलीनता पर उँगली नहीं उठाते। ये लोग कुलीन संस्कृति, बौद्धिकता और अध्ययन की ओढ़ी हुई गरिमा से अपने आभामंडल का निर्माण करते हैं। इनके सिद्धांत और व्यवहार में गहरे अंतर्विरोध हैं। बड़ी कुशलता से ये इन विसंगतियों को ढँकते रहते हैं। इनकी सही पहचान और परख बहुत मुश्किल से होती है। बहुत निपुणता से ये लोग अपने हित में पार्टी का इस्तेमाल करते हैं और दिखाते यह हैं कि उनके सारे कार्य पार्टी के हित में हैं। पार्टी हित और अनुशासन की इनकी अपनी व्याख्या होती है जो समय-समय पर बदलती रहती है। व्यक्तियों के बारे में भी इन लोगों की राय किसी तर्कसंगत यथार्थ पर नहीं, बल्कि व्यक्तिगत हितों और संबंधों पर होती है। परिवार और वर्ग संस्कृति कभी इनका पीछा नहीं छोड़ती। हमारे मित्र इसे 'ब्लू ब्लड' संस्कृति कहते हैं। मैंने इसकी व्याख्या करने को कहा तो उन्होंने समझाया कि बहुत ध्यान से देखिए कि इनके बच्चे हमेशा अपने परिवार और कुलीन परिवार के बच्चों के साथ ही उठते-बैठते हैं। घर में पश्चिमी माहौल है। छोटे-बड़े सभी अंग्रेजी बोलते हैं। उसमें न राजनीति आती है न मार्क्सवाद, केवल कुलीन संस्कृति। कभी ये लोग कोई समारोह करें या दावत, तो उसमें साथ काम करने वाला वैचारिक सहभागी नहीं होगा, सारे भद्रजन होंगे। इससे आप वास्तविकता का अनुमान लगा सकते हैं। मैं ऐसे बहुत से मार्क्सवादियों को जानता हूँ जिन्होंने अपनी कुलीनता के आतंक से बहुत से नौजवानों को दिशाहीन किया है। इन्हें तर्क करने वाला शिष्य नहीं चाहिए, एकलव्य चाहिए। जो बिना सोचे समझे गुरु की आज्ञा का पालन करे। इनके शिष्य या तो विद्रोही हो जाते हैं या दासानुदास। ये परंपरा पुराने लोगों में तो देखी थी और उसकी प्रगतिशील और मार्क्सवादियों ने घोर आलोचना की। वही काम बहुत ही सलीके से हमारे मार्क्सवादी भद्रजन कर रहे हैं। जरा निगाह दौड़ाइए

वर्तमान और भूतपूर्व कुलीन मार्क्सवादियों की ओर जो शिक्षा जगत में हैं अथवा व्यापारी शिक्षक बन गए हैं उनका एक भी शिष्य मार्क्सवादी क्यों नहीं है। ये व्यापारी शिक्षक क्यों वे काम कर रहे हैं जो किसान मजदूर विरोधी हैं।

छठे दशक तक अलीगढ़ विश्वविद्यालय में वामपंथी छात्र आंदोलन बहुत सक्रिय था। कम्युनिस्ट अध्यापकों में भी बड़े नाम थे जिन्होंने अपने जमाने में बहुत काम किया था और त्याग भी किया था। इन लोगों में प्रो. अब्दुल अलीम थे जो बाद में भारत के शिक्षामंत्री तथा पश्चिम बंगाल के राज्यपाल रहे, प्रो. मूनिस रजा जो जवाहरलाल नेहरू विश्वविद्यालय एवं दिल्ली विश्वविद्यालय में महत्त्वपूर्ण पदों पर रहे, प्रो. रईस अहमद जो एन.सी.ई.आर.टी. के डायरेक्टर, कश्मीर विश्वविद्यालय के कुलपति तथा यू.जी.सी. के उपाध्यक्ष रहे और प्रो. इरफान हबीब जो अध्यापकों में सबसे अधिक सक्रिय थे। ये सभी छात्रों की मदद करते थे। मार्क्सवाद के प्रचार-प्रसार में भी सहयोग देते थे। लेकिन सन् 1964 तक आते-आते वर्ग संघर्ष की राजनीति वर्ग सहयोग में बदल गई। इनमें से अधिकांश विद्वान सक्रिय राजनीति से चले गए। ये कांग्रेस के प्रगतिशील चरित्र को बचाने की आड़ में अपने वर्ग-हितों की जाने-अनजाने में पूर्ति करने लगे। अब मार्क्सवाद से अधिक धर्मनिरपेक्षता इनके मुख्य एजेंडे में थी। बिना मार्क्सवाद को मजबूत बनाए धर्मनिरपेक्षता की लड़ाई अधूरी है। जहाँ मार्क्सवादी दल मजबूत होंगे वहाँ सांप्रदायिकता उस तरह से हावी नहीं हो सकती। यह आज हम अपने अनुभव से बहुत अच्छी तरह देख-परख रहे हैं। हिंदी प्रदेशों में मार्क्सवादी दल कमजोर हैं इसलिए धर्मनिरपेक्षता की लड़ाई भी कमजोर है। यह लड़ाई गैर-मार्क्सवादी हथियारों से नहीं लड़ी जा सकती।

पिछले दशक में यह तय हो गया है कि देश की एकता-अखंडता बिना मार्क्सवादियों के संभव नहीं है। सांप्रदायिकता के विरुद्ध संघर्ष भी मार्क्सवादियों के बिना अकेले संभव नहीं है। धर्मनिरपेक्षता की लड़ाई वामपंथी राजनीति के आधार के बिना नहीं लड़ी जा सकती। यदि कोई सांस्कृतिक या साहित्यिक संस्था यह दम भरती है कि वे केवल सांप्रदायिकता के विरुद्ध संघर्ष कर रहे हैं, उन्हें किसी राजनीति से कोई अर्थ नहीं है, तो वे स्वयं तो भ्रमित हैं ही, समाज में भी भ्रम का कुहासा फैलाते हैं। वे यह भूल जाते हैं कि साहित्य, संस्कृति और कला का भी एक वर्गीय आधार होता है। उस मूलाधार को छोड़कर इनकी स्थिति कटी पतंग की तरह होती है जिन्हें हवा के झोंके कहाँ फेंक दें कोई नहीं बता सकता। 'सहमत' जैसी संस्था और उससे जुड़े हुए मार्क्सवादी बुद्धिजीवी ऐतिहासिक भूल कर रहे हैं। उन्होंने इतिहास से न कोई सबक लिया और न लेना चाहते हैं, एक वैज्ञानिक तर्कशास्त्र को भाववादी तर्कशास्त्र में बदल रहे हैं। यह दिशा भ्रम है जिसे ये लोग हर तरह से सही ठहरा रहे हैं।

इस बात को स्पष्ट करने के लिए मैं कुछ उदाहरण देना चाहता हूँ। पचास

और साठ के दशक में अली सरदार जाफरी का एक क्रांतिकारी व्यक्ति और कवि के रूप में बहुत नाम था। हम नौजवानों को उनके तथा उनके काव्य के प्रति बड़ा आकर्षण था। उन्हीं दिनों स्टूडेंट्स फेडरेशन के उम्मीदवारों ने छात्र संघ के चुनावों में भारी सफलता प्राप्त की। एक गैर-मुस्लिम कामरेड ने इतिहास में पहली बार महत्त्वपूर्ण पद पर चुनाव जीता। हम लोग बहुत प्रसन्न थे। उन्हीं दिनों सरदार जाफरी अलीगढ़ आए थे। हम दस छात्र उनसे मिलने उनके साले साहब के बंगले 'फलकनुमा' पर पहुँचे। उनकी ससुराल बहुत कुलीन घराने में थी। हम लोगों ने उत्साह में उन्हें अपनी सफलता सुनाई और उम्मीद की कि वे जरूर हमें शाबाशी देंगे। हमारे साथ इंजीनियरिंग के दो बहुत सक्रिय साथी मकसूद हामिद रिजवी और सिराजुरहमान भी थे। जाफरी साहब ने उन दोनों की ओर मुखातिब होकर कहा कि ''भई पढ़ो-लिखो, ये राजनीतिक काम इतने अधिक महत्त्वपूर्ण नहीं हैं जितना कि अपना कैरियर बनाना। पढ़ो-लिखो और अच्छे नंबर लाओ। इस समय यही समय की माँग है।'' एक घंटे की बातचीत में उन्होंने कम से कम दस बार पं. नेहरू और इंदिरा गाँधी का नाम लिया। उनसे मिलकर हम लोग बहुत दुःखी और परेशान हुए। मकसूद ने तो जाफरी साहब से कुछ सख्त बातें भी कहीं। जाफरी साहब ने कहा आज की सबसे बड़ी आवश्यकता है पं. नेहरू और इंदिरा जी के हाथ मजबूत करें ताकि देश को प्रतिक्रियावादी और सांप्रदायिक शक्तियों से बचाया जा सके। सरदार जाफरी व्यक्ति नहीं थे, पार्टी के अंदर पनप रहे वर्ग सहयोग की राजनीति के प्रतिनिधि थे। किसान-मजदूरों के गीत गाते-गाते वे और उनके बहुत से सहयोगी नेहरू की कुलीन संस्कृति के गुणगान कर रहे थे। इसके नतीजे सबके सामने हैं। इस पर विस्तार से कहने की आवश्यकता नहीं है। कांग्रेस ने अपनी अवसरवादी नीतियों, असैद्धांतिक समझौतों से सांप्रदायिकता, जातिवाद और क्षेत्रीयता को जिस तरह से बढ़ावा दिया है वह राजनीति का 'अ' 'ब' 'स' जानने वाला व्यक्ति भली भाँति समझता है। आर्थिक दिवालियापन और राजनीतिक गतिहीनता के लिए नेहरू, इंदिरा गाँधी और उनकी कांग्रेस ही मूलतः उत्तरदायी है। भ्रष्टाचार और तिकड़मों को हमारी संस्कृति और नैतिकता का स्वरूप प्रदान करने में भी कांग्रेस की भूमिका की पहचान और परख सभी को है। इस संस्कृति का नाम ही 'कांग्रेसी कल्चर' पड़ गया है।

अलीगढ़ के पुराने मार्क्सवादियों में सबसे ईमानदार, जिनमें वैचारिक स्पष्टता भी थी, वे थे प्रो. अब्दुल अलीम। प्रो. अब्दुल अलीम प्रगतिशील लेखक संघ के प्रथम लखनऊ सम्मेलन से ही उसकी पृष्ठभूमि में रहे। 1936 से 1950 तक सभी महत्त्वपूर्ण प्रस्ताव, संविधान की संरचना, उसमें परिवर्तन आदि में प्रो. अलीम की अग्रणी भूमिका रही। दुर्भाग्यवश उन्हें वह महत्त्व नहीं मिला जिसके वो अधिकारी थे। हिंदी-उर्दू के प्रश्न को हल करने और दोनों भाषाओं को निर्धारित करने में डॉ. अलीम और डॉ. रामविलास शर्मा की समिति बनाई गई थी। लेकिन इस समस्या का कोई हल नहीं

निकला। रामविलास शर्मा को हम लोग अलीगढ़ में प्रोफेसर बनाकर लाना चाहते थे। मैंने अलीम साहब की राय पूछी। उन्होंने कहा, ''बहुत यांत्रिक समझ है। पहले फ्रेम बनाते हैं उसके बाद तस्वीर की काट-छाँट करते हैं। यांत्रिकता और संशोधनवाद दोनों के शिकार हैं। उन्हें साथी नहीं अंधभक्त बनाने की आदत है।'' तब हम लोगों को उनकी बात बुरी लगी थी लेकिन आज अलीम साहब की बातें काफी हद तक सही लगती हैं।

अलीम साहब का एक दिलचस्प प्रसंग और है जो आप लोगों के साथ बाँटना चाहता हूँ। 1968 से लेकर 1974 तक वे अलीगढ़ विश्वविद्यालय के कुलपति रहे। कुलपति बनने के बाद जब पहली ईद पड़ी तो बहुत से छात्र और अध्यापक उन्हें ईद की नमाज पढ़ने के लिए साथ लेने आए। अलीम साहब ने कहा, ''मैंने तो कभी नमाज नहीं पढ़ी। अब क्यों पढ़ूँ !'' लोगों ने कहा, ''अब आप वाइस चांसलर हैं।'' अलीम साहब मुस्कराए और बोले, ''ये मेरे और अल्लाह के बीच का मामला है। आप लोग क्यों परेशान होते हैं। वाइस चांसलर होने के साथ-साथ मैं अब्दुल अलीम भी हूँ। मैं ईद का त्यौहार मनाता हूँ, किसी तरह की इबादत नहीं करता।'' अलीगढ़ के वाइस चांसलर का चाहे वह धार्मिक हो या नहीं, मस्जिद में न जाना अकल्पनीय था।

उन दिनों इंदिरा गाँधी का समाजवाद और धर्मनिरपेक्षता जोरों पर थी लेकिन अलीम साहब विश्वविद्यालय की सांप्रदायिक शक्तियों से बराबर समझौता कर रहे थे। हम लोग बहुत परेशान थे। एक इतवार की सुबह मैं अलीम साहब के यहाँ पहुँचा। मैंने अपनी और साथियों की व्यथा-कथा कही और कहा, ''आप तो हम सबके नेता रहे हैं। हिंदू-मुस्लिम सांप्रदायिकता के खिलाफ हमें लड़ना सिखाया। फिर आप ये अनुचित समझौते क्यों कर रहे हैं।'' अलीम साहब बहुत देर तक चुप रहे। उनके चेहरे पर यह पीड़ा झलक रही थी। काफी देर बाद मुझसे बोले, ''तुम ठीक कहते हो। मुझे यह समझौते नहीं करने चाहिए। मेरा जी चाहता है कि ये वाइस चांसलरी छोड़ दूँ। पर संघर्ष करते-करते थक गया हूँ। इसीलिए यह कर रहा हूँ। हर मध्यवर्गीय क्रांतिकारी की यही नियति है। जब वाइस चांसलर बना था तो सोचा भी न था कि इस तरह के अनुचित दबाव होंगे।'' मैंने पूछा, ''कैसे दबाव डॉ. साहब।'' वे बोले, ''मैडम गाँधी और कांग्रेस के बड़े मंत्रियों के दबाव।'' वे तीन-चार दिन पहले ही इंदिरा गाँधी से मिले थे। मैडम ने उनसे कहा था, ''डॉक्टर साहब, आप मुसलमानों को खुश रखिए। आपकी और डॉक्टर नुरूल हसन की वजह से वे मुझसे भी नाराज हैं।'' अलीम साहब ने श्रीमती गाँधी से कहा, ''मैडम कांग्रेस के मुस्लिम नेता और मंत्री अनुचित कामों के लिए कहते हैं जिसमें सांप्रदायिकता की भी बू आती है। यह मैंने जीवन में कभी नहीं किया।'' श्रीमती गाँधी को यह बात अच्छी नहीं लगी। उन्होंने कहा, ''मैं यह सब नहीं जानती। अलीगढ़ के मुसलमानों को

शिकायत नहीं होनी चाहिए। मुझे उनके वोट चाहिए।'' अलीम साहब व्यथित स्वर में बोले, ''जी तो यह किया कि उन्हें तुरंत इस्तीफा सौंप दूँ। लेकिन मजबूरी है कि मैं यह नहीं कर सकता।'' मैंने कहा, ''डॉक्टर साहब, मैं आपकी मजबूरी समझ गया। आइंदा आपसे ऐसे सवाल नहीं करूँगा।'' उनकी यह कितनी ईमानदार स्वीकारोक्ति थी। आज तो लोग चोरी भी करते हैं और सीना जोरी भी। अपने गलत कामों और नीतियों को सैद्धांतिक जामा पहनाकर अपनी बौद्धिकता का आतंक फैला रहे हैं।

भीष्म साहनी की एक कहानी है 'नया मकान'। एक भूतपूर्व क्रांतिकारी की कथा-व्यथा बहुत कलात्मक ढंग से चित्रित है इस कहानी में। एक बड़े पुलिस अफसर के बेटे क्रांतिकारी हो गए। कुछ ऐसी घटनाएँ हुईं कि उन्हें भूमिगत होना पड़ा। माँ का बुरा हाल, ''बेटे को कुछ हो गया तो !'' एस.पी.साहब ने पत्नी को समझाया कि तुम क्यों फिकर करती हो, बड़े घर के बेटे कुछ करें, अपना खूँटा नहीं छोड़ते हैं। कुछ दिन में क्रांति का जोश ठंडा हो जाएगा। बाप की भविष्यवाणी सच हुई, दो साल बाद बेटा घर लौट आया। एक बड़े घर की बेटी से विवाह किया। संभ्रांत परिवारों के बच्चों को नौकरी मिलने में कोई दिक्कत नहीं होती है। कुछ दिनों बाद एक बड़ा मकान बनाया। क्रांतिकारी ने अपने मित्रों से कहा कि क्या करूँ कारमेड, मेरी पत्नी नहीं मानी, वरना मुझे तो तीन कमरे से अधिक की आवश्यकता नहीं है। फिर भी आत्मा कचोटती थी कि उन्होंने क्रांति के साथ गद्दारी की है, तब भूतपूर्व क्रांतिकारी नौकरी के क्वार्ट्स में जाकर उनके साथ खाना खाते, शराब पीकर गम गलत करते, और कम्युनिस्ट इंटरनेशनल गाते और फिर रोने लगते। जब बहुत रात बीत जाती तो पत्नी आती, एक डाँट लगाती और कहती कि अब क्रांति खत्म हो गई, चलो घर, कमरे में जाकर सोओ। वे आज्ञाकारी बच्चे की तरह उस संभ्रांत महिला के पीछे-पीछे चले आते।

भीष्म साहनी की कहानी से पूर्व इस इस प्रकार के व्यक्तियों के संबंध में कामरेड हनीफ हाशमी मुझे बताते रहते। आपसे सच कहूँ तब मैंने उनकी बातों पर यकीन नहीं किया। कामरेड हनीफ हाशमी पुराने कम्युनिस्ट थे और जनसंघर्षों के उनके व्यापक अनुभव थे। न किसी से समझौता किया और न किसी के सामने हाथ फैलाया। बेहद सौम्य, शांत, गंभीर। मार्क्सवाद में अपूर्व आस्था और पार्टी के प्रति समर्पित व्यक्ति। बेहद सरल, बेहद सादा रहन-सहन लेकिन प्रखर व्यक्तित्व। मैं अक्सर उनसे मिलने उनके घर जाता था और वे बहुत-सी बातें करते। वे कहते, ''कामरेड, जब तक हम निरंतर अपने को डी-क्लास नहीं करते रहेंगे, अपनी आत्मालोचना नहीं करेंगे तब तक हम अच्छे कम्युनिस्ट नहीं रह सकते। अपनी थ्योरी और प्रैक्टिस की खाई निरंतर कम करते रहिए और कुलीन कम्युनिस्टों के प्रभाव से बचते रहिए। इन लोगों के बीच में अजीब अंतर्विरोध हैं, दो नावों पर बराबर सवार रहने की कोशिश

करते हैं। वर्ग संघर्ष की जगह वर्ग सहयोग की राजनीति में इनकी अधिक दिलचस्पी है। जनसंघर्षों से बचते हैं। जनता की वास्तविक समस्याओं से इनका परिचय अखबार और किताबों के माध्यम से है।" मैं कई बार उनसे सवाल करता, "कामरेड हाशमी, इनकी भी महत्त्वपूर्ण भूमिका रही है।" वह हँसते, हैं, हमें स्वीकार करना चाहिए लेकिन क्रांतिकारी आंदोलन में इनकी बहुत सीमित भूमिका है। ये लोग बहुत परिश्रमी लोग हैं, इनका अध्ययन भी बहुत व्यापक है लेकिन साधारणजन को इनके ज्ञान का लाभ नहीं होता। ये अपने ही वर्ग के लोगों को समझाते रहते हैं और उन्हीं की प्रशंसा चाहते हैं, चाहे वे देश में हों अथवा विदेश में जो कांग्रेस सरकार के एक वर्ग के साथ सहयोग करना चाहते हैं या उनसे सहयोग लेना चाहते हैं, वे अंत में कांग्रेस में ही जाएँगे।" तब बहुदलीय सरकारें नहीं थीं। केंद्र और राज्यों में कांग्रेस का ही वर्चस्व था। वे कांग्रेस के वर्ग चरित्र पर विस्तार से चर्चा करते और उसे मजदूर और किसान विरोधी सरकार बताते। 'हाथी के दाँत' वाली कहावत कई बार दोहराते। मैंने एक दिन उनसे पूछा कि "आप इन कुलीन कम्युनिस्टों के आलोचक हैं तो क्या सभी ऐसे होते हैं।" उन्होंने कहा, "ऐसा नहीं है, बहुत से ऐसे लोग हैं जिन्होंने मजदूर वर्ग के साथ अपने व्यक्तित्व का रूपांतरण कर लिया है। जो लोग जनसंघर्षों से बराबर जुड़े रहते हैं वे इस कुलीनता की खाई को पार कर जाते हैं लेकिन कैरियरिस्ट मार्क्सवादी बिना वर्ग सहयोग के जिंदा नहीं रह सकते।"

आप कामरेड हनीफ हाशमी के बारे में जानना चाहते होंगे। वे इतिहास विभाग में एक मामूली कर्मचारी थे और जिस सेक्शन में वो काम करते थे उसके बॉस के भ्रष्टाचार के विरुद्ध आवाज उठाने पर जब किसी कम्युनिस्ट ने उनका साथ नहीं दिया तो वे नौकरी छोड़कर दिल्ली चले आए जहाँ उनकी पत्नी अध्यापिका थीं। हाशमी साहब बेहद जुझारू व्यक्ति थे और अपने सिद्धांतों के लिए कोई भी खतरा उठाने में समर्थ थे। मुझे एक घटना याद आ रही है। 1965 के भारत-पाक युद्ध के बीच पार्टी पर बहुत दबाव पड़ा। पूरे देश में उन्माद की स्थिति थी। पाकिस्तान और मुसलमानों के प्रति नफरत की हवा बह रही थी। कामरेड ई एम एस नम्बूदरीपाद उत्तर-भारत का दौरा कर रहे थे। हम लोगों ने उन्हें अलीगढ़ भी आमंत्रित किया। कामरेड ई एम एस नम्बूदरीपाद के कार्यक्रम के लिए तैयारी समिति की बैठक होनी थी। कांग्रेस सरकार और आर एस एस का उन दिनों बड़ा भ्रातृभाव था। इस उन्माद और युद्ध का विरोध करनेवाले हर व्यक्ति को देशद्रोही ठहरा रहे थे। हमारे कई मार्क्सवादी बुद्धिजीवियों के घर ऐसे थे, जहाँ बैठक हो सकती थी, लेकिन नहीं हुई। कामरेड हाशमी ने अपने छोटे से घर में बैठक रखी। उन्होंने न सरकारी दमन की परवाह की और न आर एस एस की गुंडागर्दी की। उनके ही सुझाव पर हम लोग झंडे में मजबूत डंडे लगाकर स्टेशन पहुँचे थे। कामरेड ई एम एस आए, हम लोग भी अच्छी संख्या में थे लेकिन यूथ कांग्रेस और आर एस एस के लोगों का प्रदर्शन

भी स्टेशन पर हुआ। आर एस एस के लोगों ने घोषणा की थी कि हम ई एम एस को शहर में नहीं घुसने देंगे। हम नौजवानों ने कामरेड ई एम एस को चारों ओर से घेर रखा था। कांग्रेस और आर एस एस के लोग निरंतर धक्के मार रहे थे और गालियाँ बक रहे थे और ई एम एस की ओर बढ़ रहे थे। पुलिस मूकदर्शक बनी एक किनारे खड़ी थी। जब स्थिति बेकाबू होने लगी तो कामरेड हाशमी ने झंडे को जेब में रखा और डंडा निकालकर पिल पड़े और आह्वान किया कि 'मारो ! सालों को।' इस स्थिति के लिए ये देशभक्त सूरमा तैयार नहीं थे और दस मिनट में दुम दबाकर भाग गए। अलीगढ़ में कामरेड ई एम एस की शानदार मीटिंग हुई जिसकी अध्यक्षता प्रो. अब्दुल अलीम ने की थी।

उनका एक परिचय और है। वे शहीद सफदर हाशमी के पिता थे। लोग सफदर को जानने का दावा करते हैं, कामरेड हनीफ हाशमी को भूल गए हैं। उनके परिवार के लोग भी अब उन्हें याद नहीं करते। कामरेड हनीफ हाशमी के बिना सफदर और उनके परिवार की कल्पना नहीं की जा सकती। एक दिन उन्होंने मुझसे कहा था, ''सारे भद्र कम्युनिस्टों के बच्चे विदेश जा रहे हैं और पार्टी को निरर्थक समझते हैं। मुझे ये संतोष है कि मेरे सारे बच्चे कम्युनिस्ट हैं और ये ही मेरे सारे जीवन की पूँजी है।'' वे जल्दी मर गए। मैंने इस साधारण वेशभूषा में मामूली जीवन जीने वाले कम्युनिस्ट से जितना सीखा है वैसी शिक्षा मुझे बड़े-बड़े बुद्धिजीवियों से भी नहीं मिली।

'सहमत' के दोस्त पिछले दिनों से वर्ग सहयोग की राजनीति की वकालत कर रहे हैं। कला और संस्कृति को अराजनीतिक बता रहे हैं। जनसंस्कृति के स्थान पर एक कुलीन संस्कृति का प्रचार-प्रसार कर रहे हैं और अपने क्रियाकलापों को दृढ़तापूर्वक तर्कसंगत ठहरा रहे हैं। यह अजीब विरोधाभास है। काश, वो कामरेड हनीफ हाशमी से कुछ सीख पाते तो ऐसा कदापि नहीं करते।

दरअसल कुलीन संस्कृति से निरंतर बाह्य और आंतरिक संघर्ष करने की आवश्यकता है। खुली बाजार व्यवस्था ने कुलीन संस्कृति का आकर्षण कई गुना बढ़ा दिया है। बहुत से नौजवान किसान और निम्न मध्यवर्ग से अपनी प्रतिभा के बल पर विश्वविद्यालयों और कालेजों में अध्यापक बनकर आते हैं। आरंभ में वे प्रतिबद्ध मार्क्सवादी होते हैं। लेकिन धीरे-धीरे वृहद उद्देश्यों से भटककर एक सीमित संसार का आकर्षण उन्हें अपनी ओर खींचता है। जनसंघर्ष और आत्मसंघर्ष छूट जाते हैं। शब्दावली मार्क्सवाद की होती है लेकिन रास्ता गैर-मार्क्सवादी होता है। कुलीन संस्कृति उन्हें बहुत आकर्षक लगने लगती है।

एक दिलचस्प बात है कि समाज के लोग आज भी किसी कम्युनिस्ट से उच्च नैतिकता की आशा करते हैं। जातिवाद, सांप्रदायिकता और भ्रष्टाचार के विरुद्ध उसे एक अग्रणी योद्धा के रूप में देखते हैं। साधारणजन के अंतर्मन में कम्युनिस्टों की

यही छवि है। इस छवि के टूटते ही लोग आहत होते हैं। इस छवि का आज के युग में कम्युनिस्टों को लाभ भी है। इसीलिए जब किसी भी वर्ग से आया हुआ कोई कम्युनिस्ट कुलीन बन जाता है, तो लोगों की आलोचना का पात्र बनता है। कम्युनिस्ट की अवसरवादिता को लोग पसंद नहीं करते हैं। कबीर के शब्दों में कहें तो–

"पानी बाढ़े नाव में, घर में बाढ़े दाम।
दोनों हाथ उलीचिये, यही सयानो काम।"

राष्ट्रीयता और अंधराष्ट्रीयता

संकटग्रस्त भारतीय पूँजीवादी व्यवस्था अपने को बचाने के लिए भाँति-भाँति के नाटक और प्रहसन कर रही है। आरंभ में उसने जातिवाद और क्षेत्रीयता का सहारा लिया। जातिगत संगठनों को राजनीतिक रूप दिया और अपना वर्चस्व कायम रखने के लिए उसका खुलकर उपयोग किया। जाति के साथ क्षेत्रीयता को उभारने में भी कांग्रेस के नेतृत्व में सामंती और पूँजीवादी गठबंधन ने सिद्धांतहीन समझौते और अवसरवादिता के सभी प्रतिमान तोड़ दिए। उचित और अनुचित, सभी प्रकार के समझौते जनता को भी नैतिक दृष्टि से कमजोर करते हैं। सत्ताधारी वर्ग की इस राजनीति को भारतीय मध्यवर्ग, जो धीरे-धीरे शक्तिशाली होता गया, ने अपना आदर्श बना लिया।

सातवें दशक में संकट बढ़ता गया और जाति के साथ-साथ धर्म का इस्तेमाल भी होने लगा। कई राज्यों में सांप्रदायिक शक्तियों के साथ समझौते किए गए। यही वह समय था जब असामाजिक तत्त्व राजनीति में महत्त्वपूर्ण होने लगे। संजय गाँधी ने संकट के हल के लिए इन असामाजिक तत्त्वों का राजनीतिकरण किया और इन्हें भ्रष्टाचार से धन कमाने की खुली छूट दी। भारतीय जनतंत्र के इस वृक्ष को खाने वाली एक दीमक की फौज दिन-प्रतिदिन बढ़ने लगी। अब भ्रष्टाचार को विकास का एक अनिवार्य अंग घोषित कर दिया गया। 1980 के चुनावों में इंदिरा गाँधी ने अपने कई भाषणों में यह कहा कि दुनिया में जहाँ भी विकास होता है कुछ भ्रष्टाचार भी होता है। विकास की मशीन चलाने के लिए यह 'ग्रीज' की तरह है। प्रथम बार देश के किसी शीर्ष नेता ने भ्रष्टाचार की इस तरह खुली वकालत की थी। चुनाव लड़ने के लिए पूँजीपतियों और बड़े व्यापारियों से धन लेने की बात भी श्रीमती गाँधी ने सार्वजनिक रूप से स्वीकार की।

1977 में चुनाव हारने के बाद श्रीमती गाँधी का आत्मविश्वास डिग गया था। उन्हें अपने और जनतंत्र के ऊपर भरोसा नहीं रहा। इसीलिए वे संतों, मठाधीशों और शंकराचार्यों की शरण में गईं और उनसे आशीर्वाद प्राप्त करके सत्ता में बने रहने का प्रयास करती रहीं। नेता के साथ उनके सहयोगियों और समर्थकों ने भी यही रास्ता अपनाया। इन साधु-संतों और महात्माओं को भी सत्ता की उर्वशी ने

आकर्षित करना आरंभ कर दिया। चोला संत का, दलाली राजनीति की। एक नया वर्ग पैदा हुआ जो सत्ता और धर्म को जोड़ रहा था। भारतीय जनतंत्र के लिए यह खतरनाक मोड़ था। लेकिन हमारा सत्ताधारी वर्ग इस खतरे को उपलब्धि मान रहा था और तर्कहीनता के वातावरण का सृजन कर रहा था। राजनीति में अपने विरोधी को परास्त करने में किसी भी असामाजिक या जनतंत्र विरोधी शक्तियों का सहारा लेने में कोई शर्म और झिझक नहीं थी। अकालियों को परास्त करने के लिए भिंडरावाले का सहारा कांग्रेस नेतृत्व ने खुले आम लिया और इस कुकृत्य का फल पूरे देश की जनता को भोगना पड़ा। धार्मिक कठमुल्लेपन को एक सार्वजनिक स्वीकृति मिली। देश के जनतंत्र के दुर्दिन यहीं से शुरू हुए।

धर्म की इस राजनीति और जातिवाद से जन-आंदोलनों का आधार धीरे-धीरे कमजोर हुआ। वर्ग के स्थान पर सत्ता प्राप्ति की होड़ में वर्ण और धर्म की राजनीति करने लगे। अब किसी परदे की आवश्यकता नहीं थी। पहले लोग सांप्रदायिक और जातिवादी कहलाने में शर्म महसूस करते थे, अब 'गर्व से कहो हम हिंदू हैं' का नारा लगाने लगे। जनतंत्र की रक्षा करने वाले राष्ट्रीय राजनीतिक दल जातिवादी संगठनों का राजनीतिक लाभ उठाने के लिए एक-दूसरे से प्रतिस्पर्धा करने लगे।

कम्युनिस्ट और कुछ वामपंथी दलों के अलावा सभी सत्ता के इस हमाम में नंगे हो गए। हिंदुओं को एक करने का नारा देने वाली भारतीय जनता पार्टी, क्षत्रिय महासभा, ब्राह्मण महासभा, कायस्थ महासभा और अन्य जातीय संगठनों को प्रलोभन देकर अपने साथ मिलाने में सबसे अधिक सफल सिद्ध हुई। कांग्रेस ने जो काम गुपचुप, परदे के पीछे किया था, वही काम भाजपा और उसके सहयोगी दल खुले रूप में कर रहे हैं और उसका लाभ उठा रहे हैं। अब तक जो साधु-संत अपने आश्रमों में रहकर राजनीति कर रहे थे, अब संसद और विधानसभाओं में पहुँचने लगे और केंद्र में मंत्री भी बनने लगे हैं। जिन्हें आश्रमों में सादा जीवन व्यतीत करना चाहिए, वे सबसे अधिक वैभव और भोग विलास का जीवन व्यतीत कर रहे हैं। धर्म का इससे अधिक दुरुपयोग इतिहास में बहुत कम देखने को मिलता है।

विवेकहीनता का वातावरण सृजन करने में विदेशी मीडिया और बहुराष्ट्रीय कंपनियों का भी योगदान कम नहीं है। तीसरी दुनिया के सबसे शक्तिशाली मध्यवर्ग को इन्होंने अपने सपनीले संसार से आकर्षित किया। एक अंधा उपभोक्तावाद जिसके सामने न देश है, न समाज, न संस्कृति, केवल अपनी उपलब्धियाँ और सुख के साधन हैं। आत्मकेंद्रित यह वर्ग देश के गरीबों के लिए बिलकुल चिंतित नहीं है। संघर्ष का रास्ता छोड़कर समझौते के रास्ते पर निर्द्वंद्व चल रहा है। यह वर्ग स्वयं बहुत संकटग्रस्त है और संकट का हल अवसरवादिता, समझौते, जातिगत समीकरणों और चमत्कारों में देख रहा है। विवेक और नए विचारों का संवाहक यह वर्ग आज सबसे अधिक विवेकहीनता के दलदल में है। यह उच्चवर्ग के साथ मिलकर इस संकट का

हल खोजना चाहता है। श्रमजीवी वर्ग के साथ इसके रिश्ते बहुत कमजोर हो गए हैं। धार्मिक कठमुल्लापन और सांस्कृतिक पुनरुत्थानवाद की धूल ने इसकी दृष्टि को धूमिल कर दिया है।

पिछले दस साल में विश्व में सूचना के संसार में एक क्रांतिकारी परिवर्तन हुआ है। जो कल तक सपना था, वो आज एक यथार्थ है। आज हमारे नवयुवकों के पास सभी राष्ट्रीय, अंतर्राष्ट्रीय सूचनाएँ हैं लेकिन क्या उनके विवेक, तर्कशक्ति और विश्लेषण क्षमता में भी कोई विस्तार हुआ है ? क्या इस सूचना क्रांति ने हमारे बुद्धिजीवियों और नौजवानों को कोई नई दिशा दी है ? नहीं। वे भी एक तरह के कंप्यूटर बन गए हैं और बनते जा रहे हैं। वे आपको यह तो बता सकते हैं कि महात्मा गाँधी ने क्या-क्या किया। लेकिन उन्हें इसकी चिंता नहीं है कि गाँधी ने भारतीय समाज का किस तरह रूपांतरण किया। सदियों से सोए गरीब, बेसहारा स्त्री-पुरुषों को राष्ट्रीय आंदोलन की विशाल धारा से जोड़ दिया। स्वदेशी के माध्यम से मजबूत ग्रामीण कुटीर उद्योग खड़े कर दिए। उन्हें यह सब नहीं मालूम और न ही मालूम करना चाहते हैं। अंतर्राष्ट्रीय सूचना केंद्रों का यह कुचक्र भारत में सफल होता दिखाई दे रहा है। दूसरों को अंधी गली में धकेलकर स्वयं रोशनी को कैद करने वाला यह वर्ग खतरनाक खेल खेल रहा है। जनतंत्र और सामूहिक जीवन और भारत की साझा संस्कृति, जन संघर्षों का इतिहास, सबको धूमिल करने और तिलांजलि देने के लिए तत्पर है। तानाशाहों के लिए ऐसे लोग आदर्श सैनिक होते हैं जिनके पास न अपना विवेक है, न तर्क की कसौटी, न ही कोई विचारधारा। इतिहास के नाम पर केवल 'माइथलॉजी' और सुनी-सुनाई मिथ्या कहानियाँ। वो साम्राज्यवादियों को दोष नहीं देते। उनके अनुसार सारी बुराइयों की जड़ मुस्लिम शासक और उनके उत्तराधिकारी हैं। जिस समाज से यथार्थबोध छिन गया हो, वो अंधी गली में भटकने के अतिरिक्त और कुछ नहीं कर सकता।

संकटग्रस्त जर्मनी और इटली के पूँजीपतियों ने भी हिटलर और मुसोलिनी के माध्यम से अपनी समस्याओं का समाधान खोजने का प्रयास किया था और विश्व मानवता के सामने एक भयानक त्रासदी और अमानवीयता का तांडव किया था। भारत में भी भाजपा और उसके सहायक दल वही नाटक करने की तैयारी कर रहे हैं जो तीसरे दशक में यूरोप में खेला गया। क्योंकि इनके पास इतिहास बोध नहीं है, इसीलिए ये इतिहास से कोई सबक नहीं लेना चाहते। ये नए-नए 'मिथ' गढ़ रहे हैं और उनका सत्ता प्राप्ति में निर्लज्जता से इस्तेमाल कर रहे हैं। सवाल चाहे राम मंदिर का हो, हिंदुत्व का या एक भाषा के वर्चस्व का, जनजीवन की सारी भावनाओं का अपने हित में इस्तेमाल करना इन्हें बखूबी आता है। लक्ष्य प्राप्त होने पर सभी सवाल पीछे छूट जाते हैं। येन, केन, प्रकारेण भारतीय जनता पार्टी ने केंद्र में सत्ता प्राप्त कर ली। लेकिन इससे उनकी समस्या का हल नहीं हुआ। उनका मूल उद्देश्य

तो सत्ता पर पूर्ण आधिपत्य करना है। उनके आंतरिक अंतर्विरोध भी प्रकट होनें लगे और बाह्य संकट से मुक्ति का रास्ता नजर नहीं आ रहा था। कोई बड़ा विषय भी नहीं था जिससे लोग वास्तविक समस्याओं से विमुख होकर उनके साथ जुड़ जाएँ। संकटग्रस्त भारतीय भू-स्वामी पूँजीपति वर्ग भी ऐसे ही किसी चमत्कार की तलाश में था। हिटलर के लिए यहूदी खलनायक थे और उनके सहयोगी के रूप में जर्मन कम्युनिस्ट। जर्मनी भी अपने पड़ोसी देशों से निरंतर घृणास्पद विवादों में उलझा रहता था।

सत्ता में आते ही भाजपा ने पाकिस्तान और चीन के विरुद्ध शीत युद्ध आरंभ कर दिया। जॉर्ज फर्नान्डिस जैसे तथाकथित समाजवादियों ने हिटलर और मुसोलिनी को सत्ता प्राप्ति में महत्त्वपूर्ण योगदान दिया था। उन्होंने चीन के विरुद्ध अभियान छेड़ दिया। साम्राज्यवादी मुल्क और अमेरिका इनके निशाने पर नहीं हैं। वे इन्हें तानाशाही कायम करने में मदद ही करेंगे। चीन और पाकिस्तान के विरुद्ध अभियान के दो अर्थ हैं—देश के मुसलमानों के प्रति घृणा और वामपंथी दलों की राष्ट्रीय भूमिका को हाशिये पर लाना। परमाणु विस्फोट की यही राजनीति है।

भाजपा, आर एस एस, बजरंग दल और विश्व हिंदू परिषद ने परमाणु विस्फोट के बाद छोटे-छोटे कस्बों तक में एक उन्मादी वातावरण का निर्माण किया है। यह बहुत खतरनाक है। जगह-जगह गौरव दिवस के नाम पर अपने विरोधियों को आतंकित करने में ये संगठन लगे हुए हैं। भाजपा से संबंधित रेलवे की एक यूनियन ने जगह-जगह पोस्टर लगाकर यह घोषणा की कि वे एक दिन का वेतन प्रधानमंत्री कोष में देंगे, क्योंकि प्रधानमंत्री वाजपेयी जी ने राष्ट्र को वह गौरव प्रदान किया है जो इतिहास में कोई नहीं कर सका। हर छोटे-बड़े शहर में कवि सम्मेलन हो रहे हैं, जहाँ कवि घोषणा कर रहे हैं :

"नक्शे में से नाम मिटा दो पापी पाकिस्तान का।"

साहित्य और कला भी दूषित और विषैली हो रही है। साझी संस्कृति को हिंदू संस्कृति में बदलने की इतिहास विरोधी साजिश खुलेआम हो रही है। एक तर्कहीन, विवेकहीन, काल्पनिक मायावी संसार के सृजन करने का दुष्प्रयास किया जा रहा है। ज्ञान-विज्ञान को भी धर्म और पाखंड में बदल रहे हैं। भाजपा समर्थक 'दैनिक अमर उजाला' की 21 मई की रिपोर्ट इस प्रवृत्ति को रेखांकित करती है—

शक्तिपीठ पोखरन के

40-50 कि.मी. के दायरे में

"वि.हि.प. द्वारा प्रस्तावित नई शक्तिपीठ की स्थापना पोखरन के 40-50 किमी. के दायरे के अंदर की जाएगी।"

परिषद के महामंत्री आचार्य गिरिराज किशोर ने संवाददाता सम्मेलन में बताया कि पोखरन में शक्तिपीठ की स्थापना की योजना तय करने के लिए जल्द ही देश

के साधु-संतों का एक सम्मेलन बुलाया जाएगा। श्री किशोर ने संवाददाताओं द्वारा बार-बार पूछे जाने पर भी शक्तिपीठ का स्वरूप बताने से इनकार कर दिया। उन्होंने कहा कि देश में इस समय 52 शक्तिपीठ हैं और यह 53वीं शक्तिपीठ होगी।

श्री किशोर ने पोखरन में परमाणु परीक्षण को अटल बिहारी सरकार की इच्छा शक्ति का उत्कृष्ट उदाहरण बताया। उन्होंने कहा कि संभवतः वैज्ञानिकों ने पहले ही इन बमों का निर्माण कर लिया होगा। उन्होंने कहा कि सरकार ने इस परीक्षण से पड़ोसी देशों को मित्रतापूर्वक किंतु दृढ़ता से समझा दिया है कि भारत के खिलाफ अघोषित युद्ध को अब बर्दाश्त नहीं किया जाएगा। एक सवाल के जवाब में उन्होंने कहा कि यदि दो बार की चेतावनी के बावजूद बाज नहीं आए तो उस पर हमला कर देना चाहिए।

दोनों तरफ है आग, बराबर लगी हुई

पड़ोसी देश पाकिस्तान का जन्म ही मिथ्या चेतना की राजनीति के द्वारा हुआ। धर्म राष्ट्रीयता नहीं होता और न उसकी दीवारों पर संस्कृति का महल बनाया जा सकता है। इतिहास में ऐसे अनेक दुःखद प्रसंग हैं जहाँ मिथ्या चेतना और काल्पनिक इतिहास बोध के सामने यथार्थ की पराजय हुई है। पाकिस्तान का निर्माण इतिहास का सबसे भयावह प्रसंग है और दूसरा उदाहरण अयोध्या में राम मंदिर आंदोलन का है। दोनों ही इतिहास विरोधी घटनाएँ हैं। घृणा, अविश्वास और धार्मिक उन्माद ने पाकिस्तान में कभी जनतंत्र की जड़ें जमने नहीं दीं। अधिकांश जनता तानाशाही का बोझ ढोती रही। उसने स्वतंत्रता का खुला आसमान बहुत कम देखा। शासक जनता और जन आंदोलनों से सदैव भयभीत रहते हैं। शासन चलाने के लिए धार्मिक उन्माद और कठमुल्लापन इनके सहज हथियार हैं। जनता की मूलभूत समस्याओं की ओर कभी इन शासकों ने ध्यान ही नहीं दिया। भारत का खतरा दिखाकर जनभावनाओं का दमन किया जाता रहा। जिस शुद्ध इस्लाम की खोज पाकिस्तान के शासक और उनके सहायक धार्मिक कठमुल्ले कर रहे हैं, वह मायावी प्रपंच के अतिरिक्त कुछ भी नहीं। भारत में तब भी जनतंत्र की जड़ें काफी गहरी हैं। हिंदुत्ववादी शक्तियों को उन्हें उखाड़ने और सुखाने में नाकों चने चबाने पड़ेंगे लेकिन पाकिस्तान में ऐसा कभी संभव नहीं हुआ। अपनी समस्याओं को हल करने के लिए उसने धार्मिक कठमुल्लापन और अमेरिका का सहारा लिया। दुनिया में मानव अधिकारों और जनतंत्र का ढोल पीटने वाले अमेरिकी शासक सबसे अमानवीय तानाशाहों को सहयोग और सहायता देते रहे हैं। पाकिस्तान के हर तानाशाह को अपने देश के जनतंत्र और मानवाधिकारों को कुचलने की खुली छूट दे रखी है। पाकिस्तान के शासकों ने अपने शासन की सुरक्षा के लिए भारत का खतरा दिखाकर एक उन्माद की स्थिति पैदा कर दी और उसने भी भारत के बाद लगातार छः बम विस्फोट कर दिए। अपनी

जनता को भ्रमित करने का यह प्रयास भी किया कि वह परमाणु तकनीक में भारत से काफी आगे है। परमाणु हथियार बनाना बहुत महँगा सौदा है। तीसरी दुनिया के लोग जहाँ अभाव, गरीबी, भुखमरी और बेरोजगारी से त्रस्त हैं वहाँ यह महँगा शौक और अधिक लोगों को गरीब बनाएगा। दोनों देशों में 80 प्रतिशत जनता को पीने का पानी, शिक्षा और स्वास्थ्य जैसी मूलभूत सुविधाएँ नहीं मिल रहीं। आधी जनता गरीबी रेखा से नीचे है। महिलाएँ और आदिवासी मध्यकालीन जीवन व्यतीत कर रहे हैं। ये शासक युद्धोन्माद और धार्मिक उन्माद फैलाकर दोनों देशों को विध्वंस के कगार पर खड़ा कर रहे हैं। दोनों के यहाँ धर्म और संप्रदाय जनता को बाँटने के लिए महत्त्वपूर्ण हथियार हैं। साम्राज्यवादी देशों विशेषकर अमेरिका को रेखांकित करने की विशेष आवश्यकता है। वह इस उपमहाद्वीप में किसी तरह की शांति और विकास नहीं चाहता ताकि उसका हथियारों का व्यापार खूब फले-फूले। जो धन विकास और जनहित के कार्यों में इस्तेमाल हो सकता है, वह साम्राज्यवादी देशों के खजाने में जमा हो रहा है। दोनों देशों के साधारणजनों को यह समझने की आवश्यकता है, साथ ही धार्मिक उन्माद और अंधराष्ट्रीयता के खतरे से भी हर प्रकार से संघर्ष करने की आवश्यकता है। यदि इस उन्माद को नहीं रोका गया तो इस उपमहाद्वीप को सबसे दुःखद दिन देखने होंगे।

अँधेरे बादलों पर आशा की किरण दिखाई दे रही है। हिंदुस्तान-पाकिस्तान के कुछ वैज्ञानिकों, बुद्धिजीवियों, साहित्यकारों और राजनीतिक नेताओं ने इन परमाणु परीक्षणों और युद्धोन्माद का विरोध किया है और इसके भयानक परिणामों की वास्तविकता से परिचय कराया है। यदि परमाणु युद्ध हुआ तो दोनों देशों के प्रमुख शहर और औद्योगिक केंद्र नष्ट हो जाएँगे। किसी भी देश की जीत-हार नहीं होगी। जनता अपनी मूलभूत सुविधाओं से और भी अधिक वंचित हो जाएगी, इसलिए दोनों देशों में फैल रही अंधराष्ट्रीयता और उन्मादी वातावरण का सक्रिय और मुखर विरोध होना आज की सबसे बड़ी आवश्यकता है।

इतिहास और परंपरा

प्रेमचंद ने 1930 में महाकवि प्रसाद को एक पत्र में एक महत्त्वपूर्ण बात कही थी– ''पूर्वजों की कीर्ति का भविष्य के निर्माण में भाग होता है और बड़ा भाग होता है, लेकिन हमें तो नए सिरे से दुनिया बनानी है। अपनी किस पुरानी वस्तु पर गौरव करें–वीरता पर ? दान पर ? तप पर ? वीरता क्या थी ? अपने ही भाइयों का रक्त बहाना। दान क्या था ? एकाधिपत्य का नृत्य। और तप क्या था ? वही जिसने आज कम से कम अस्सी लाख बेकारों का बोझ हमारी दरिद्र जनता पर लाद दिया है। अगर पाँच रुपया प्रतिमास भी हमारी गाढ़ी कमाई के उसी पुराने 'तप' के आदर्श की भेंट हो जाते हैं। किस बात पर गर्व करें वर्णाश्रम धर्म पर जिसने हमारी जड़ खोद डाली।'' प्रेमचंद ने परंपरा के नाम पर पुनरुत्थानवादी दृष्टि और रूढ़ियों का विरोध करके उस प्रवृत्ति को राष्ट्रीय चिंतन के लिए अनुपयोगी बताया था। उन्होंने एक सही इतिहास बोध की परंपरा विकसित करने का प्रयास भी किया।

इतिहास न तो वर्तमान से पलायन का नाम है और न अतीत की आराधना का मार्ग। वह अतीत के गढ़े मुर्दे उखाड़ने का नाम भी नहीं है। वर्तमान के कटु यथार्थ से बचाने वाला कल्पना लोक भी इतिहास नहीं है। वह न अतीत का अंधपूजा है, न वर्तमान का तिरस्कार। इतिहास वर्तमान की समस्याओं से बचने का बहाना नहीं है। वह विकास प्रगति और कर्म का निषेध भी नहीं है। वह घटनाओं का लेखा-जोखा मात्र नहीं है बल्कि उसमें विविध विचारों का संघर्ष और संस्कृति का संगम भी होता है।

साहित्य के इतिहास का आधार साहित्य के विकासशील स्वरूप की धारणा है। साहित्य की गतिशील एवं निरंतरता में आस्था के बिना वह इतिहास अधूरा है। साहित्य के इतिहास का प्रयोजन है उसकी प्रगति निरंतरता एवं विकास की सही पहचान करना। परंपरा और वैयक्तिक प्रज्ञा के संयोग से उत्पन्न नवीनता में एक प्रकार की निरंतरता होती है। सृजन और संघर्ष के माध्यम से ही विकास का इतिहास बनता है। साहित्य का विकास, परंपरा और प्रतिभा नवीनता और निरंतरता के बीच ही नहीं, आंदोलित होता रहता है, बल्कि विरोधी साहित्य प्रवृत्तियों, अभिव्यक्त रूपों

एवं विशेषताओं के परिवर्तन से भी प्रभावित होता है किसी काल के साहित्य में कोई ऐसा परिवर्तन नहीं होता जो अतीत और भविष्य से पूर्वतः अलग हो। रचनात्मक प्रवृत्तियों, चिंतन धाराओं, सौंदर्यबोध और साहित्य मूल्यों की विकासशील परंपरा में परिवर्तन और निरंतरता का द्वंद्वात्मक गतिशील संबंध होता है। यहाँ तक कि क्रांतिकारी परिवर्तनों के बीच भी एक विकासशील निरंतरता होती है। हर नया आंदोलन अतीत से मुक्ति की बात करता हुआ भी नया होने के बावजूद इतना नया नहीं होता कि अतीत से उसका कोई संबंध ही न हो। कई बार नवीन प्रवृत्तियाँ पुरानी प्रवृत्तियों का निषेध करती हुई भी उनसे काफी कुछ ग्रहण कर लेती हैं। साहित्य और कला के क्षेत्र में क्रांति की तरह ही अतीत के बोझ और बंधन से मुक्त होकर भी अतीत के जीवंत और मूल्यवान दायरे को आत्मसात करती है। साहित्य और कला के इतिहास में क्रांतिकारी परिवर्तनों के बावजूद निरंतरता के कारण है। मानव चेतना और मानव स्वभाव की निरंतरता, मानव समाज की निरंतरता और रचना माध्यमों की निरंतरता। साहित्य की परंपरा का संबंध एक ओर सामाजिक परंपराओं से होता है और दूसरी ओर भाषा की परंपरा से। सामाजिक जीवन, जीवनानुभव और भाषा का गतिशील संबंध ही साहित्य में परिवर्तन और निरंतरता की संबद्धता का कारण है।

किसी रचना का मूल्यांकन करने वाली आलोचना दृष्टि के पीछे वर्तमान की कला चेतना आवश्यक है। अतीत की रचनाओं की वर्तमान में प्रासंगिकता, वर्तमान की कला चेतना और सामाजिक चेतना से निर्धारित होती है। ऐतिहासिक कल्पना की सृजनात्मक क्रियाशील से निर्मित ऐतिहासिक मूल्य दृष्टि के अभाव में रचना के आलोचनात्मक विश्लेषण-मूल्यांकन के बिना इतिहास अगर पुरातात्विक चिंतन बन जाएगा तो रचना और रचनाकार से संबोधित तथ्यों के विवेकपूर्ण अनुसंधान के बिना इतिहास ऐतिहासिक आलोचना का पर्याय हो जाएगा।

परंपरा को ठीक से समझने के लिए वर्तमान की सही समझ बहुत आवश्यक है क्योंकि वर्तमान से अतीत के बारे में आवश्यक प्रश्न मिलते हैं। अपने युग की सही समझ के बिना अतीत का मूल्यांकन नहीं हो सकता। इतिहास बोध के लिए वर्तमान समाज और साहित्य के वास्तविक स्वरूप का बोध आवश्यक है। वर्तमान से विच्छिन्न इतिहास बोध अतीत और वर्तमान दोनों को समझने में असमर्थ होगा। वर्तमान की चेतना से शून्य इतिहास केवल पौराणिक लेखन होता है।

मनुष्य का इतिहास होता है, इसलिए उसे इतिहास बोध की आवश्यकता भी होती है। केवल पशु इतिहास बोध और इतिहास निर्माण के दायित्व से मुक्त होते हैं। इतिहास और इतिहास विवेक की अनिवार्यता को अस्वीकार करने वाले बुद्धिजीवी अपनी बौद्धिकता के बावजूद पशुवृत्ति से चिपके रहना पसंद करते हैं। मनुष्य अपने इतिहास की व्याख्या ही नहीं करता, वह उसे बनाता और बदलता भी है। मनुष्य इतिहास का दास नहीं है, बल्कि उसका नियंता है। वह इतिहास का ज्ञान प्राप्त करके

ही उसे बनाता है। इसलिए बोध एवं इतिहास निर्माण के घनिष्ठ संबंध की गहरी समझ के बाद ही इतिहास विवेक की अनिवार्यता ज्ञात होती है।

आधुनिकतावादी साहित्य चिंतन परंपरा विरोधी होने के नाम पर परंपरा के बोध और अस्तित्व को अस्वीकारता है। आधुनिक संवेदनशीलता के निर्माता अनेक रचनाकारों ने परंपरावाद का विरोध करते हुए भी परंपरा के सृजनात्मक स्वरूप को स्वीकार किया है। लेकिन परवर्ती आधुनिकतावादी रचनाकारों एवं आलोचकों ने परंपरा को अधिकारवादी परंपरा और पुराणपंथी चेतना का पर्याय मानकर उसका विरोध किया है। इस परंपरा विरोध का एक परिणाम तो यह हुआ कि आधुनिकतावादी चिंतन में ऐतिहासिक चेतना का क्रमशः ह्रास दिखाई देता है। कुछ चिंतक यह सोचते हैं कि वर्तमान समाज को अपनी समस्याओं के समाधान के लिए इतिहास की ओर देखने की कोई जरूरत नहीं है। वे यह भी मानते हैं कि इतिहास के बिना जीने की आदत डालने की कोशिश करनी चाहिए। इस युग में तेजी से बदलते हुए सामाजिक, नैतिक, दार्शनिक और धार्मिक विचारों तथा जीवन पर उनके प्रभावों के कारण सिद्धांतों की निरर्थकता साबित होने तथा मानव जीवन के आदर्शों के जल्दी पुराने पड़ जाने के कारण विचार और कर्म को बेचैन करने वाले वर्तमान वातावरण के कारण ही विचारशीलता का ह्रास हुआ है और भावावेश निर्णय और निश्चय का आधार हो गया है। ऐसी स्थिति में जबकि वर्तमान ही अरक्षित एवं अनिश्चित हो, तब अतीत की चिंता कौन करे। वर्तमान इतना शीघ्र अतीत में बदल जाता है कि केवल भविष्य की चिंता संभव प्रतीत होती है। आजकल तो कभी-कभी भविष्य को भी अतीत से या इतिहास के प्रभाव से बचाने की कोशिश की जानी चाहिए। यह चिंतन उन लोगों का है जो वर्तमान को अस्वीकार करते हैं लेकिन भविष्य के लिए उनके पास ऐसी कोई सैद्धांतिक दृष्टि नहीं है। एक प्रकार से यह भाववादी चिंतन की परिणति है।

ये आधुनिकतावादी चिंतक दुनिया की सुसंगत व्याख्या करने में भी सक्षम नहीं हैं फिर उनके लिए दुनिया को बदलने का तो प्रश्न ही पैदा नहीं होता। जहाँ परिवर्तन की आकांक्षा और शक्ति न हो, वहाँ ऐतिहासिक चेतना की मौत निश्चित होती है। आधुनिकतावादी विचारधारा बुर्जुआ विचारधारा की समर्थक और यथास्थितिवाद की पोषक बन गई है। इस विचारधारा में या तो हर चीज क्षणिक मान ली जाती है, या शाश्वत। क्षणवाद और शाश्वतवाद दोनों ही इतिहास विरोधी धारणाएँ हैं। आधुनिकतावाद चिंतक साहित्य और कला में व्यक्ति की अस्मिता की तलाश तो करते हैं, लेकिन समाज की वास्तविकता की उन्हें चिंता नहीं। सामाजिक चेतना और ऐतिहासिक दायित्व से पलायन करने वाली यह कछुआधर्मी दृष्टि इतिहास विरोधी है। इतिहास से मुक्त होने का अर्थ है मानवता से पलायन करना। इतिहास विरोधी चिंतन अंततः मानव विरोधी चिंतन बन जाता है। इतिहास से पलायन का अर्थ है अपनी स्वतंत्रता को सीमित करना क्योंकि इस प्रकार हम उस अतीत और परंपरा

की व्याख्या और चेतना से वंचित हो जाते हैं जो हमारे चिंतन का अनिवार्य अंग है। मनुष्य अपने इतिहास का निर्माता है, वह अपने अतीत और परंपराओं को दुहराता नहीं, लेकिन वह उन्हें विस्मृत भी नहीं करता। वह हर क्षण अपने इतिहास को विकसित करता हुआ उसे संशोधित करता है।

मानव समाज का इतिहास मनुष्य की सोद्देश्य जीवन यात्रा का इतिहास है। साहित्य की रचना और उसके बोध का इतिहास भी मनुष्य के सोद्देश्य व्यापक जीवन यात्रा का अंग है। अतीत की चिंता वर्तमान और भविष्य की चिंता से जुड़ी हुई होती है। इतिहास की प्रक्रिया में अतीत, वर्तमान और भविष्य परस्पर संबद्ध होते हैं। इनके विकासशील संबंध का बोध ही इतिहास-बोध है।

मैथिलीशरण गुप्त : अतीत में सार्थकता की तलाश

मैथिलीशरण गुप्त पर आज बहुत कम चर्चा होती है। अधिकांश लोग उन्हें आज प्रासंगिक नहीं समझते हैं। कलावादियों ने तो उन्हें कभी पसंद नहीं किया था। उनके जीवनकाल में भी उन्हें कवि नहीं मानते थे। प्रगतिशील आलोचकों ने हिंदुत्ववादी राष्ट्रीयता का प्रतिनिधि रचनाकार कहकर हाशिये पर रख दिया। इसीलिए आज की कविता और आलोचना में मैथिलीशरण गुप्त और उनके विपुल साहित्य का कोई जिक्र नहीं होता। कुछ लोग गुप्तजी को मर्यादावादी तथा सुधारवादी व्यवस्था का पोषक मानते हैं। इन बातों में कुछ सत्य है। हमारा अधिकांश नवजागरण हिंदू और मुस्लिम नवजागरण के रूप में ही परिभाषित हुआ है। इन दोनों को मिलाकर देखने पर ही नवजागरण की तस्वीर दिखाई देती है। इसीलिए मैथिलीशरण गुप्त को दोष देना ठीक नहीं है। गुप्तजी का हिंदी कविता को बड़ा योगदान है जिसे रेखांकित करने की आवश्यकता है। खड़ी बोली को कविता की भाषा बनाने में गुप्तजी का सबसे बड़ा योगदान है। यदि गुप्तजी का श्रम न होता तो छायावादी कवियों की रसमयी पदावली का अस्तित्व नहीं होता। गुप्तजी के विपुल काव्य में कहीं कला का अभाव है, लेकिन अनेक स्थानों पर कला और भाषा का सौंदर्य आज भी सहृदय पाठक को आकर्षित करता है। उनके खंड-काव्य 'पंचवटी' का उल्लेख किया जा सकता है।

गुप्तजी से पहले हिंदी कविता के केंद्र में मोक्ष, आनंद और शृंगार का ही वर्चस्व था। गुप्तजी ने काव्य को सामाजिक वेदना से जोड़ा। हिंदी काव्य को यह योगदान कम महत्त्वपूर्ण नहीं है। इसके साथ ही उन्होंने धर्म की नई परिभाषा दी। गुप्तजी का धर्म सामंती आँगन से निकलकर जनता की चौपाल में आता दिखाई देता है। उन्होंने इतिहास द्वारा उपेक्षित पात्रों को महत्त्व दिया। नारी को गुप्तजी साहित्य के केंद्र में लाए। भारतीय समाज में नारी और दलित सबसे उपेक्षित रहे हैं। नारी की पीड़ा गुप्तजी के काव्य में केंद्र में रही है। 'यशोधरा' और 'साकेत' इस दृष्टि से बहुत महत्त्वपूर्ण है। समानता के रास्ते पर आनेवाली एक कर्मठ नारी उनके काव्य में स्थान-स्थान पर दिखाई देती है। यह प्रश्न उठता है कि क्या गुप्तजी की करुणा केवल निष्क्रिय दया मात्र है। इस पर कोई अंतिम निर्णय नहीं दिया जा सकता, लेकिन

फिर भी गुप्तजी की नारियाँ मुक्ति के सपने देखती हैं, भले ही वे संघर्ष न करती हों। वे परंपरागत शुद्धता और श्रेष्ठता से जुड़ी हुई हर वस्तु और विचार के सामने प्रश्नचिह्न लगाती हैं। वे समानता की नई परिभाषाएँ लिखती हैं, भले ही वे इतनी स्पष्ट न हों, वे शाश्वत मूल्यों को भी यथावत स्वीकार नहीं करतीं। वे जड़ता और दमन का विरोध करती हैं। वे देवी नहीं, मनुष्य बनकर जीना चाहती हैं। यह सही है कि उनके यहाँ उपदेश की मात्रा काफी अधिक है और उनका कवित्व कुछ क्षीण पड़ जाता है। वे एक महान् समाज की कल्पना करते हैं जिसमें महान् साहित्य क्षीण हो जाता है। गुप्तजी महान् समाज और महान् साहित्य के बीच में समाज को प्राथमिकता देते हैं। उनका पूरा काव्य-संसार उद्देश्य प्रधान है। वे एक ऐसे काव्य का सृजन करते हैं जो समाज, मनुष्य और राष्ट्र के लिए उपयोगी हो। स्वतंत्रता संग्राम के दौरान कांग्रेस के अनेक सत्याग्रही उनकी कविताओं को गाते हुए जेल-यात्रा करते थे। आचार्य महावीर प्रसाद द्विवेदी ने इस तथ्य को रेखांकित करते हुए लिखा था–''तब से (भारत-भारती के प्रकाशन के समय से) गुप्तजी को लोकचित्त में राष्ट्रप्रेम की भावना जगानेवाले सबसे शक्तिशाली कवि के रूप में हिंदी जगत देखता आया है। वे सच्चे अर्थों में राष्ट्रीय कवि हैं।''

आचार्य रामचंद्र शुक्ल ने गुप्तजी पर टिप्पणी करते हुए लिखा है–''गुप्तजी की ओर पहले पहल हिंदी प्रेमियों का सबसे अधिक ध्यान खींचनेवाली उनकी 'भारत-भारती' (1914) निकली। इसमें 'मुसद्दस हाली' के ढंग पर भारतीयों की या हिंदुओं की भूत और वर्तमान दशाओं की विषमता दिखाई गई है। भविष्य निरूपण का प्रयत्न नहीं है और सीधी-सादी भाषा में होने से यह पुस्तक स्वदेश की ममता से पूर्ण नवयुवकों को बहुत प्रिय हुई। इसी ढंग पर बहुत दिनों पीछे उन्होंने 'हिंदू' (1927) लिखा।''

आचार्य शुक्ल गुप्तजी के संबंध में एक बात और कहते हैं–''गुप्तजी वास्तव में सामंजस्यवादी कवि हैं। प्राचीन के प्रति पूज्य भाव और नवीन के प्रति उत्साह, दोनों इनमें हैं।''

यह सही है कि गुप्तजी के काव्य में भगवद्भक्ति और देशभक्ति का मिला-जुला रूप मिलता है। उनके यहाँ यथार्थवाद और आध्यात्मिक चिंतन का द्वंद्व मिलता है। राष्ट्रीय आंदोलन के अंतर्विरोधों की तरह गुप्तजी की राष्ट्रीयता में भी अनेक अंतर्विरोध हैं। वे वर्तमान समाज-व्यवस्था से असंतुष्ट हैं। वे इसमें सुधार तथा पुनर्निर्माण करना चाहते हैं। लेकिन इस कार्यक्रम को व्यवहार में बदलने का उनके पास कोई सिद्धांत नहीं है। यही उनके काव्य की सीमा है। अपने काव्य में वे गाँधीजी के तमाम उद्घोषों और सिद्धांतों को काव्य का अंग बनाते हैं। स्त्रियों को उन्नत बनाना उनका प्रमुख लक्ष्य है। सांप्रदायिक एकता, अछूतोद्धार, मातृभाषा और राष्ट्रभाषा से प्रेम और आर्थिक समानता के 'युटोपिया' के गुप्तजी प्रबल पक्षधर रहे हैं। उनके काव्य में हमें वर्ग-संघर्ष

के चिह्न बहुत कम मिलते हैं। वे शोषण से मुक्ति की बात तो करते हैं परंतु संघर्ष के माध्यम से इस समस्या का समाधान किया जा सकता है, यह उनके यहाँ बहुत कम देखने को मिलता है। किसानों की दुर्दशा पर उन्होंने कुछ सार्थक कविताएँ लिखी है –

जिस खेती से मनुज मात्र अब भी जीते हैं
उसके कर्ता हमीं यहाँ आँसू पीते हैं
शिक्षा को हम और हमें शिक्षा रोती है
पूरी बस वह घास खोदने में होती है
हा-हा खाना और सर्वदा आँसू पीना
नहीं चाहिए नाथ हमें अब ऐसा जीना।

गुप्तजी की आज चर्चा नहीं हो रही और उन्हें धीरे-धीरे पाठ्यक्रमों से अलग किया जा रहा है। यह गुप्तजी के साथ नहीं पूरे हिंदी साहित्य की परंपरा के साथ अन्याय हो रहा है। क्या 20वीं शताब्दी के आरंभ की काव्य परंपरा को मैथिलीशरण और हरिऔध के बिना समझा जा सकता है। हिंदी कविता पर इन दिनों विचार विरोधी आलोचकों और अध्यापकों का वर्चस्व है। आत्मकेंद्रित हमारे आज के बुद्धिजीवी किसान और मजदूरों की बात करनेवाले साहित्यकारों को हेय दृष्टि से देखते हैं वे जनता के संघर्षों और परिवर्तनकारी कामना के साहित्य से बचना चाहते हैं। यह सही है कि गुप्तजी का अधिकांश चिंतन नैतिकतावादी है लेकिन वे अन्याय के विरुद्ध निरंतर खड़े दिखाई देते हैं।

'अन्यायियों का राज भी अचल रह सकता है कभी'

किसान और उसकी दारुण दशा का चित्रण प्रेमचंद के समानांतर कविता में मैथिलीशरण गुप्त ने किया है, उसकी चर्चा हमारे आलोचक नहीं करते। 1917 में मैथिलीशरण गुप्त ने 'किसान' खंडकाव्य की रचना की। होरी की तरह कल्लू भी जमींदार और महाजन दोनों की चक्की में पिस रहा है और भूमिहीन बनता जा रहा है। इस खंड काव्य का नायक कल्लू भी भूमिहीन बनकर, कुली बन जाता है और मजबूरी में विदेश चला जाता है। गुप्तजी ने 1917 में ये संकेत किया था कि इस व्यवस्था में किसानों का संकट बढ़ता ही जाएगा और वह गाँव छोड़कर शहर की तरफ जाने पर मजबूर होगा। युद्ध का विरोध करते हुए गुप्तजी ने 'विश्व वेदना' लिखी और यह स्पष्ट किया कि युद्ध की संस्कृति मानवता की विरोधी है। वह आर्थिक दृष्टि से जनता के लिए घातक है। इससे विषमता की खाई और गहरी और चौड़ी होती है। राष्ट्र की समृद्धि और युद्ध दोनों एक-दूसरे के विरोधी हैं। इस कविता में गुप्तजी एक बहुत पते की बात कहते हैं। जिस देश में जितनी भी सेना बढ़ेगी, उतनी ही जनता की तबाही होगी। युद्ध में न कोई हारता है न जीतता और न कभी युद्ध का अंत होता है।

'पहले भी हुए जितने विजेता हैं
किंतु जनता ने उन्हें नेता कहाँ माना है।'

गुप्तजी के काव्य की दुनिया बहुत बड़ी है, उन्होंने 'यशोधरा' और उर्मिला की व्यथा-कथा ही नहीं लिखी बल्कि कार्ल मार्क्स की पत्नी जेनी पर 1946 में एक गीति नाटिका लिखी।

स्वतंत्रता के बाद उन्होंने यह अनुभव किया कि सुधारवाद और गाँधीवाद के माध्यम से जनता की मुक्ति नहीं हो सकती। इसी बीच उन्होंने 'साम्यवादी' नाम से एक लंबी कविता लिखी। वे सामाजिक और राजनीतिक समानता के साथ आर्थिक समानता की बात भी करते हैं। स्वतंत्रता के बाद उनके सपने बिखरने लगे। एक ऐसा वर्ग पैदा हो रहा था जो अंग्रेजी के माध्यम से अपना वर्चस्व बनाए रखना चाहता था। गुप्तजी इस वर्ग को बहुत संदेह की दृष्टि से देखते हैं।

जीवन के अंतिम समय में उन्होंने महँगाई, बेराजगारी, साधारण जन की दुर्दशा और एक छोटे वर्ग की धनलिप्सा और स्वार्थ-लिप्सा पर तीखे व्यंग्य किए। इनका परवर्ती काव्य भी हमारे लिए हम महत्त्वपूर्ण नहीं है।

2

'जयद्रथ वध' गुप्तजी की आरंभिक रचना है। यह खड़ी बोली का पहला सफल खंडकाव्य भी है जिसकी रचना 1912 में हुई। इस खंडकाव्य में गुप्तजी ने अनेक नैतिक प्रश्न उठाए हैं। वे आरंभ में ही प्रश्न करते हैं कि यदि कोई आपके अधिकारों का अधिग्रहण करने की कोशिश करे तो उसे दंड देना अनिवार्य है, भले ही वह आपका परिवारीजन ही क्यों न हो। 'जयद्रथ वध' उन्होंने यही उद्देश्य लेकर लिखा है। गुप्तजी युद्ध को मानव की त्रासदी मानते हैं लेकिन कहीं-कहीं युद्ध अपरिहार्य हो जाता है। वे कौरवों को अनीति का प्रतीक मानते हैं और अनीतिकारी शक्तियों का मुकाबला करना ही मानव धर्म है। इस पूरे काव्य की अंतर्वस्तु अंग्रेजों की दमनकारी नीति का विरोध भी है। 'जयद्रथ वध' के अनेक प्रसंग अतीत के गौरव-गान से अधिक वर्तमान आततायी शासन का कैसे विरोध करें, इसका संकल्प भी है—

वाचक ! प्रथम सर्वत्र ही 'जय जानकी जीवन' कहो,
फिर पूर्वजों के शील की शिक्षा तरंगों में बहो।
दुख, शोक जब जो आ पड़े, सो धैर्यपूर्वक सब सहो,
होगी सफलता क्यों नहीं, कर्तव्य पथ पर दृढ़ रहो।

गुप्तजी 'किम् कर्तव्य विमूढ़ता' के विरोधी हैं। गुरु द्रोणाचार्य जब चक्रव्यूह की रचना करते हैं, जिसे अर्जुन के अतिरिक्त कोई भेदना नहीं जानता था, और अर्जुन उस दिन वहाँ नहीं थे। इस व्यूह की चुनौती स्वीकार न की जाती तो पांडवों की जय, पराजय में बदल जाती। इस चुनौती को अभिमन्यु स्वीकार करता है और

वह उस चक्रव्यूह को भेदने की इच्छा व्यक्त करता है। त्राहि-त्राहि मच जाती है। अभिमन्यु की इच्छाशक्ति के सामने पांडव मौन हो जाते हैं। गुप्तजी यहाँ यह स्पष्ट कर देते हैं कि इस आततायी शासन का अंत हमारे नौजवान ही करने में समर्थ हैं जिनके पास दृढ़ इच्छा शक्ति है, साहस है और बलिदान करने की क्षमता भी है। अभिमन्यु पत्नी उत्तरा भी उसे कर्तव्य-पथ पर दृढ़ रहने को प्रेरित करती है। उत्तरा और अभिमन्यु के विदाई के संवाद अत्यंत मार्मिक और मानवीय हैं। जो गुप्तजी पर तुकबंदी का आरोप लगाते हैं, यह संदर्भ उनकी आलोचना का उत्तर है–

हे उत्तरा के धन ! रहो तुम उत्तरा के पास ही।
कहती हुई यों उत्तरा के नेत्र जल से भर गए,
हिम के कणों से पूर्ण मानो हो गए पंकज नए।

गुप्तजी के पास भाषा का सौंदर्य भी है और कल्पनाशक्ति भी। उनकी आरंभिक रचना 'जयद्रथ वध' में भी अनेक स्थल ऐसे हैं जो उन्हें श्रेष्ठ कवि के रूप में प्रतिष्ठित करने के लिए काफी हैं।

अभिमन्यु निहत्था लड़ रहा है। शत्रुओं के बाण उसे बेध रहे हैं। गुप्तजी अभिमन्यु के साथ युद्ध का सजीव और सशक्त वर्णन करते हैं।

वह पाण्डु-वंश-प्रदीप यों शोभित हुआ उस काल में–
सुंदर सुमन ज्यों पड़ गया हो कंटकों के जाल में।

शर-रूप-खर-रसना पसारे रिपु-रुधिर पीती हुई
उत्कृष्ट भीषण शब्द करती जान मनचीती हुई।

'जयद्रथ वध' में गुप्तजी ने कथा परंपरा को नया रूप दिया है। अपनी इस रचना में वे कई नए आयाम खोजते हैं। कवि कथा कहते-कहते ठहर जाता है और अतीत से वर्तमान के कुछ प्रश्न और उनका समाधान खोजने का प्रयास करता है।

यह काव्य वर्तमान और अतीत का अद्भुत समन्वय है। गुप्तजी परंपरागत कथाओं को एक नया रूप और अभिव्यक्ति देते हैं। उनकी काव्य-संवेदना परंपरा का अभिन्न अंग बन जाती है। द्विवेदी युग की जो सीमाएँ हैं, वे गुप्तजी की भी सीमाएँ हैं। लेकिन उस युग के सामाजिक और राजनीतिक संबंधों को पूरी तरह समझे बिना गुप्तजी के रचना-संसार पर जल्दबाजी में कोई बात कहना उचित नहीं है। उनके काव्य का गंभीर पठन-पाठन होने की पहले से आज अधिक आवश्यकता है। वे अतीत से वर्तमान की समस्याओं का समाधान खोजने के लिए निरंतर प्रयत्नशील रहे हैं। यह हमारे साहित्यकारों की मूल प्रवृत्ति है। इस प्रवृत्ति का आज गंभीरता से विश्लेषण करें और यह देखें कि आज जिस तरह मिथ्या अतीत को वर्तमान में आरोपित किया जा रहा है, जिससे हमारे इतिहास और परंपराओं की इकहरी समझ बन रही है। गुप्तजी में अतीत की यह व्याख्या हमें नहीं मिलती। वे पुनरुत्थानवादी भी नहीं हैं।

उनकी व्याख्या भी पुराणपंथी नहीं है। वे परंपरा, इतिहास, पुराण, कथाओं आदि का नए ढंग से मूल्यांकन और विश्लेषण करते हैं। साथ ही ऐसे चरित्रों का सृजन भी करते हैं जो ब्रिटिश आततायी शासन के लिए संघर्ष की प्रेरणा दें। 'जयद्रथ वध' उनकी इसी परंपरा की आरंभिक रचना है।

" 'जयद्रथ वध' की एक व्याख्या स्वाधीनता-संग्राम के संदर्भ में भी की जाती है और उसमें कुछ गलत भी नहीं, अगर जयद्रथ विदेशी शत्रु का प्रतीक समझा जाए और पूरा युद्ध भारत के स्वाधीनता संग्राम का प्रतीक, लेकिन अगर यह ऐसा न भी हो तो मात्र अपनी कला के कारण इसका स्थान हिंदी काव्य-परंपरा में सुरक्षित रहेगा। यह भी निःसंकोच कहा जा सकता है कि 'जयद्रथ वध' जैसी कृतियों के ही कारण 'राम की शक्ति पूजा' जैसी कविता की रचना संभव हुई।"

नागार्जुन के उपन्यास और समकालीन समाज

नागार्जुन उन साहित्यकारों में थे, जिन्होंने अलग रहकर जनता का साहित्य रचा। वे सही अर्थों में किसानों और मजदूरों के कवि और उपन्यासकार थे। 1950 में हिंदी के अधिकांश कवि आधुनिकतवादी हो गए थे। वे साहित्य को किसी भी प्रतिबद्धता और विचारधारा से अलग रखने की बहस कर रहे थे। नागार्जुन जैसे जनवादी और प्रतिबद्ध कवियों को हाशिये पर रख दिया गया। आधुनिकतावादियों ने उन्हें और उनके साथ उन तमाम रचनाकारों को कवि मानने से इनकार कर दिया, जो जनता की बात करते थे और जन संघर्षों के माध्यम से समाज को बदलने की बात करते थे। नागार्जुन सदैव आधुनिकतावाद और कलावाद के खतरों से आगाह करते रहे। इसके साथ ही उन्होंने कृत्रिम क्रांतिकारियों का भी विरोध किया क्योंकि उनके साहित्य में एक नकली क्रोध और क्रांति की बात है, जनता के जीवन का यथार्थ नहीं। उन्होंने दोनों ही यथार्थ विरोधी प्रवृत्तियों का विरोध किया। नागार्जुन संघर्षशील, साधारण जन के रचनाकार हैं। जनता की जीवन परिस्थितियों का वे अपनी रचनाओं में चित्रण ही नहीं करते, बल्कि उनका साथ भी देते हैं। उनकी रचनाओं में संघर्ष और बदलाव के साथ अपनी जमीन की सोंधी महक भी है। वे जनता की भाषा में जनता क़ी बात कहते हैं और फिर भी उनमें कलाहीनता नहीं है।

नागार्जुन हमारे दूसरे बड़े रचनाकार है, जिन्होंने किसानों को संगठित किया, उनकी मुक्ति के लिए संघर्ष किया, यातनाएँ सहीं और जेल भी गए। इसीलिए कलावादियों ने उन्हें और राहुल जी को प्रचारवादी और कलाहीन रचनाकार सिद्ध करने में कोई कसर नहीं छोड़ी। लेकिन इस संघर्षशील रचनाकार ने इन आलोचनाओं की कोई परवाह नहीं की और अपने जनमार्ग पर चलते रहे। उनका पक्ष हमेशा जनता के साथ था। वे स्पष्ट रूप से घोषणा करते हैं—

"जनता मुझसे पूछ रही है
क्या बतलाऊँ
जनकवि हूँ मैं, साफ कहूँगा
क्यों हकलाऊँ।"

बाबा नागार्जुन उन थोड़े से लेखकों में से एक है जिन्होंने भूख और दरिद्रता को अनुभव किया, फिर अपनी सृजनात्मक प्रतिभा से कविता का रूप दिया। इसीलिए उनके साहित्य में वह धड़कती हुई सच्चाई है जो मानवीय संवेदना के धरातल पर मनुष्यता की चेतना को झकझोरती है और विस्तृत करती है। नागार्जुन ने जनता को एक महान् शिक्षक के रूप में देखा है। इसीलिए वो कभी किसी धुँधलके में फँसे। उनके साहित्य में एक अक्खड़पन और मस्तमौलापन है। उनमें बात को सीधी और साफगोई से कहने की क्षमता है। इसी शक्ति के कारण उनका नाम कबीर की परंपरा में लिया जा सकता है।

नागार्जुन ने 'रतिनाथ की चाची', 'बलचनमा', 'नई पौध', 'बाबा बटेसरनाथ', 'वरुण के बेटे', 'दुखमोचन', 'उग्रतारा', 'इमरतिया', 'जमनिया का बाबा', 'हीरक जयंती' और 'पारो' नामक महत्त्वपूर्ण उपन्यास लिखे जिसमें 'वरुण के बेटे' और 'बलचनमा' की गणना हिंदी के कालजयी उपन्यासों में है। लेकिन उन्हें कवि के रूप में अधिक ख्याति और महत्त्व मिला। इसका एक कारण यह भी है कि पिछले तीस वर्ष से उन्होंने कोई उपन्यास नहीं लिखा और वो कविता के संसार में ही अंतर्यात्राएँ करते रहे। लेकिन यथार्थवादी उपन्यासकारों की परंपरा में उनका स्थान यशपाल, भीष्म साहनी, भैरव प्रसाद गुप्त के साथ लिया जा सकता है।

नागार्जुन का पहला कविता संग्रह 'चना जोर गरम' 1952 में और 'युगधारा' 1956 में छपा। उनके कुछ महत्त्वपूर्ण कविता संग्रह हैं 'सतरंगी पंखों वाली', 'प्यासी पथराई आँखें', 'तालाब की मछलियाँ', 'भस्मांकुर', 'तुमने कहा था', 'खिचड़ी विप्लव देखा हमने', 'हजार-हजार बाँहों वाली', 'पुरानी जूतियों का कोरस', 'मैं मिलिट्री का बूढ़ा घोड़ा'। जनता के इस रचनाकार को जनता ने जीवन भर प्यार और सम्मान दिया। वे संघर्षमय-गरिमामय लंबा जीवन जिए। जून 1911 में दरभंगा जिले के एक गाँव तरौनी में पैदा हुए, 5 नवंबर 1998 को गाँव की मिट्टी में वैद्यनाथ मिश्र (नागार्जुन) की काया विलीन हो गई।

1950 के बाद हिंदी कथा साहित्य में दो प्रकार की धाराएँ बहने लगीं। एक पश्चिमी ऊब, व्यक्तिवाद, घुटन और संत्रास से निकली थी तथा दूसरी भारतीय ग्रामीण जीवन की विषम परिस्थितियों से। कृत्रिम और वास्तविक दुनिया का पार्थक्य उस समय के साहित्य में विशेष रूप से देखा जा सकता है। नागार्जुन का 'बलचनमा' (1952) असली दुनिया अपनी देखी, समझी और भयावहता से न घबड़ाहट है, न भय, न संत्रास और न घुटन। संघर्ष की अजस्र धारा है जो आजादी के बाद आई गंदगी को साफ करती है। इसलिए 'बलचनमा' का महत्त्व निर्विवाद है।

'बलचनमा' के बाद फणीश्वरनाथ रेणु का 'मैला आँचल' (1954) इसी परंपरा की आगे की कड़ी है। अंचल विशेष की सूक्ष्म एवं ब्यौरेवार जानकारी के लिए यह परंपरा महत्त्वपूर्ण है। 'मैला आँचल' की लोकप्रियता ने उन लोगों का भी ध्यान आकर्षित

किया, जो गाँव से जुड़े होने के बाद भी नगर की चकाचौंध में खो गए थे। यश और प्रसिद्धि के लिए हिंदी में ग्रामीण जीवन पर इसके बाद खूब लिखा गया। लेकिन जो स्थान 'बलचनमा' और 'मैला आँचल' का है, उसे फिर कोई नहीं पा सका। 'मैला आँचल' प्रसिद्धि में 'बलचनमा' से भी आगे निकल गया। लेकिन अब पानी थम गया है और पुनः गंभीर चिंतन के बाद विद्वानों की दृष्टि 'बलचनमा' पर टिक गई है। रेणु रोमांस और भावुकता के साथ घटनाओं का समावेश करते हैं। इसलिए उनमें दृष्टि का वह पैनापन नहीं है, जो नागार्जुन में है। नागार्जुन उपन्यास को रोचक बनाने के लिए प्रेम आदि को नहीं लाते, वे किस्सागोई के लिए भाषा और पात्रों की शारीरिक बनावट की मजाक भी नहीं उड़ाते बल्कि अन्याय-अत्याचार के विरोध में चेतना को झकझोरते हैं। पाठक को भरमाते नहीं हैं, बहकाते भी नहीं, पूरी तल्खी के साथ वर्ग-संघर्ष में स्थितियों का विश्लेषण करते हैं। शोषकों के वर्ग-चरित्र और उनके व्यक्तित्व के दुमुँहेपन को उभारते हैं।

नागार्जुन की मार्क्सवादी विचारधारा किसी से छिपी नहीं है। मार्क्सवाद जीवन को समझने की कुंजी है। अपने जीवन अनुभवों को उन्होंने वैज्ञानिक विचारधारा के आलोक में देखा-परखा और लिखा। इसलिए उनके पात्र निम्न-वर्ग के पात्र हैं। स्वतंत्रता-पूर्व गाँव की जो स्थिति थी, उसका एक छोर होरी है तो दूसरा 'बलचनमा'। होरी द्वितीय विश्वयुद्ध के काले बादलों के नीचे फैले अंधकार से मौन-युद्ध करता मर जाता है, लेकिन बलचनमा स्वतंत्रता से ठीक पूर्व का है, उसकी स्थितियाँ उसे पराजित नहीं करतीं, मुखर करती हैं। उसका विकास होता है—'बलचनमा' अनेक शोषण और अन्यायों को भोगता हुआ अपने नंगे, भूखे, श्रम के बलबूते पर चरवाहे से बहिया (पुश्तैनी गुलाम), बहिया से कांग्रेसी वालंटियर, स्वयं सेवक, नौकर से खेत मजदूर, खेत मजदूर से किसान और किसान से किसान नेता बनता है। उसका ऐसा रूपांतरण सीमित जीवन के तमाम खंडांशों को भोगने के साथ-साथ ही होता है। साथ-साथ वह सही और गलत संबंधों की पहचान करता है। यह पहचान ही उसकी राजनीतिक सांस्कृतिक चेतना को जन्म देती है। 'बलचनमा' के इस जटिल विकास में ही नागार्जुन वर्ग-संघर्ष का विकास करते हैं, 'बलचनमा' को मजबूत करते हैं।

स्पष्ट विचारधारा के साथ लिखा गया 'बलचनमा' उपन्यास केवल बिहार ही नहीं संपूर्ण भारत के किसान संघर्ष की कहानी कहता है। जमींदारों के अत्याचारों को मूक-पशु की तरह सहते-सहते विरोध के स्वर उभरते हैं। आजादी के लिए किया जा रहा संघर्ष और उसमें माल-उड़ाते भद्र-कांग्रेसी जमींदारों की असली स्थिति को देख लेने के बाद 'बलचनमा' की आँखें खुलती हैं, चेतना विकसित होती है। जिस आजादी की प्राप्ति के लिए सारा भारत संघर्ष कर रहा है, बलिदानी हो रहा है, उससे गरीबों का भला नहीं हो सकता, यह बात उसकी समझ में आ जाती है, वह अपने फूलबाबू के पास रहकर सत्याग्रह, देश-प्रेम और गाँधी-भक्ति का नंगा नाच देखता

है। और इस निष्कर्ष पर पहुँचता है कि स्वराज मिलने पर बाबू भैया लोग आपस में ही दही मछली बाँट लेंगे। ये लोग आज मालिक बने बैठे हैं, आगे भी तर माल वही उड़ाएँगे। हम लोगों के हिस्से सीठी ही सीठी पड़ेगी। (बलचनमा पृ. 55)

'बलचनमा' का यह निष्कर्ष आज स्वाधीनता के पचास वर्ष बाद और भी अधिक सटीक हो गया है। सच्चा स्वराज्य उन्हीं का है, जो अंग्रेज-राज में भी अंग्रेजों के कृपा-पात्र बनकर धनपति थे या स्वाधीनता के बाद जिन्होंने नैतिकता, देश-प्रेम और स्वाभिमान को खूँटी पर टाँक दोनों हाथों से गरीबों का खून पिया था। गाँवों में बढ़ती खेतिहर मजदूरों की पंक्तियाँ, गरीबी, बेकारी और बीमारी में प्रति-पल दम तोड़ते ये लोग स्वराज्य का अर्थ क्या लें। यही कि फूलबाबू जैसे जमींदार कांग्रेस में घुसकर और अधिक भ्रष्टाचारी बन गए हैं। जमींदार कभी-कभी थोड़ी सी दया भी दिखलाता था ताकि गाँव में उसके प्रति घृणा न फैले लेकिन कांग्रेस में जाने के बाद उन्हें मानो लूटने का लाइसेंस ही मिल गया हो। फूलबाबू के प्रति अपनी श्रद्धा व्यक्त करते हुए 'बलचनमा' कहता है—"मुझे यह भी भरोसा था कि फूलबाबू जब महात्मा के चेला बन गए हैं, तो हमारे मालिक को इस जोर-जुल्म के लिए दो बात वह जरूर कहेंगे। महात्मा गाँधी न बड़े लाट से डरते हैं न छोटे लाट से, न सरकार से न अमला से। गरीबों का पक्ष लेते हैं। फूलबाबू उन्हीं गाँधी महात्मा के चेले होकर मेरे लिए क्या इतना भी नहीं करेंगे कि अपने फूफा-फूफी को जरा समझा दें।" 'बलचनमा' का यह विश्वास तुरंत ढेर हो जाता है जब वह फूलबाबू के असली रूप को देखता है—मगर फूलबाबू ने यह कहकर यहीं बात खतम कर दी कि "तुम्हारा जो आपस का झगड़ा है, बहिया-महतो का, इसका निबटारा भी तुम्हीं दोनों कर लोगे। इसमें मेरी कोई जरूरत नहीं। जा-जाकर अपने मालिक के ही पैर पकड़। वह तुझे माफ कर देगा।" फूलबाबू यहाँ गाँधी जी की उस बात को ही दुहराते हैं, जहाँ वे कहते हैं कि मजदूर को मिल मालिक का और किसान को जमींदार का हृदय जीतना चाहिए। गाँधी जी की इस चाल को फूलबाबू जैसे गाँधीवादी समझ नहीं पाते, जबकि बलचनमा जैसे अनपढ़ खेतिहर मजदूर को इस बात के अंदर छिपी चालाकी समझ में आ जाती है और वह हैरान रह जाता कि मालिक लोगों के पैर पकड़ने से क्या मिलेगा, सिवाय जूतों के। बलचनमा संघर्ष से सीधा जुड़ता है, इसलिए उसकी दृष्टि भी साफ है। यह अपने-पराये तथा मित्र और दुश्मन को अच्छी तरह समझता है।

किसान सभा की स्थापना कर नागार्जुन भारतीय किसान में चेतना का शंखनाद करते हैं। सदियों से दबे-कुचले छोटे-छोटे किसान उठकर सीधे खड़े हो जाते हैं और कह उठते हैं—जमीन किसकी—जोते बोये उसकी। इंकलाब जिंदाबाद-जिंदाबाद। जमीन पर मजदूरों और छोटे किसानों का यह मालिकाना हक उन्हें शोषण और अन्याय के विरुद्ध लड़ने की शक्ति देता है। नागार्जुन समझते हैं कि अपने अधिकार के लिए लड़ना होगा, लड़ने के लिए संगठन की आवश्यकता है और वह संगठन किसान-सभा

ही हो सकती है। किसानों में इस मंत्र ने प्राण फूँक दिए, वह लाल झंडे के नीचे साहस और पराक्रम के साथ आ खड़ा हुआ। बलचनमा, ताराचरण, दयानाथ, कपिल और वीरभद्र जैसे संघर्षशील पात्र हर अन्याय और दमन के विरुद्ध खड़े हैं, नागार्जुन ने उन्हें वैचारिक आधार दिया है। जीने के लिए लड़ने की शक्ति दी है। रेणु ने उसी अंचल से कालीचरण, बालदेव, बावनदास, विश्वनाथ प्रसाद, जितेंद्र मिश्र जैसे पात्र दिए हैं, जो बलचनमा, माधुरी, ताराचरण एवं अन्य जीवंत पात्रों की बराबरी नहीं कर पाते। नागार्जुन का संघर्ष वैचारिक संघर्ष है इसलिए उसमें विजय चाहे दूर क्यों न हो, है आवश्यक। लेकिन रेणु की भावुकता विजय यात्रा में फिसलन पैदा करती है।

राजनीतिक दृष्टि से विचार संपन्न नागार्जुन के उपन्यासों के पात्र हर जगह अटूट हैं। पुरुष और स्त्री पात्रों में वे कोई अंतर नहीं करते। इसीलिए वरुण के बेटे की मधुरी का संघर्ष स्त्री-पुरुष में नहीं बाँटा जा सकता। वह अन्याय के विरुद्ध संघर्ष करती है, उस गढ़-पोखर को बनाए रखने के लिए जी-जान से तैयार होती है, जो उनके जीवन-यापन का साधन है। जीवन से अधिक सुंदर और महत्त्वपूर्ण कुछ भी नहीं है। "जब जीवन का आधार ही छिनने लगे, तब लड़ने के अलावा रह ही क्या जाता है, पाने के लिए सारी दुनिया और खोने के लिए सिर्फ जंजीर" कार्ल मार्क्स का यह सिद्धांत वाक्य उसका प्रेरक बनता है। गढ़-पोखर के लिए जो स्वप्न मछुआरों ने बुने थे। उनको साकार करते हुए नागार्जुन कहते हैं—मोहन मांझी के स्वप्न थे कि गढ़-पोखर का जीर्णोद्धार होगा आगे चलकर और तब मलाही गोढ़ियारी के ये ग्रामांचल मछली पालन व्यवसाय का आधुनिकतम केंद्र हो जाएँगे। वैज्ञानिक प्रणाली से यहाँ मछलियाँ पाली जाएँगी। पूस से लेकर जेठ तक प्रति वर्ष अच्छी से अच्छी मछलियाँ अधिक से अधिक परिमाण में हम निकाल सकेंगे। एक-एक सीजन में पचास-पचास हजार रुपयों तक की आमदनी होगी। मलाही गोढ़ियारी का एक-एक परिवार गढ़-पोखर की बदौलत सुखी संपन्न हो जाएगा। विशाल जलाशय की इन कछारों में हम किस्म-किस्म के कमलों और कुमुदिनियों की खेती करेंगे। पक्की ऊँची भिंडों पर इकतल्ला सेनिटोरियम बनेगा, फिर दूर पास के विद्यार्थी आ-आकर यहाँ छुट्टियाँ मनाया करेंगे। (वरुण के बेटे, पृ. 30) लेकिन जमींदारी उन्मूलन के बाद जमींदारों ने बेईमानी से जिस प्रकार रातोंरात जमीन बेची, उससे गढ़-पोखर पर आश्रित मछुआरों का जीवन संकट में पड़ गया। ग्राम-विकास और खेतिहार-श्रमिकों के लिए आजादी के बाद भी जो कुछ हुआ, इसे 'वरुण के बेटे' के मछुआरों के जीवन-संघर्ष से समझा जा सकता है। जमींदारों के लिए कांग्रेसी सरकार ने बेईमानी के लिए जमींदारी उन्मूलन कानून में अनेक ऐसे छेद छोड़ दिए जहाँ से वे हाथी तक निकाल ले गए। गरीबों को वही शोषण मिला। 'वरुण के बेटे' अपनी इस नियति को स्वीकार नहीं करते। गढ़-पोखर पर कब्जा होते देख वे एकजुट हो किसान सभा के माध्यम से

संघर्ष की राह पर चलते हैं। किसान सभा के अलावा उनका और कोई साथी नहीं था। अतः वे हिम्मत के साथ प्रस्ताव पारित करते हैं—प्रस्ताव द्वारा गढ़-पोखर के तथाकथित नए मालिकों को यानी सतघरा के जमींदारों को सम्मेलन ने आगाह किया था कि वे युग की आवाज को अनसुनी न करें, मलाही गोढ़ियारी की मछलियाँ निकालने के पुश्तैनी हक से वंचित करने की उनकी कोई साजिश कामयाब नहीं होगी। रोजी-रोटी के अपने साधनों की रक्षा के लिए संघर्ष करने वाले मछुए असहाय नहीं हैं, उन्हें आम किसानों और खेत मजदूरों का सक्रिय समर्थन प्राप्त होगा। (पृ. 107) किसान सभा के नेतृत्व में गाँव की प्रत्येक समस्या का समाधान निकले यह नागार्जुन चाहते हैं। गाँव-गाँव में किसान सभा की स्थापना में जमींदारों की कुटिल चालों को कुचला जा सकेगा, नागार्जुन के उपन्यास यह स्थापना करते हैं। गाँव में रहने वाला निम्न वर्ग संगठन के बिना लड़ नहीं सकता। जमींदारों के शोषण के विरुद्ध यह एकजुट लड़ाई है, जिसकी मशाल संपूर्ण भारतवर्ष के शोषित सर्वहारा को रास्ता दिखाएगी। प्रश्न यहाँ हार-जीत का नहीं है, असली प्रश्न है, मुकाबला करने का, बहादुरी के साथ संघर्ष करने का। सदियों से चली आ रही क्रूर जमींदारी प्रथा को कांग्रेसी नेताओं का आश्रय मिला तो वे और अधिक मजबूत हो गई, इस पहाड़ से टकराना हिम्मत का काम था। 'बलचनमा', 'वरुण के बेटे', 'रतिनाथ की चाची', एवं 'बाबा बटेसरनाथ' आदि उपन्यास संघर्ष की राह में बेहतरी की ओर बढ़ने वाले कदमों की प्रतिध्वनियाँ समेटे हैं। मछुआरों को यह द्रष्टव्य है यह पानी सदा से हमारा रहा है, किसी भी हालत में हम इसे छोड़ नहीं सकते। पानी और माटी न कभी बिके हैं न कभी बिकेंगे। गढ़-पोखर का पानी मामूली पानी नहीं, वह तो हमारे शरीर का लहू है। जिंदगी का निचोड़ है (पृ. 31) 'वरुण के बेटे' के इस आत्मविश्वास में बलचनमा की वह वसीयत है जिसे उसने मरते दम कहा था—"कमाने वाला खाएगा, इसके चलते जो कुछ हो—धरती जिसकी—जोते बोये, उसकी। किसान की आजादी आसमान से उतरकर नहीं आएगी। वह परगट होगी नीचे जुती धरती के भुरभुर ढेलों को फोड़कर।" (बलचनमा, पृ. 192)

संघर्ष के प्रति यह एकजुटता और विश्वास आंदोलनों को आगे बढ़ाते हैं। गाँव के निम्न-वर्ग के पात्र उठ खड़े होते हैं, अपने अधिकारों को वे पाना चाहते हैं बड़ी से बड़ी कुर्बानी देने को वे तैयार हैं, नागार्जुन इन उपेक्षित, दलित और नारकीय जीवन भोग रहे पात्रों को अपनी विचारधारा देते हैं, मार्ग बतलाते हैं, दिशा तय करते हैं। इसलिए नागार्जुन के उपन्यासों में भूमि संघर्ष जबर्दस्त है। आंचलिकता के नाम पर लिखे गए अन्य उपन्यासों में गाँव की समस्याओं का वर्णन, घबड़ाए हुए अकेले व्यक्ति का संघर्ष है, लेकिन विचारधारा के अभाव में वह संघर्ष अधूरा रह जाता है और पात्र टूट जाता है। लेकिन नागार्जुन के पात्र अकेले नहीं लड़ते अपनी अकेली समस्या या लाभ के लिए नहीं लड़ते, उनकी लड़ाई वृहद स्तर पर है। उनका संघर्ष

सबके लाभ के लिए है, इसीलिए सामूहिक एकजुटता है। नागार्जुन की वही विशेषता है। इसके अलावा एक और विशेषता नागार्जुन में दिखाई देती है और वह यह कि उनके यहाँ जनता सिर्फ करुणोत्पादक, लाचार, असहाय, शोषित नहीं है। सामान्य जन की भयावह हालत का चित्रण करना बुरी बात नहीं है। लेकिन भारतीय जनता में जिंदा रहने के लिए लड़ने का माद्दा भी जबरदस्त है—नागार्जुन के यहाँ जनता सिर्फ करुणा तथा दया उपजाने वाली स्थिर, जड़, वहाँ रखी हुई चीज नहीं है, बल्कि इकट्ठा होती हुई समूह बनती चलती, कभी थककर बैठती, लेकिन फिर उठकर आगे बढ़ती, हमला करती, डंडों-गोलियों के आगे तितर-बितर होती, नारे लगाती, घेराव तथा हड़ताल करती, जेल जाती और कभी-कभी जान देती अजेय जनता है, जिसे संघर्ष तोड़ते नहीं, जोड़ते और प्रेरणा देते हैं।

नागार्जुन के उपन्यासों में राजनीतिक चेतना प्रखर रूप में मिलती है। कहीं वह संगठनों की एकता के माध्यम से जमींदारों और पूँजीपतियों पर प्रहार करते हैं, उनके जन-विरोधी कार्यों की भर्त्सना करते हैं, साधारण जन की चैतन्य बुद्धि से बड़ा आंदोलन खड़ा करते हैं। कहीं राज नेताओं पर व्यंग्य करते हैं, उनके जमींदार-पूँजीपति प्रेम पर करारा प्रहार करते हैं, स्थितियों को देखकर उनका राजनीतिक समाधान तलाशते हैं और इस आजादी का जो जमींदार-पूँजीपतियों ने मिलकर अंग्रेजों से प्राप्त की, उसे जन-हित में निरर्थक साबित कर आगे असली आजादी के लिए संघर्ष को अनिवार्य बनाते हैं। यह नागार्जुन की अपनी विशेषता है, जनता से जुड़े रहकर, जन की पीड़ा, जय-पराजय के प्रति आस्था बनाए रहकर मुक्ति के मार्ग में विचारधारा की मशाल जलाकर संघर्ष को आगे बढ़ाना उनके उपन्यासों की जीवंतता का प्रमाण है।

जनवादी परंपरा और रांगेय राघव के उपन्यास

रांगेय राघव यशपाल के बाद प्रेमचंद की जनवादी परंपरा के सबसे महत्त्वपूर्ण कथाकार हैं। बीसवीं शताब्दी के जनवादी कथाकारों में उन्होंने सबसे कम उम्र (39 वर्ष) पाई। लेकिन लेखन की दृष्टि से उन्होंने सबसे अधिक लिखा और यह अधिक लिखना ही उनकी कमजोरी भी बन गई। अच्छे लेखन के लिए जिस धैर्य की आवश्यकता होती है वह अनुशासन उनमें नहीं था। उनके लिए परिस्थितियाँ उत्तरदायी हैं या लेखक स्वयं, यह विवाद का विषय है। उनके 44 उपन्यास और कहानी-संग्रह प्रकाशित हैं। इनके उपन्यासों का क्षेत्र हड़प्पा और मोहनजोदड़ो की सभ्यता और संस्कृति से लेकर आधुनिक युग तक फैला हुआ है। खेद है कि उनके साहित्य का समग्र मूल्यांकन अब तक भली-भाँति नहीं हुआ है। जनवादी परंपरा का यह महत्वपूर्ण लेखक आलोचकों और शोधार्थियों की उपेक्षा का शिकार रहा है। इसके अतिरिक्त उनके विविध विषयों पर 14 ग्रंथ भी प्रकाशित हैं जो इतिहास, दर्शन, आलोचना और काव्यशास्त्र पर आधारित हैं। 'गोरखनाथ और उनका युग', 'भारतीय संत-परंपरा और समाज' उनके महत्त्वपूर्ण शोध-ग्रंथ हैं। इस परंपरा को आगे बढ़ाने की आवश्यकता है। 'प्रगतिशील साहित्य के मानदंड', 'काव्य यथार्थ और प्रगति' ने पाँचवें व छठे दशक में प्रगतिशील साहित्य और यथार्थवादी साहित्य से संबंधित बहस में महत्त्वपूर्ण योगदान दिया था और कई एक विवादों को भी जन्म दिया था। रांगेय राघव की इन मान्यताओं के संबंध में भी आज गंभीरता से विचार करने की आवश्यकता है। प्राचीन भारतीय समाज, इतिहास और चिंतन भी उनका प्रिय विषय रहा है। ऐतिहासिक भौतिकवादी अवधारणा के आधार पर उन्होंने भारतीय इतिहास-चिंतन, संस्कृति, सभ्यता आदि का उद्घाटन और विश्लेषण किया है। वे भारतीय इतिहास को संपूर्णता में देखते और परखते हैं। दूसरे अनेक लेखकों की भाँति प्राचीन के प्रति उनमें अंधा मोह नहीं है। वर्ग-समाज उनकी आँखों से कभी ओझल नहीं होता। 'भारतीय चिंतन', 'प्राचीन भारतीय परंपरा और इतिहास', 'प्राचीन भारतीय पुनर्जागरण' उनकी महत्त्वपूर्ण कृतियाँ हैं। खेद है कि इस क्षेत्र में आज लोग उनका नाम ही भूलते जा रहे हैं। रांगेय राघव हिंदी में रिपोर्ताज लिखनेवाले पहले महत्त्वपूर्ण लेखक हैं। बंगाल के अकाल पर उनके

रिपोर्ताज कालजयी हैं।

प्रेमचंद की भाँति उन्होंने अपने साहित्य में साम्राज्यवादी और सामंती शोषण का विस्तार से चित्रण किया है। इसके साथ ही कांग्रेसी नेताओं, जो भारतीय पूँजीपति वर्ग के प्रतिनिधि हैं, उनका भी यथार्थ चित्रण किया गया है। उनके शोषण, स्वार्थपरता, भ्रष्टाचार, अनाचार आदि रांगेय राघव की तीव्र दृष्टि से नहीं छिप सके हैं। भारत के साधारण जन के प्रति उनकी गहरी हमदर्दी है और वे अपने साहित्य के माध्यम से उसकी मुक्ति की निरंतर कामना करते हैं उन्होंने समाज के विविध वर्गों का चित्रण किया है। उनके कथा-साहित्य का इतिहास ही अंग नहीं है बल्कि बहुत से महापुरुषों पर भी उन्होंने लेखनी चलाई है। उन्होंने प्रेमचंद की सामाजिक यथार्थवादी परंपरा को सुदृढ़ और विस्तृत किया है और सामाजिक बदलाव की शक्तियों और संघर्षों को भी रेखांकित किया है। वे प्रेमचंद की इस मान्यता से अपने साहित्य में सहमत नजर आते हैं कि "चरित्रों को उत्कृष्ट और आवश्यक बनाने के लिए यह जरूरी नहीं है कि वे निर्दोष हों। महान् से महान् पुरुषों में भी कुछ न कुछ कमजोरियाँ होती हैं। यही कमजोरियाँ उस चरित्र को मनुष्य बना देती हैं। साहित्यकार का काम केवल पाठकों का मन बहलाना नहीं है, यह तो भाटों, मदारियों, विदूषकों और मसखरों का काम है। साहित्यकार का पद इससे कहीं ऊँचा है। वह हमारा पथ-प्रदर्शक होता है, वह हमारे मनुष्यत्व को जगाता है, हममें सद्‌भावों का संचार करता है। हमारी दृष्टि को फैलाता है। कम से कम उसका यही उद्देश्य होना चाहिए। इस मनोरथ को सिद्ध करने के लिए जरूरत है कि उसके चरित्र पोजिटिव हों, जो प्रलोभनों के आगे सिर न झुकाएँ बल्कि उनको परास्त करें। जो वासनाओं के पंजे में न फँसें बल्कि उनका दमन करें। जो किसी विजयी सेनापति की भाँति शत्रुओं का संहार करके विजयानंद करते हुए निकलें। ऐसे ही चरित्रों का हमारे ऊपर सबसे अधिक प्रभाव पड़ता है।"

वे प्रेमचंद की भाँति गाँधी जी का भी समग्र व ऐतिहासिक मूल्यांकन करते हैं। अछूतोद्धार के लिए गाँधी जी द्वारा किए प्रयासों की वे सराहना करते हैं। 'सीधा-सादा रास्ता' में उन्हींने गाँधीवाद के सरल और निर्बल पक्षों का विश्लेषण प्रस्तुत किया है। गाँधी की साम्राज्यवाद-विरोधी भूमिका को भी उन्होंने प्रेमचंद की भाँति स्वीकार किया है। साथ ही उन्होंने जनसाधारण को संगठित और प्रभावित करने में गाँधी की भूमिका का अनेक स्थानों पर उल्लेख किया है। गाँधी की वर्ग समन्वय की भावना के वे कट्टर आलोचक हैं और गाँधी की सामाजिक उपयोगिता स्वीकार करते हुए भी वे उनकी राजनीतिक और आर्थिक विचारधारा के विरोधी रहे हैं। वे मार्क्स के विचारों पर आधारित समाजवाद को ही भारतीय जनता की मुक्ति का साधन समझते हैं और वर्ग-विषमता को मिटाने की बात बार-बार करते हैं। उनकी दृष्टि में इस अन्यायी व्यवस्था की जड़ों पर कुठाराघात करना बहुत आवश्यक है।

वैयक्तिक आतंक और क्रोध की अराजक उत्तेजना इन उद्देश्यों को प्राप्त करने में सहायक नहीं हो सकती। इस तरह की रचनाएँ हमारे समाज के उन हिस्सों को हानि पहुँचाती हैं जो आज अन्याय, अत्याचारों के विरुद्ध अकेले ही संघर्ष में बलिदानी होने के लिए तुले हुए हैं। जनवादी लेखक सामाजिक यथार्थ और अपने वास्तविक संसार से कटकर युग-प्रवर्तक रचनाएँ नहीं दे सकता। जिस प्रकार अति-नैतिकता का अंत अश्लीलता में होता है, उसी प्रकार अति क्रांतिकारिता का अंत पूँजीवादी सामंती व्यवस्था के पोषण और सहयोग में होता है। जो लेखक जनता के जीवन से गहरे रूप से जुड़ा होता है उसकी रचनाएँ ही व्यापक यथार्थ का चित्रण करने में समर्थ होती हैं और ऐसे ही रचनाकार महत्त्वपूर्ण और जीवंत होते हैं। रांगेय राघव इसी तरह के रचनाकार थे। यहाँ उनके कुछ महत्त्वपूर्ण उपन्यासों के आधार पर प्रेमचंद की जनवादी परंपरा का विश्लेषण करने का प्रयास किया गया है जो रांगेय राघव में युग के साथ और अधिक तर्क-संगत होकर विकसित हुई है।

रांगेय राघव धार्मिक-सामाजिक कुरीतियों, अंध-विश्वास, जादू-टोने, तंत्र-मंत्र, बाह्याडंबर का घोर विरोध करते हैं। वे सभ्य समाज की नैतिकता के पाखंड तथा ढोंग से भी घृणा करते हैं। 'विषद मठ' की इंदु, 'कब तक पुकारूँ' की प्यारी तथा कजरी, 'मुर्दों का टीला' की नीलूफर और वेपी वेश्या दासी बनकर जीवन के अभिशाप को भोगती है। लेखक जहाँ जरायमपेशा करनट जाति की यौन-स्वच्छंदता को शाश्वत नहीं मानता, वही सभ्य समाज की यौन नैतिकताओं तथा पर्दे के पीछे 'विषाद मठ' की मिसेज सेन गुप्ता तथा 'घरौंदे' की लवंग के साथ धन के बल पर किए जाने वाले व्यभिचार को भी घृणा की दृष्टि से देखता है। उसकी दृष्टि में नारी की दासता और शोषण का मूल कारण सामाजिक वैषम्य है जिसका निराकरण समाजवादी समाज व्यवस्था में ही संभव हो सकता है। इसलिए लेखक का विचार है कि जब तक पूँजीवादी व्यवस्था और सामंती संस्कृति रहेगी तब तक ये अन्याय, अत्याचार एवं अनाचार आदि समाप्त नहीं हो सकते। वर्ग-संघर्ष के माध्यम से समाजवादी व्यवस्था की स्थापना से ही मानव-मुक्ति संभव है।

घरौंदे (1941)

यह उपन्यास मध्यवर्ग की विभिन्न प्रवृत्तियों पर आधारित है। रांगेय राघव ने इस उपन्यास में मध्यवर्ग में स्त्री-पुरुष के मध्य चलनेवाले प्रेम-संबंधों को यथार्थ अभिव्यक्ति प्रदान की है। मध्यवर्गीय जीवन जीनेवाले व्यक्ति जीवन-जगत् की समस्याओं से कटकर अपने आपको यौन समस्याओं में ही उलझाए रहते हैं। ऐसा व्यक्ति चाहे प्रो. मित्रा हो, चाहे कामेश्वर, चाहे इंदिरा हो या लवंग हो। यौन समस्याओं के निराकरण को ही जीवन का चरम लक्ष्य मान बैठते हैं। सभी पात्र 'प्रेम' शब्द को परिभाषित करने में जुटे रहते हैं। उषा इंदिरा से कहती है, "यदि तुम इसे (प्रेम को) शक्ति कहकर

चाहो कि वह सर्वसाधारण के लिए शक्ति है तो यह मेरे लिए स्वीकृत नहीं है। वह शक्ति और कुछ नहीं, वह आंगिक विलास की अंतिम अभिलाषा है, आत्मा की परितुष्टि की छलना है। सारे कर्त्तव्यों को भूलने का बहाना है और उससे बढ़कर अपने स्वार्थों का एकीकरण वास्तव में कहीं और पाना संभव नहीं। प्रेम जो आगे त्याग का नाटक रचता है, वह व्यक्ति की समाज के आगे पराजय है और इससे बढ़कर झेंप मिटाने का कोई अतिरिक्त साधन भी नहीं है।"[1] उषा स्त्री-पुरुष के प्रेम को वर्गीय सीमा में ही स्वीकार करती है। विरोधी-वर्ग के स्त्री-पुरुषों के मध्य चलनेवाला प्रेम-व्यापार उसकी दृष्टि में मानसिक व्यभिचार है। ऐसा प्रेम कभी भी स्थायित्व नहीं प्राप्त कर सकता। जैसे ही वर्ग-स्थिति का आभास होता है, प्रेम-संबंध टूट जाते हैं।

उपन्यासकार ने निम्न वर्ग के व्यक्तियों का भी चित्रण प्रस्तुत किया है, जो मध्यवर्गीय चरित्रों के घेरे में घिरे रहने पर भी अपनी वर्ग-स्थिति को पहचानते हैं। सुखमय जीवन व्यतीत करने की अभिलाषा में वे परिश्रम करके छलाँग लगाकर वर्गातिक्रमण करना चाहते हैं लेकिन अधिकतर यह प्रयास मृगतृष्णा ही सिद्ध होता है।

भगवती लेखक का ऐसा ही चरित्र है जो अभावों में जन्मा है और विद्याध्ययन में रात-दिन एक करके समाज में स्थापित होना चाहता है। वह समाजवादी विचारधारा से कतराता है क्योंकि वह अवसरवादिता से बुरी तरह ग्रस्त है। वह बुर्जुआ समाज की घृणित व्यवस्था से मात्र घृणा कर सकता है, विद्रोह नहीं। वह अपने जीवन की विडंबना को स्वयं स्वीकार करता है। "इसी पूँजीवादी समाज ने मुझे विधवा बना दिया है। इसीलिए मैं सुहागिन का ढोंग नहीं रच सकता। तो क्या आप चाहते हैं कि मैं वेश्या बन जाऊँ।...न मैं रहमान की तरह कम्युनिस्ट हूँ क्योंकि बुर्जुआ समाज की घृणित व्यवस्था न मुझे डरा सकी है, न बहला सकी है। मैं जानता हूँ, मैं एकदम व्यक्तिवादी हूँ और इसलिए मैं विद्रोह नहीं जानता।"[2] उसके सोचने की प्रक्रिया इतनी कुंद पड़ गई है कि वह अपनी माँ और वृंदावनसिंह के अनैतिक यौन-संबंधों का रहस्य खुल जाने पर अपनी उस उपकारिणी माँ से भी घृणा करने लगता है जो अपने खून की एक-एक बूँद का बलिदान करके उसे उच्च शिक्षा दिलाकर समाज में स्थापित करने में कोई कसर नहीं छोड़ती। वह सामंती शोषण की शिकार निम्नवर्गीय नारी की विवशता को नहीं समझता। उसकी वेदनाओं की चीख वह नहीं सुन पाता, उसकी आत्मा का हाहाकार उसके हृदय को नहीं वेधता क्योंकि वह व्यक्तिवादी है और निरीह तथा कायर भी। वह परिस्थितियों से जूझने के स्थान पर पलायन करता है। लेखक ने ऐसे चरित्र की सृष्टि करके इस सत्य का उद्घाटन किया है कि व्यक्तिवाद मनुष्य को कायर, अवसरवादी और नपुसंक बनाता है। सही उद्देश्य के लिए संघर्ष ही व्यक्तित्व का निर्माण करता है।

स्त्री-पुरुष संबंधों के वास्तविक स्वरूप का निर्धारण करने में सामाजिक उत्पाद

और उत्पादन-संबंधों का विशेष हाथ है। उत्पादन के साधनों पर पुरुष का एकाधिकार है। वह एकमात्र उत्पादनकर्ता और उत्पाद का एकमात्र अधिकारी है। नारी का न सामाजिक उत्पादन में कोई महत्त्व है और न उत्पादन करने के लिए पुरुष पर निर्भर रहना पड़ता है। नारी पुरुष-वर्ग की दया पर निर्भर करती है। इसलिए पुरुष ने स्वयं को स्वामी और नारी को दासी घोषित किया है। लीला के शब्दों में यह स्पष्ट है कि "स्त्री पति पर निर्भर है क्योंकि वह उसे रोटी देता है। बच्चा बाप को चाहता है क्योंकि बाप उसे पालता है...माँ-बाप भी लड़के को इसलिए चाहते हैं कि वह एक पूँजी होता है, भविष्य में आमदनी की आशा से, जिसमें पूँजी लगाई जा रही है। लड़की क्योंकि घर की पूँजी होकर नहीं रहती इसलिए न उसे माँ-बाप ही इतना चाहते हैं, न भाई-बहिन ही।"[3] उत्तराधिकारी पैदा करने के लिए पुरुष को नारी के यौन-पवित्रता की आवश्यकता हुई, इसलिए उसके लिए पतिव्रत धर्म की प्राचीर खड़ी करके उसकी स्वतंत्र विनयशीलता को मर्यादाओं की कारा में कैद कर दिया गया। मानसिक दुर्बलताओं के फलस्वरूप मान्यताओं की सीमाओं का उल्लंघन करनेवाली नारी को पुरुष समाज के मर्यादा-रक्षक ऋषियों ने घनघोर लांछनाएँ दीं। उसे मनु ने पाप, नीत्शे ने कोड़े से पीटने लायक पशु और तुलसी ने ताड़न के अधिकारी[4] कहकर बर्बरता के साथ उसके मानसिक आक्रोश को नैतिक आज्ञा प्रदान की। पुरुष वर्ग के बर्बर दमन-चक्र में पिस-पिसकर नारी को दकियानूसी भावनाओं और दब्बूपन का शिकार बना दिया गया।

सामंती समाज में नारी पर लगाए गए कठोर बंधनों ने ही वेश्यावृत्ति को जन्म दिया। सतीत्व को जब नारी-चरित्र की श्रेष्ठता का मानदंड मान लिया गया, तब सतीत्व भ्रष्ट नारियों को जीवन जीने के लिए वेश्यावृत्ति करनी पड़ी। पुरुष ने उन्हें कलंकित किया। फिर भी वेश्या और कुलवधू में अंतर इतना है कि कुलवधू का परिचय पुरुष की पत्नी, पुत्री, बहिन और माँ के रूप में दिया जाता है और वेश्या नाममात्र की स्वतंत्र होते हुए भी पुरुष के धन की गुलाम होती है। उसे धन के लिए विवश होकर घृणित कार्य करना पड़ता है। फिर भी, उसका व्यक्तित्व कुलवधू की भाँति मृतक नहीं होता। नादानी उस रोमन सम्राट की बीभत्स प्रवृत्ति की ओर संकेत करती है जो सिंह और मनुष्य के युद्ध को आनंद प्राप्त करने का एकमात्र साधन समझता था। वह अपने जीवन को उसी बीभत्सता के साथ जोड़ती हुई कहती है—"सैकड़ों शताब्दियों के बाद सभ्यता के इस आवरण में चाँदी का शेर यदि स्त्री से खेल करे तो क्या आश्चर्य। पुरुष और स्त्री का संबंध समाज में हर स्थान पर बद्ध है। यही एक स्थान है जहाँ पुरुष स्त्री के प्रति अनाच्छादित बर्बरता से आकर्षित होती है।"[5] नारी-मुक्ति के संबंध में लेखक का विचार है कि व्यक्तिगत संपत्ति के समाप्त होने पर मानव के संबंध बहुत मधुर हो सकते हैं। संपत्ति पारस्परिक ईर्ष्या, द्वेष, स्वामित्व और दासता की जननी है। व्यक्तिगत संपत्ति नहीं रहेगी तो वृंदावन

को सुंदर की प्रेयसी और भगवती को पुत्र कहने में कोई हिचक नहीं होगी, लवंग जो पग-पग पर भगवती का अपमान करती है, राजेंद्र को मृत्यु के उपरांत वर्गीय अहम् के ध्वस्त हो जाने पर भी भगवती की योग्यता और सच्चरित्रता का सम्मान करती है।

'घरौंदे' की कथावस्तु स्कूल-कालिजों के विद्यार्थियों की कथावस्तु ही नहीं अपितु उन मध्यवर्गीय व्यक्तियों की कथावस्तु है जो पूँजीवादी व्यवस्था के घुटनपूर्ण वातावरण में छटपटाते हैं और समस्याओं का व्यक्तिगत निराकरण करने के फेर में अपने व्यक्तिगत स्तरों पर अलग-अलग घरौंदे बनाकर रहते हैं। लेखक ने विद्यार्थियों के माध्यम से उन मध्य-मार्गियों के जीवन का चित्रण किया है जो मूल कारण में न जाकर सुविधाओं को प्राप्त कर लेना ही अपने जीवन का अभीष्ट मान बैठते हैं। मध्यवर्ग वस्तुतः कोई वर्ग नहीं होता अपितु सभी प्रकार की प्रवृत्तियों के व्यक्ति अपनी शिक्षा, पद, नौकरियों के समान स्तर से निम्न वर्ग तथा क्रांतिकारी मजदूर वर्ग से कटकर अपना वर्ग बनाते हैं, मानदंड बनाते हैं, परंतु उनके जीवन-स्तर भी अर्थवादी जीवन-व्यवस्था की विषमता में चूर-चूर हो जाते हैं। इस सुविधाजीवी वर्ग की स्थिति घड़ी के उस पैंडुलम की भाँति होती है जो शोषक और शोषित वर्गों के बीच घूमता रहता है। वह व्यवस्था में अपनी प्रतिष्ठा की स्थापना के लिए शोषक वर्ग का साथ देता है। अपने पद के स्वामित्व और पदोन्नति के लिए अपने स्वाभिमान तथा मान्यताएँ सभी को बेचने तक के लिए तैयार हो जाता है। प्रो. शर्मा एक ऐसा ही पात्र है जो अपनी पदोन्नति और जीवन-स्तर को सुधारने के लिए अपनी लड़कियों को अपने बास के आगे समर्पित कर देता है। कामेश्वर एक धर्मभीरु पात्र है जो प्रगतिशीलता, नारी-उत्थान और स्वतंत्रता की बातें बढ़-चढ़कर करता है, पर रात को नादानी जैसी नारियों के रूप का सौदा भी करता है। वीरेश्वर, प्रो. मिश्रा, वीरसिंह आदि सभी ऐसे ही पात्र हैं जो अपने-अपने अस्तित्व-निर्धारण के लिए तमाम हथकंडों को अपनाते हैं और प्रगतिशीलता की बढ़-बढ़कर बातें भी करते हैं। रहमान समाजवादी चेतना-संपन्न पात्र है जो प्रेम के अतिरिक्त समस्याओं के वास्तविक समाधान की खोज करता है। वह अपना वर्गांतर करता है और व्यवस्था के विरुद्ध संघर्ष के क्षेत्र में सक्रिय होता है। नारी पात्रों में भी लीला, लवंग, इंदिरा मध्यवर्गीय नारियाँ हैं जो ऐशो-आराम के लिए पुरुष के आगे निर्विरोध समर्पण करती हैं। इंदिरा और लीला अपने धन के आधार पर भगवती जैसे निम्न वर्ग के व्यक्ति के साथ अपने प्रेम के अभियान को चलाती हैं। उषा का चरित्र अवश्य ही एक चेतना-संपन्न नारी का चरित्र है जो नारी के समानाधिकार की बात करती तथा शोषण और पुरातन जड़ मान्यताओं का भी विरोध करती है। नादानी का चरित्र भी महत्त्वपूर्ण है। लेखक ने पात्रों का स्वतंत्र विकास होने दिया है। वे उसके हाथ की कठ पुतली नहीं हैं।

विषाद मठ (1946)

'विषाद मठ' में रांगेय राघव ने सन् 1946 में बंगाल के अकाल के समय में चटगाँव के कटोला ग्रामीण जीवन की विवशता तथा शोषण और अत्याचारों का चित्रण कर मानवीय दुर्दशा का सांगोपांग यथार्थपरक चित्रण किया है। जमींदारों, पूँजीपतियों, ब्लैक मार्केटियर्स, जमाखोरों, ब्रिटिश साम्राज्यवादियों द्वारा भारतीय किसान-मजदूर, मछुए तथा आम जनता का आर्थिक शोषण, द्वितीय विश्वयुद्ध के फलस्वरूप, आर्थिक संकट, महँगाई और भुखमरी से ग्रस्त बंगाल की जनता का यथार्थ चित्रण किया है। लगान की वृद्धि और बलात् वसूली, पुलिस का भ्रष्टाचार और रिश्वतखोरी, निम्न और मध्य वर्ग की दयनीय आर्थिक स्थिति, पूँजीवादी नेताओं की अवसरवादिता, उच्च-मध्यवर्ग और पूँजीपति वर्ग के लोगों द्वारा क्लबों में बैठकर मदिरा के जामों पर देश की समस्या को लेकर चलनेवाली चर्चाएँ तथा बौद्धिक-शारीरिक व्यभिचार आदि प्रसंगों को उपन्यास में चित्रित करके मानवीय संवेदनाओं को जाग्रत करने का प्रयास किया है।

उपन्यास का पूरा परिवेश भूख और भुखमरी के वास्तविक चित्रण तथा चीत्कार से सजीव हो उठा है। उपन्यास की ऐतिहासिकता, सत्यता और मानवता के नंगे नृत्य को लेखक ने भूमिका में स्पष्ट कर दिया है। "संसार में सिपाही उस समय आदर्शों के लिए लड़ रहे थे, पैसे के लिए कट रहे थे, साम्राज्यों का ध्वंस करने के लिए संसार हुंकार रहा था। कुचली मानवता पुकार रही थी, दूसरी ओर हाहाकारों पर अट्टहास गूँज उठे थे किंतु हिंदुस्तान भूखा था। जब भारत की शक्ति खंड-खंड होकर एक-दूसरे से लड़ रही थी, जब फूट के बल पर साम्राज्यवाद का पाप फल रहा था हिंदुस्तान की जनता राहों पर कराह-कराह कर दम तोड़ रही थी।...स्त्रियाँ अपने पुरुषों के शवों पर खड़ी होकर अपनी संतान और सतीत्व को खुलेआम बेच रही थीं। पापों की सड़ाँध से राष्ट्र का सिर फटने लगा था। मेहनत करके दूसरों को भरपेट खिलानेवाले आज भूखों मर रहे थे।...उस समय बंगाल का हर घर कब्रिस्तान बन चुका था।"[6]

अकाल की विभीषिका में कटोला का ग्राम-समाज भारी मुसीबत में पड़ जाता है। फसलें मारी जाती हैं। सूखा पड़ता है, ऊपर से जापानी जहाज गाँव के ऊपर बमबारी करते हैं जिससे फसलें जल जाती हैं, ज़मीन जलती है, घर जलते हैं, लोग निराश्रित हो जाते हैं और साधनहीन होकर भीख माँगने के लिए मजबूर हो जाते हैं। ऐसी स्थिति में बीमारियाँ भी फैलती हैं। बसंतपद पच्चीस वर्ष की अवस्था में ही भयंकर रोगग्रस्त है। अकाल के ऐसे समय में तो दवा का प्रश्न ही नहीं उठता। रात के सन्नाटों में जंगलों में सड़कों पर खरखड़ाने की आवाज होती है। मानवता क्रूर अट्टहास करती है। बसंतपद के पूछने पर श्यामपद कहता है—"वह कुछ भूखे भिखारी हैं जो जंगल में घास और पेड़ों की छालें खाने के लिए इकट्ठी कर रहे हैं।

उनका जीवन एक पाप ही है। पेट के लिए आदमी क्या नहीं करता ? पहले मौत सताती थी, अब जिंदगी सताती है।"[7] ऐसी स्थिति में बसंतपद और चिंतित हो उठता है। सभी के अंदर विषाद की गहरी कालिमा घर कर लेती है। जहाँ लोग अकाल, धनाभाव, अन्नाभाव तथा दवा के अभाव में पीड़ित हो रहे हैं, मर रहे हैं, वहाँ कमलापति चट्टोपाध्याय जैसे आदमखोर जमींदार जीवन की प्रत्येक आवश्यकता की वस्तुओं का संचय कर मानवता के पुण्य को लूटते हैं। वह अकाल की जिम्मेदारी अंग्रेजों पर थोपते हैं। बसंतपद को कुनेन की गोली देकर वह अपने स्वामित्व के अहं से संतुष्ट होता है।

गाँव में सरकार और जमींदार दोनों ही अकाल पीड़ितों पर अत्याचार करते हैं। सरकार गाँव से सारा गल्ला खरीद कर स्थानीय जनता को भूखों मारना चाहती है। वही जमींदार चट्टोपाध्याय निरीह भोले-भाले किसानों में सांप्रदायिक विद्वेष उत्पन्न कर सरकार को गाँव में गल्ला एकत्रित करने नहीं देता। वह अकाल का उत्तरदायित्व मुस्लिम लीगी मंत्रिमंडल और सरकार की निरंकुशता पर थोपता है। वह किसानों से सारा गल्ला खरीद कर अपने गोदाम भरता है। इस तरह अकाल के दिनों में सामंतवादी और साम्राज्यवादी—दोनों ही जनता का अमानवीय शोषण करते हैं। लोग गुजारे के लिए जमींदारों के पास अपने घर तथा खेत रेहन रखते हैं फिर भी अकाल की चपेट से बच नहीं पाते। खाते-पीते किसान मजदूर बनते हैं। वे भीख माँगते हैं और गाँव छोड़कर शहर की शरण लेते हैं। गाँव में शेष बचे श्यामपद, कालीपद, अब्दुल शकूर तथा भोला का परिवार है जो धीरे-धीरे अकाल की विभीषिका के शिकार होते हैं। कालीपद अपने भूख से बिलखते और तड़पते बच्चों के लिए जमींदार कमलापति चट्टोपाध्याय को फसल बेचता है, स्त्री के जेवर गिरवी रखता है, लेकिन पुनः वही स्थिति। जमींदार ऐसी भयंकर प्रलय के समय में अपने पुराने कर्ज, सूद तथा लगान की वसूली करता है। उसके घर, खेत और जेवर रखने के बाद भी वह संतुष्ट नहीं होता। घर के नन्हे-नन्हे बच्चों को भूखा मरते, तड़पते और पत्नी की प्रताड़ना कालीपद को घर में चैन से नहीं बैठने देती। वह पुनः मालिक के पास जाकर फरियाद करता है, रिरियाता है लेकिन कोई बस नहीं चलता। मालिक के आगे उसे समर्पण करना पड़ता है। मालिक को वह देवता मानता है, जो ऐसे समय में उसकी सहायता करते हैं वह निरीह जमींदार के उस आदमखोर रूप को नहीं देख पाता जो अंदर से दैत्य और बाहर से देवता बना बैठा है। वह अपने बाप-दादों की एकमात्र धरोहर बेचकर सदैव के लिए मजदूर बन जाता है। ऐसी स्थिति केवल कालीपद की नहीं है बल्कि श्यामपद की भी है। उसका बेटा बसंतपद चंद्रशेखर की ढाका वाली दुकान पर नौकर हो जाता है लेकिन शहरों में भी अकाल की विभीषिका कम नहीं है। एक-दो महीने वह पैसे भेजकर अपने बाप और बहिन इंदु की कोई खबर नहीं लेता। श्यामपद के घर में भी दाने-दाने का अभाव पैदा हो जाता है। फसल बेचते समय जमींदार और

उसका मुंशी रुद्रमोहन पुराने बैनामे, कर्ज, लगान, सूद सब चुकता कर उसके हाथ में सवा दो सौ रुपए थमा देता है। श्यामपद के पैरों के नीचे से जमीन खिसक जाती है। वह रिरियाता है—"मालिक इससे कितने दिन काम चलेगा।" लेकिन रुद्रमोहन श्यामपद को आश्वस्त करता हुआ उसे उपदेश देता है—"दूसरे का हड़प किया हुआ रुपया पचाकर कोई सुख की नींद नहीं सोया।"[8] शोषण में धर्म भी सहायक होता है। कमलापति अकाल और किसानों की इस महामारी के लिए उनके कर्म और भाग्य को दोष देता है। श्यामपद पहले फसल बेचता है, जमीन रेहन रखता है और बाद में उसे जमीन भी बेचनी पड़ती है और फिर वह कालीपद की तरह मजदूर बन जाता है। वह जमींदार के संबंध में अपनी बेटी इंदु से कहता है—"बेटी सौ ऊपर बीस रुपया है। बूढ़ा जल्लाद है, जल्लाद। कहता है मुझे तुम्हारे खेतों की जरूरत नहीं है। अगली फसल पर फिर तुम काम करने आना। एक सौ बीस रुपया तो इनाम दे रहा हूँ। फसल करो, धीरे-धीरे यह चुका देना। फिर जमीन तुम्हारी हो जाएगी। सूद जरूर देना होगा। बेटी अब हम किसान नहीं रहे हैं, मजूर हो गए हैं, मजूर।"[9] श्यामपद और कालीपद का मजूर होना बंगाल के उन किसानों का मजदूर होना है जो अकाल के समय में सरकार के बढ़ते करों तथा जमींदारों का लगान न देने पर अपने घर खेत छोड़कर शहरों में मजदूरी करने को विवश हुए। यहाँ हमें 'गोदान' के होरी और गोबर याद आते हैं। अकाल की विभीषिका मानवता की सीमा का उस समय लाँघ जाती है जब स्त्रियाँ पुरुषों के शवों पर खड़े होकर अपने बच्चों का सौदा करती हैं। संदो अपने बेटे को भूख से मरते देखकर कहती है—"तुझे मरना ही था तो कहा क्यों नहीं ? मैं तुझे बेच ही देती तो धेला रुपया कुछ मिल ही जाता। जाता है तो यों क्यों जा रहा है ? वह बालक को गोद में उठाकर सड़क पर दौड़ती है—और कोई बालक खरीदता, चार पैसे में बालक चार पैसे में।"[10] अकाल के अमानवीय वातावरण में मानवीय संवेदना, प्रेम, नैतिकता, सहानुभूति सभी खोखले दिखाई देते हैं। चारों ओर अनैतिकता, विरूपता, कुरूपता, हाहाकार और भुखमरी का साम्राज्य व्याप्त है। पेट की ज्वाला के आगे स्नेह एवं नैतिकता के बंधन ढीले पड़ जाते हैं और मनुष्य की मनुष्यता समाप्त हो जाती है।

मध्यवर्गीय सामान्य लोगों की स्थिति भी दिन पर दिन बदतर होती जाती है। किशोर के बड़े भाई रोगग्रस्त हैं। किशोर पर तब न तो पैसा ही है जो उनका इलाज करा सके और न कोई नौकरी ही जिससे परिवार का पालन कर सके। वह भी वर्तमान पूँजीवादी व्यवस्था की विषमता से ग्रस्त है। ज्योत्स्ना का कथन मध्यवर्गीय खोखली आर्थिक स्थिति को प्रकट करता है। "हम ही कौन अच्छे हैं ? केवल सिर पर यह छत ही शेष है। कौन जाने कल हमें उन्हीं में जा खड़ा होना पड़ेगा।..."[11] क्या करेगी वह, पढ़ी-लिखी भी तो नहीं है और क्या होगा ? वही तो न, जो अनेक मध्यवर्ग का वह अवसरवादी पात्र है जो परिस्थितियों से संघर्ष के स्थान पर समझौता कर

लेता है। वह भी शोषक वर्ग के साथ मिलकर पीड़ित जनता का शोषण करता है। चावल के व्यापार में उसे अत्यधिक मुनाफा होता है। किशोर के परिवार की दयनीय आर्थिक दशा को देखकर वह सहायता स्वरूप ज्योत्स्ना को कुछ रुपए देता है लेकिन किशोर ज्योत्स्ना को डाँटकर रुपए वापस कर देता है। लेखक ने उपन्यास में अकाल की विभीषिका का यथार्थ चित्रण करते हुए सामंती-पूँजीवादी समाज-व्यवस्था के उस अमानवीय स्वरूप को उभारा है जिसके कारण लोग अपने घर, खेत, जेवर, बच्चे और मान-सम्मान को बेचकर भी भूख से तड़पते हैं। चंद पैसों और मुट्ठी भर अन्न के दानों के लिए माँ-बाप, भाई-बहन, पति-पत्नी के बीच कलह, ईर्ष्या, शत्रुता आदि का चित्रण कर लेखक ने इस व्यवस्था के प्रति पाठक के मन में विद्रोह की भावना जाग्रत करने का सफल प्रयास किया है।

मुर्दों का टीला (1948)

अपने इस ऐतिहासिक उपन्यास में लेखक कुलीनता के दंभ पर आघात करता है। वह नारी-स्वातंत्र्य और मानव समानता का पक्षधर है। नारी के प्रति यह पक्षधरता पात्रों के संयोजन से स्वाभाविक प्रतीत होती है और इसी स्वाभाविकता के माध्यम से प्रगतिवादी चेतना का उद्घाटन भी होता है। गणतंत्रात्मक व्यवस्था में विकृति उत्पन्न होने पर एक कुलीन धन इकट्ठा करता है जिसके कारण व्यक्तिवादी प्रवृत्ति का उदय होता है। बढ़ती हुई संपत्ति को सँभालने और व्यवसाय को अच्छी तरह चलाने के लिए उसे दासों की आवश्यकता पड़ती है। उसका लगाव और प्रेम गणराज्य से न होकर व्यक्तिगत संपत्ति से होता है। मनुष्य की यही अधिकारवृत्ति स्वतंत्र मानव को दासता की, जंजीरों में बाँधती है। संपत्तिशाली पुरुष अन्य मनुष्यों का शोशण करने लगते हैं। मणिबंध अपनी बढ़ती हुई संपत्ति की रक्षा करने के लिए स्वतंत्र जनतांत्रिक व्यवस्था को नष्ट करके निरंकुश राजतंत्र की स्थापना करता है। उसके मस्तिष्क में आमेन-रा के शब्द गूँजते हैं–''सुव्यवस्था भय में होती है, भय के लिए राजशक्ति बनती जो राजशक्ति भय पर आश्रित नहीं रहती, वह अपनी व्यवस्था भी सुचारु रूप से नहीं चला सकती।...स्वार्थ के बिना महाश्रेष्ठ संसार में कोई काम नहीं चलता। आमेन-रा व्यापारियों की संपत्ति की रक्षा के लिए राजतंत्र को आवश्यक मानता है।''[12]

शोषक व्यापारी वर्ग गणराज्य की पराधीनता के विरुद्ध सामान्य जनता के साथ संघर्ष नहीं करता। संघर्ष में उसके स्वार्थ को हानि पहुँचती है। अपने स्वार्थ की रक्षा के लिए वह राजसत्ता से समझौता करके सत्ता का अंग बन जाता है। सामान्य जन अपने प्राणों का मूल्य देकर भी स्वतंत्र रहना चाहता है। बर्बर राजतंत्र भी अपनी स्वतंत्रता के लिए लड़नेवाले नागरिकों को झूठे प्रलोभन देता है। वह जनता की रक्षा और सेवा का झूठा वचन देकर उभरते हुए विद्रोह को शांत करना चाहता है। विश्वजित मोहनजोदड़ो के स्वतंत्र नागरिकों को विद्रोह के लिए प्रेरित करते हुए कहता है–''रक्षा

का दंभ करने वाले यह शासक तुम्हारी उसी भाँति कल हत्या करेंगे जैसे आज तक वे पेट भरने के लिए अपने पशुओं की करते रहे।...याद रखो कि पृथ्वी पर तब तक शांति नहीं होगी, जब तक तुम राजमुकुट को खंड-खंड करके समुद्र में नहीं फेंक दोगे।''[13] लेखक राजतंत्र को मन की कालिमाओं का और श्रेष्ठ संप्रदायों की स्वार्थपूर्ण भावनाओं का साक्षात् रूप मानता है। जन-विद्रोह को एक बार शक्ति से दबाकर शोषक धर्म के नाम पर जनता को झूठी आस्थाओं और विश्वास में भटककर उसकी निरीह स्थिति को ईश्वरीय न्याय बताकर उसे गुमराह कर देता है। बिल्लिभितूर इसी का विरोध करता है और आम जनता से अपने गीत के स्वर पर तलवार चलाने को प्रेरित करता है। वह संघर्षरत विद्रोही जनता का प्रतिनिधित्व करता है। उसकी साँसों में विश्व मानवतावाद की गूँज है। मेरे लिए कोई देश अपना नहीं, पराया नहीं, जहाँ संतोष से मनुष्य मुस्कराता है, वहीं मेरा स्वर्ग है। जहाँ असाम्य और विद्वेषों में घृणा हँसती है, वही मेरी भावनाओं की टक्कर का क्षेत्र है।...वह प्रकृति प्रदत्त भूमि और संपत्ति के अधिकार को किसी की वस्तु नहीं मानता। इसलिए वर्ग-संघर्ष में सेनापति बनकर जूझते हुए फाँसी के फंदे पर खुशी के साथ झूल जाता है।

सामंती समाज के पुरुष की बर्बरता नारी को केवल भोग की वस्तु मानती थी। युद्धों में पराजित राज्य की नारियों के साथ विजयी सैनिक अमानवीय रूप से बलात्कार करते थे और जो नारियाँ इस बर्बरता से बच जाती थीं उन्हें दूसरे बर्बर पुरुष धन के बल पर भ्रष्ट करते थे। कीकट की राजकुमारी चंद्र आक्रमणकारियों के पंजे से छूटकर मोहनजोदड़ो में आती है। इससे स्पष्ट है कि नारी पुरुष भोग्या थी। तत्कालीन समाज में नारी जीवन अत्यंत अपमानित एवं लांछित हो चुका था। चंद्रा जैसी परावलंबी नारी को, जिनके जीवनयापन का कोई साधन नहीं था, जीवित रहने के लिए पुरुष की वासना का शिकार बनना आवश्यक था। तीसरे प्रकार का स्त्री-पुरुष संबंध बिल्लिभितूर और वेणी नायिका का है। बिल्लिभितूर कवि है और गायक भी। वेणी उसकी कलात्मक प्रतिभा के कारण उसकी ओर आकर्षित होती है। दोनों एक-दूसरे से विवाह करना चाहते हैं परंतु समाज उन्हें आज्ञा प्रदान नहीं करता। विवश होकर दोनों एक रात के धुँधलके में अपना देश छोड़ देते हैं और मोहनजोदड़ो में आ जाते हैं। वेणी और गायक का संबंध नारीत्व और पुरुषत्व का परस्पर समर्पण है जो भावोन्माद कल्पना के आकाश से यथार्थ की धरती पर गिरकर टुकड़े-टुकड़े हो जाता है। भूखे पेट प्रेम की कल्पना भी नहीं की जा सकती। अर्थाभाव के कारण गायक और नर्तकी दोनों मोहनजोदड़ो की सड़कों पर नाच-गाकर भीख माँगते हैं और अपना पेट भरते हैं।

'मुर्दो का टीला'[14] का कथानक प्राचीन भारत के 3500 वर्ष पुराने महानगर मोहनजोदड़ो की द्रविड़ संस्कृति और सभ्यता पर आधारित है। तत्कालीन गणतंत्रात्मक शासन-प्रणाली का लेखक ने ऐतिहासिक-भौतिकवादी दृष्टि से विश्लेषण किया है

जिसमें कल्पना का भी सहारा लिया गया है लेकिन उपन्यास में कोरी कल्पना ही नहीं है, यथार्थ का अद्भुत मिश्रण है। मोहनजोड़दो के गणतंत्रात्मक शासन में निम्न वर्ग तथा उच्च वर्ग के लोगों की स्वतंत्रता, नारी स्वातंत्र्य, सामूहिक कार्यकलाप आदि के साथ-साथ लेखक ने द्रविड़ों द्वारा की जानेवाली, मूर्ति-पूजा, रीति-नीति, गणतंत्रात्मक चुनाव प्रणाली, गणसभा, कुलीन और दासी के पारस्परिक संबंध, नारी की स्थिति, धन-संचय, एकतंत्रीय शासन की स्थापना, दैवी प्रकोप, महानगर के वैभव और विलास आदि का चित्रण तत्कालीन ऐतिहासिक परिवेश में किया है। संपूर्ण कथानक श्रेष्ठ मणिबंध, नीलूफर, विश्वजित, गायक बिल्लिभितूर व वेणी के प्रेम-संबंधों और राजनीतिक घटनाओं से संबंधित है जिसमें लेखक को पूर्ण सफलता प्राप्त हुई है। हिंदी उपन्यासों की ऐतिहासिक परंपरा में यह श्रेष्ठ उपन्यास है।

सीधा सादा रास्ता (1951)

इस उपन्यास में लेखक ने सामंती और साम्राज्यवादी व्यवस्था के पतनोन्मुखी स्वरूप का चित्रण कर समाजवादी समाज की स्थापना की कल्पना की है। रांगेय राघव ने अपने इस उपन्यास 'सीधा सादा रास्ता' की रचना अपने पूर्ववर्ती उपन्यासकार भगवतीचरण वर्मा के 'टेढ़े मेढ़े रास्ते' के प्रत्युतर में की जिसमें विषमता पर आधारित समाज-व्यवस्था में नई पीढ़ी को सिवाय भटकन, अंधकार और टेढ़े-मेढ़े रास्ते के कोई सीधा-सादा रास्ता नहीं मिलता। लेखक के शब्दों में ''मैंने भगवतीचरण वर्मा के टेढ़े-मेढ़े रास्ते के आगे इसे लिखा है। मेरा उपन्यास अपने आप में स्वतंत्र है। इसका केवल एक संबंध अपने पूर्ववर्ती उपन्यास से है कि मेरे पात्र, उनकी परिस्थितियाँ, सामाजिक व्यवहार, घर, भूगोल, संपत्ति सब वही है जो टेढ़े-मेढ़े रास्ते में है। कहानी अब आगे चलती है। इन पात्रों का अतीत टेढ़े-मेढ़े रास्ते की कहानी है। वह सब गुजर चुका है। जब उसकी आवश्यकता पड़ती है तो वह चिंतन बनता है, पूर्व स्मृति बनता है। मैं नहीं कह सकता कि मैंने पहले उपन्यास का उत्तर लिखा है। किन्हीं विशेष पात्रों, परिस्थितियों का वर्मा जी ने अपने अनुकूल एक विशेष चित्रण किया है। मैं समझता हूँ, उसमें कुछ विकृतियाँ हैं। मेरी राय से इन्हीं पात्रों का असली चित्रण नहीं हुआ है। वह अब मैंने अपने अनूकूल किया है। वह विचारों का संघर्ष है।

'सीधा सादा रास्ता'[15] समाजवादी दृष्टि पर आधारित उपन्यास है। यह उपन्यास नई पीढ़ी को भटकाव के दलदल से निकालकर समाजवाद के सीधे-सादे रास्ते पर लाता है। भगवतीचरण वर्मा एक नियतिवादी-व्यक्तिवादी, मनोविश्लेषणवादी परंपरा के दृष्टिहीन और उलझे हुए उपन्यासकार हैं जो स्वतंत्रता के दिनों में शहीद होनेवाले क्रांतिकारियों को आतंकवादी और दिशाहीन कहकर समाज के क्रांतिकारी वर्ग का न केवल अपमान करते हैं बल्कि उन प्रगतिशील परंपराओं पर कीचड़ उछालते हैं जिसमें देश के अनेक वीरों ने स्वतंत्रता के लिए बलिदान दिए। वर्मा जी ने अपने

टेढ़े-मेढ़े रास्ते में सामंतवाद और पूँजीवाद के सूरज को कभी न डूबने का फतवा दिया है और व्यवस्था के दोष की ओर इंगित न कर व्यक्ति के मन और आत्मा को दोषी ठहराया है। उन्होंने विभिन्न वादों के परस्पर विरोध को उजागर कर वर्तमान शासन व्यवस्था की वकालत की है। 'टेढ़े-मेढ़े रास्ते' में वर्मा जी ने राजनीतिक तथा सामाजिक पृष्ठभूमि का विशाल आडंबर रचकर मनुष्य की देशभक्ति, मानव-प्रेम तथा दूसरी उदात्त भावनाओं के मूल में स्वार्थपरता, अधमता और हिंसा की सत्ता ही सिद्ध करनी चाही है और प्रेम, न्याय और समता के आदर्शों की हीनता सिद्ध करने के लिए समस्त प्रगतिशील विचारधाराओं पर आक्रमण किया है और अंत में यह सिद्ध किया है कि मुक्ति का कोई मार्ग नहीं, सभी स्वार्थसिद्धि के टेढ़े-मेढ़े रास्ते हैं। वस्तुतः वर्मा जी ने इस उपन्यास में राष्ट्रीय जागरण की उदात्त भावनाओं और परंपराओं को ठुकराकर सामंत वर्ग की हिमायत की है। और वह भी गाँधीवाद की आड़ लेकर।''[16] डॉ. रामविलास शर्मा के अनुसार 'टेढ़े-मेढ़े रास्ते' उपन्यास गुलाम प्रेम की गुलाम रचना है जो हमारे स्वाधीनता आंदोलन की तमाम परंपराओं पर कीचड़ उछालती है।''[17] ऐसी कृति का जवाब देना एक प्रगतिशील लेखक को आवश्यक हो जाता है। यह कार्य रांगेय राघव ने बड़ी निष्ठा और ईमानदारी के साथ 'सीधा सादा रास्ता' लिखकर किया।

लेखक ने उस राजनीतिक आंदोलन का चित्रण किया है जो ब्रिटिश साम्राज्यवादियों के शोषण से मुक्ति पाने के लिए चल रहा था। कांग्रेसी आतंकवादी एवं साम्यवादी सब अपनी-अपनी तरह से राष्ट्रीय स्वाधीनता के लिए आंदोलन चला रहे थे। उस समय सामंतवाद और साम्राज्यवाद में परस्पर गठबंधन था और एक-दूसरे के अस्तित्व की रक्षा के लिए आंदोलनकारियों का हर प्रकार से दमन कर रहे थे। पंडित रामनाथ तिवारी और नवाब साहब अजीज बहादुर कैरा के वालिद मरहूम नवाब साहब हैदर बहादुर कैरा ऐसे ही सामंत जमींदार वर्ग के प्रतिनिधि हैं जो आंदोलनकारियों को पकड़वाकर ब्रिटिश सरकार से नवाब साहब, रायसाहब, आदि के खिताब पाते हैं और शोषण तथा दमन में अंग्रेजों की मदर करते हैं। शोषण और अन्याय पर आधारित व्यवस्था में जमींदारों-सामंतों के वैभव-विलास इतने बढ़ जाते हैं कि नवाब अजीज बहादुर कैरा अपनी सामाजिक प्रतिष्ठा की रक्षा हेतु लाखों रुपया कर्ज लेकर मछली का विवाह रचाता है, दान करता है और पूरे गाँव की जनता को दावत भी देता है। उसका दूसरा रूप उस समय प्रकट होता है जब वह लगान वसूली के समय निरीह किसान की जान ले लेता है। एक भोले-भाले किसान की जान ले लेने में उसे कोई दर्द और परेशानी नहीं होती। परिस्थितियाँ बदलती हैं। जिला अधिकारी डायसन नवाब साहब को हिरासत में लेने का आदेश देता है। उस समय पंडित रामनाथ तिवारी और नवाब साहब को अपनी वास्तविक स्थिति ज्ञात होती है। रामनाथ तिवारी भारतीय सामंतों और अंग्रेज साम्राज्यवाद के बीच संबंधों पर सोचकर सिहर उठते

हैं। उनकी दृष्टि में सरकार द्वारा दिए गए खिताब वफादारी की तनख्वाही हैं, रिश्वत हैं...हम तो उनके मजबूत किले के चारों तरफ की खाई हैं।''[18] वास्तव में सामंतवाद और साम्राज्यवाद का गठबंधन स्वार्थों का गठजोड़ ही है। श्यामनाथ ब्रिटिश साम्राज्यवाद के शोषण का विरोध करता है। वह नई पीढ़ी के उस आक्रोश और आंदोलन को सही समझता है जिसके लिए उसके तीनों भतीजों–दयानाथ, उमानाथ और प्रभानाथ ने अपने सामंती परिवेश को त्यागकर जनता द्वारा किए जा रहे शोषक-व्यवस्था के विरुद्ध संघर्ष में भाग लिया। नवाब साहब कैरा को समाजवादी सरकार के उस अमानवीय दमन की याद दिलाता है–''कितने माँ-बाप आज न रो रहे होंगे ? याद है आपको। भीड़ों से सड़कें भर जाती थीं और लगता था कि गंगा टूट पड़ी है। नंगे हाथ, नंगे पाँव और पुलिस निर्दयता से लाठी चलाती थी, बच्चों का कत्ल करती थी, औरतों की छातियों पर घोड़े टाप रखकर कुचल देते थे, उनकी आँखों के सामने उनके बच्चे, उनके भाई, उनके पति गोलियाँ खाकर जान देते थे पर वे कांग्रेस को नहीं छोड़ते थे किसलिए ? एक नई दुनिया बनाने के लिए।''[19] श्यामनाथ का यह कथन अपने वर्ग चरित्र को स्पष्ट करता है और उसकी सहानुभूति जनांदोलन की ओर रहती है।

औद्योगिक विकास के परिणामस्वरूप चेतना में भी परिवर्तन आया है। युगीनचेतना के कारण सामंती अहंवादी ढाँचा भी चरमरा उठा है। गाँव में जाति-पाँति की खाई मिटती जा रही है। शोषित और नीची जाति के लोग समानाधिकार की माँग करते हैं। ब्राह्मण और चमारों के बीच होनेवाले झगड़ों में चमारों की जीत होती है। पं. रामनाथ तिवारी के सामंतवादी और ब्राह्मणवादी अहं को ठेस पहुँचती है। वे इसका मूल कारण अंग्रेजी शिक्षा और शासक-वर्ग की चाल को मानते हैं। वे अवस्थी से कहते हैं–''यह गड़बड़ी क्यों हुई ? आज चमार उस तरह से नहीं रहते। अवस्थी जी आज दस-दस पीढ़ियों से चमार हमारे सामने इसी तरह रहते आए हैं और रहते आएँगे। अंग्रेजी पढ़ने का यह मतलब नहीं कि जिसके मन में जो आएगा अब वह वही करने लगेगा। हमारे विश्वास हमारे पूर्वजों के अखंड ज्ञान का फल हैं। बुरे दिन किसके नहीं आते, लेकिन बुरे दिन में जो सेवक अपना वफादार नहीं रहता, वह आस्तीन का साँप हो जाता है। अंग्रेज ही इन चमारों को भड़का रहे हैं।''[20] टूटती हुई सामंती मान्यताएँ युगबोध की द्योतक हैं। भाग्यवादी धर्म और दर्शन हमेशा शोषक-वर्ग के ही हित में रहे हैं। शोषक-वर्ग ने इसे अपने हथियार के रूप में प्रयोग किया है। गरीब जनता की व्यवस्था को शोषक सदैव उसके पाप-पुण्य और न्याय पर थोपता आया है। लेखक ब्रह्म के माध्यम से पुरातनपंथी मान्यताओं और अंधविश्वासों का विरोध करते हुए कहता है–''तुम क्यों चाहते हो, मूर्ख ब्राह्मण की भी पूजा की जाए ? क्यों न शूद्र को भी बराबर समझा जाए ? इस वर्गभेद को मिटाना होगा।''[21] रांगेय राघव ने जन चेतना को पहचाना। तथाकथित उच्च वर्गों के विरुद्ध

निम्न स्तर के लोगों में जागृति आई है, उसका सही चित्रण और मूल्यांकन किया है।[22]

संयुक्त परिवार का विघटन भी युगीन परिस्थितियों और युगबोध का ही परिणाम है। जहाँ परिवार का मुखिया तानाशाह होकर बड़े से छोटे तक पर बिना उसकी सलाह-मशविरे के स्वेच्छा से कार्य करता है और मनमानी करता है जिससे परिवार का प्रत्येक सदस्य घुटन और क्षोभ की जिंदगी जीता है। पूँजीवादी व्यवस्था ने स्वतंत्र व्यक्तित्व को विकास करने का अवसर नहीं दिया है। जहाँ उसे संयुक्त परिवार व्यवस्था में पिसना पड़ता था, अपनी इच्छाओं का दमन करना पड़ता था, वहाँ पूँजीवादी व्यवस्था में उसे अपने श्रम का मूल्य मिलता है लेकिन श्रम का वास्तविक मूल्य है। अस्तु संयुक्त परिवार के घुटनपूर्ण वातावरण से तो उसकी मुक्ति हुई। पंडित रामनाथ तिवारी की इसी निरंकुशता को उनके लड़के तोड़ते हैं। उनके तीनों लड़के अपने अलग-अलग व्यक्तित्व को लेकर उभरते हैं और पूँजीवादी समाज के अनुभवों को संचित करते हुए विषमता के विरुद्ध संघर्ष करते हैं।

हुजूर (1952)

यह रांगेय राघव का छोटा लेकिन सुसंगठित समाजवादी विचारों का उपन्यास है। इसमें एक कुत्ते की आत्मकथा के रूप में इस कटु यथार्थ को उभारा गया है कि अनेक सामाजिक और राजनीतिक परिवर्तनों और स्वाधीनता के बावजूद साधारण जन का शोषण उसी प्रकार से हो रहा है, बल्कि आज उसकी जटिलता उससे भी भीषण हो गई है और शोषितों की दशा और भी बुरी हुई है। संपूर्ण उपन्यास तेरह भागों में विभक्त है जिसमें अंग्रेजी शासन पद्धति, शोषण, अत्याचार, भारतीय सामंतों की विलासिता और भारतीय जनता पर अन्याय और अत्याचारों तथा मध्यवर्ग एवं निम्न वर्ग की यथार्थ स्थिति और उसके सुख-दुःख, घुटन, पीड़ा, शोषण, कुंठा तथा नेताओं के पतनशील आचरण आदि का यथार्थ एवं मर्मस्पर्शी चित्रण किया गया है।

इस उपन्यास का कथानायक जैक नामक कुत्ता है जो अनेक स्वामियों के यहाँ रहकर अपनी अनुभूतियों के द्वारा भारतीय समाज के अतीत और वर्तमान पर तीखे एवं मर्मभेदी व्यंग्य करता है। वह अंग्रेज कप्तान के संपर्क में रहकर उसकी नग्न वासना का चित्र देखता है और सोचता है कि "इनकी दुनिया का एक पर्दा यह भी है कि ये कामुक हैं। फिर सोचा, क्या हिंदुस्तानी नहीं हैं ? हैं वे भी पर एक अधिकार के गर्व में हैं, दूसरे गरीबी में परेशान।"[23] अंग्रेज साम्राज्यवादियों के वास्तविक चरित्र का उद्घाटन करते हुए लेखक का निष्कर्ष है—"मुझे अंग्रेजों पर ताज्जुब है। इस कदर कमीने आदमी की जो कौम इस तरह इज्जत करा सकता है। वह क्या इंसानियत की बू अपने भीतर कायम रख सकती है। वह असल में अपने स्वार्थों से अंधी हो चुकी है।"[24] साम्राज्यवादियों ने भारतीय स्वतंत्रता सेनानियों के साथ

बड़ा ही अमानवीय व्यवहार किया। उनके पशुओं जैसे व्यवहार को देखकर कुत्ता जैक व्यंग्य करते हुए कहता है। "यकीन मानिए। कुत्तों की किसी जाति ने कुत्तों की किसी दूसरी जाति को गुलाम बनाकर नहीं रखा।"[25] अंग्रेज कप्तान के बाद जमींदार हरी प्रसाद, रमेशसिंह तथा सेठ मटरूमल के यहाँ रहकर वह भारतीय रईसों और व्यापारियों की विश्वासघातिनी प्रवृत्ति, कामुकता, अनैतिकता, धन लोलुपता आदि का मध्यवर्गीय पत्रकार, कवि, वकील आदि के संपर्क में जाकर उनकी परिस्थितियों का आँखों देखा हाल बताता हुआ उनके खोखले जीवन मूल्यों पर तीखे व्यंग्य करता है। सुनयना के माध्यम से वह मध्यवर्गीय समाज की सतही मान्यताओं और रूढ़ियों पर प्रहार करता है। सुनयना की इच्छा के विपरीत उसका पिता उसके विवाह की योजना बनाता है। जब वह आत्महत्या करने के लिए नदी के किनारे आती है तो उसे चित्रकार अनुराग मिल जाता है। अनुराग के पूछने पर वह कहती है, "मेरे पिता मेरी शादी की बात चला रहे थे, उन्होंने मुझे बहुत प्यार से पाला है लेकिन मैं अनजान आदमी से विवाह करना नहीं चाहती। इसलिए मैंने सोचा कि जिंदगी ही खत्म कर दी जाए।"[26] संघर्ष से विरत मध्यवर्ग अंधी गली में भटक रहा है, स्वार्थों के छोटे-छोटे समझौते उसे और तोड़ रहे हैं।

इस उपन्यास में राजनीतिक चेतना के विकास के विविध चित्रों को एक कड़ी के रूप में पिरोया गया है। विभिन्न शासकों की गतिविधियों के अध्ययन के पश्चात् जैक के मस्तिष्क में यह चेतना उदित होती है कि वर्षों से चली आ रही शासन-नीति में कोई परिवर्तन नहीं आया है। पुराने अंग्रेज शासकों का स्थान आज के भारतीय नेताओं तथा अफसरों ने ले लिया है। कांग्रेसियों ने बिल्कुल अंग्रेजों का जामा पहन लिया है। छुटभइयों को लूट की छूट मिल गई है। स्वतंत्र भारत में लगातार धारा 144 लगी रहती है और महँगाई बढ़ती जा रही है। रोज नेता झूठे वायदे करते हैं और वे ही आई.ए.एस. के ऊँचे पदों पर रख दिए गए। साधारण जन का जीवन-स्तर दिन-प्रतिदिन गिरता जा रहा है। लेखक का निष्कर्ष है कि "इंसान दौलत के पीछे पागल है। जातियों का उठना-गिरना उसके धन और शक्ति के बल पर चलता है। आज मैं अनुभव करता हूँ कि जब तक श्रम करनेवाले को ही समाज में उत्पादन के साधनों पर अधिकार नहीं मिलेगा, इंसान और उसकी दुनिया निरंतर ऐसे ही भटकती रहेगी।"[27] लेखक का मत है कि शोषण और वर्ग-वैषम्य हमारी जड़ें खोद रहे हैं और अधिकार लिप्सा हमारी शत्रु बन गई है। इन सबको समाप्त करने के लिए एक क्रांति की जरूरत है—ऐसी क्रांति जिससे वर्तमान उलट-पुलट हो सके और नवीन समाजवादी स्तर के समाज की रचना हो सके।

लेखक ने चुनावों में जातिवाद और धर्म का सहारा लेने की भी निंदा की है। धन के बल पर चुनाव जीतने की प्रवृत्तियों को स्पष्ट करते हुए चेतावनी दी है कि इससे साधारण जनता का कोई सही प्रतिनिधि चुनाव नही जीत सकता।

प्रक्रिया से जातिवाद, साम्प्रदायिकता और भ्रष्टाचार को खूब बढ़ावा मिलेगा। सन् 1952 के चुनावों के आधार पर रांगेय राघव ने जो निष्कर्ष निकाले थे, वे आज कोढ़ की तरह बढ़ रहे हैं, और इस व्यवस्था के पास इस रोग का कोई इलाज नहीं है।

रांगेय राघव ने पराधीन और स्वतंत्र भारतीय समाज की वास्तविकता को उसके संपूर्ण अंतर्विरोधों के साथ चित्रित किया है। उन्होंने कुत्ते जैक को नायक बनाकर अंग्रेजों के अंतिम दिनों में उनके वास्तविक चरित्र का सजीव चित्रण किया है। जो लोग कल तक साम्राज्यवादियों के प्रमुख सहयोगी थे वही आज कांग्रेस के कर्णधार हैं। व्यक्ति बदले हैं, परंतु शोषणतंत्र वही है। ऊपरी परिवेश बदल गया है परंतु मूल ढाँचे में कोई परिवर्तन नहीं हुआ है। जैक के माध्यम से लेखक दोनों स्थितियों का जीवंत चित्रण करता है। विभिन्न वर्गों का एक साथ इतना प्रामाणिक और सजीव चित्रण इस उपन्यास को महत्त्वपूर्ण बना देता है। लेकिन हिंदी आलोचकों की भेड़िया-धसान प्रवृत्ति ने पाठकों के सामने इसको संपूर्ण वास्तविकता के साथ प्रस्तुत नहीं किया है। यह वही समय है जब साम्यवाद विरोध की शीत लहर हमारे साहित्य में जोरों से चल रही थी। उस हवा से बहुत-सी नावों के पतवार उड़ गए और नाविक रास्ता भटक कर दूसरे खेमे में चले गए परंतु रांगेय राघव अपनी पतवार सँभाले रहे। बाद के भटकाव के लिए हमें 1950-60 ई. के दशक का ऐतिहासिक विश्लेषण करना पड़ेगा। आखिर डॉ. रामविलास शर्मा, शिवदानसिंह चौहान, राहुल, यशपाल और रांगेय राघव जैसे प्रतिबद्ध और प्रतिष्ठित लेखक अपने मतभेद जनवादी ढंग से दूर करने में क्यों असमर्थ रहे ? इससे प्रगतिशील आंदोलन को ही हानि नहीं उठानी पड़ी बल्कि हिंदी-क्षेत्र में जनवादी विचारों के विकास को बहुत धक्का लगा। संगठन के टूटने पर लोग बिखर गए और हिंदी की क्रांतिकारी जनवादी परंपरा की गति भी धीमी हो गई। किसी व्यक्ति को इसके लिए दोषी ठहराना इतिहास-विरोधी दृष्टि का परिचायक है। इतिहास में व्यक्ति की एक सीमित भूमिका होती है। इसे दृष्टि में रखकर ही हम सही दिशा में बढ़ सकते हैं। व्यक्ति को केंद्र में रखकर वैज्ञानिक विचारधारा की कसौटी पर ही इसकी परख संभव है। 'हुजूर' के शिल्प के आधार पर नागार्जुन ने 'बाबा बटेसरनाथ' (1954) लिखा जो बहुत अच्छा उपन्यास नहीं बन पाया है। इसमें व्यंग्य की धार भी तीव्र नहीं है जोकि इस प्रकार के उपन्यासों के लिए आवश्यक है। परंतु 'हुजूर' की अपेक्षा इस उपन्यास की चर्चा बहुत हुई।

कब तक पुकारूँ (1957)

रांगेय राघव ने अपने महत्वपूर्ण उपन्यास 'कब तक पुकारूँ' में करनट के आर्थिक शोषण और उन्हें उनके संपूर्ण सामाजिक परिवेश में चित्रित किया है। उपन्यास के संबंध में रांगेय राघव का वक्तव्य—"इस कथा की वर्णनात्मकता मेरी हैं परंतु तथ्य

उसी (सुखराम) के हैं"[28] महत्त्वपूर्ण है। इसका सीधा अर्थ यह है कि रांगेय राघव ने एक सुनी हुई कहानी के आधार पर यह उपन्यास लिखा है। फिर भी उन्होंने इस चित्र को प्रामाणिक और वास्तविक बना दिया है। उपन्यास राजस्थान और ब्रज की सीमा पर बसे गाँव और वहाँ के लोगों के अज्ञान, अशिक्षा, अंध-विश्वास, गरीबी और शोषण को उनके रीति-रिवाजों व परंपराओं के साथ सामने लाता है। नितांत अकेला त्रिकोण उपन्यास को आगे बढ़ाता है जो फैलते-फैलते विशाल रूप ले लेता है।

करनट समाज का एक ऐसा वर्ग है जिसके पास अपनी जीविका के लिए कोई स्थायी व्यवसाय नहीं होता। उनके पास किसानों की तरह न खेत होते हैं, और न ही उनको निजी तथा सरकारी संस्थानों में सेवा करने का अवसर ही मिलता है। वे अपने पेट के लिए बाँस, बल्लियों पर उछल-कूदकर अपने चमत्कार दिखाते हैं, शहद इकट्ठा करके बेचते हैं, चोरी करते हैं और उनकी पत्नियाँ तथा लड़कियाँ उच्च जाति के लोगों के साथ यौन-संबंध स्थापित कर कुछ कमाई कर लेती हैं। यही उनके जीविकोपार्जन के साधन हैं। सभ्यता की दुहाई देनेवाले सामंती-पूँजीवादी समाज के ठेकेदार उनकी गरीबी से अनुचित लाभ उठाकर थोड़ा-सा धन देकर अपनी यौन-वासना की तृप्ति करते हैं। नटों का यह आर्थिक और सामाजिक शोषण शताब्दियों से इसी प्रकार चला आ रहा है और आज भी उसमें विशेष परिवर्तन नहीं हुआ है।

लेखक ने सुखराम के माध्यम से नटों की चार पीढ़ियों के शोषण के इतिहास का वर्णन किया है। उच्च जाति में होनेवाले व्यभिचार से ही सुखराम का जन्म होता है। वह मूलतः ठाकुर-वंश का ही व्यक्ति है लेकिन समाज की रूढ़िगत नैतिकताओं के कारण उसे बचपन से ही नटों के बीच रहना पड़ता है। सुखराम अपने अंदर ठाकुरी खून होने के कारण नटों से दूर रहने का प्रयास करता है। यह उसकी बिडंबना है। ठाकुर (उच्च वर्ग के लोग) उसे स्वीकार नहीं करते और नटों के जीवन से वह घृणा करता है। अपने इसी अहं को तृप्त करने के लिए वह अपनी पत्नी प्यारी को उच्च लोगों (पराए लोगों) के साथ यौन-संबंध रखने से रोकता है। वह महाराज से प्यारी के लिए फरियाद करता है तो उस पर चोरी का आरोप लगाकर उसे बुरी तरह पीटा जाता है।

सामंतों के अत्याचारों के अतिरिक्त पुलिस और उसके दलाल भी निरीह नारियों का सतीत्व लूटते हैं। बांके धूपो को अपने जाल में फाँसने का निरंतर प्रयास करता है। धन का प्रलोभन देता है। लेकिन धूपो उसकी उपेक्षा करती है। एक रात खेत में गाँव की ओर लौटते समय बांके अपने अन्य मित्रों के साथ मिलकर उसे पकड़ने में सफल हो जाता है। वह उसके साथ बलात्कार करता है। धूपो रोती हुई अपनी करुण कथा गाँव में सुनाती है और आत्महत्या कर लेती है। गाँव में आतंक छा जाता है—पड़ोस की एक औरत सुखराम के पास आकर रोती है तो सुखराम कहता

है–"तुम यों रोओगी तो उनकी इच्छा तो पूरी हो जाएगी, उनका काम है लोहे से लोहा काटना। तुम डरोगी तो उनकी हिम्मत बढ़ेगी। रोओ नहीं भाभी, उनको जुल्म करने दो, तुम रोओ नहीं। सहो और सहा नहीं जाता तो लड़ो, हम नट हैं हमारे पास कुछ नहीं है।"[29] लेखक के अनुसार नटों में व्याप्त अशिक्षा, अज्ञानता, धार्मिक कुरीतियाँ, अंधविश्वास, परस्पर ईर्ष्या, द्वेष आदि भी उनके शोषण में सहायक हैं। सुखराम भाभी से अपनी विवशता को स्पष्ट करते हुए कहता है–"हम जुआरी हैं और उचक्के, बेईमान, कमीने, धोखे-बाज, झूठे हैं। हमारी औरतें कुतियों की तरह रहती हैं। ये सिपाही, ये बड़े लोग इन्हें बीमारी देते हैं। फिर वे औरतें ही हमें बीमारी देती हैं। फिर हम मरते हैं। मरते वक्त गुस्सा आता है तो कत्ल तक करते हैं। हम कभी किसी का भला नहीं कर पाते। हमें मौका मिलता है तो हम लोगों को ठगने का जतन करते हैं। जो भूखे मरते किसान हैं वे भी हमसे सुखी हैं। उन्हें बौहरा नोचता है, वकील ठगता है, पुलिस खाती है, सब चूसते हैं, पर हम बेघर-बार की तरह घूम-घूमकर जूठन खाने को अपनी आजादी कहते हैं।"[30] सामंती समाज के इस अत्याचार और नटों के उत्पीड़न को उपन्यास में उजागर कर लेखक ने यह स्पष्ट संकेत दिया है कि शोषण का वातावरण सदैव नहीं रहेगा। वह मिट जाएगा। सत्य सूर्य है। वह सदैव मेघों से घिरा नहीं रहेगा। मानवता पर छाया यह अँधेरा एक दिन अवश्य दूर होगा और तब नई शरद में फूल खिलेंगे। नया आनंद प्राप्त हो जाएगा।

प्यारी सभ्य समाज की उन खोखली और जड़ मान्यताओं का उद्‌घाटन करती है जो नारी के साथ व्यभिचार करने पर भी अपना दामन साफ रखता है। प्यारी रुस्तम खाँ के नैतिक उपदेश और लाज-शर्म की बात करने पर व्यंग्य करती है–अगर शरम ही आती तो तेरे पास ? और अगर शरम का मेरी कोई मोल होता तो तू मुझे पकड़वा लेता। यों कह सकता था कि आ जा, नहीं तो तेरे उसे थाने में डलवा दूँगा ? "अगर शरम हो तो अपनी बिरादरी में ले जाएगा मुझे ? वह तो तू मरद है सो तेरे पाप, पाप नहीं, मेरे पाप, पाप हैं। मगर शरम तुझमें होती, घर बसा के नहीं रहता, दुनिया में यों छिनाला करता–जगत् जानता है कि उतरी-फुतरी है पर तू तो अभी भला बना डोलता है।"[31] पुरुष-प्रधान समाज के सारे नैतिक बंधन पुरुषों के ही हित में होते हैं जिसमें नारी को भोगने के बाद भी पुरुष पवित्र और चरित्रवान बना रहता है। कुलीन वर्ग में चलनेवाले व्यभिचार, सूसन के साथ लारेंस द्वारा बलात्कार और अनैतिक पुत्री इसका प्रमाण है। कजरी सुखराम से कहती है–"ब्याह तो बिरादरी की बात है। बच्चा होना भगवान की कुदरत की बात है, यों हो चाहे त्यों हो, पर बच्चा ही है और उसका जनम तो एक ही साथ होता है, पहले पाप हो जाए, फिर पुण्य हो जाए। यह समझ में नहीं आता।"[32] कजरी का यह कथन सामंती कर्णधारों के लिए एक खुली चुनौती है। प्यारी, कजरी, सूसन और धूपो, आखिर क्यों एक पुरुष के प्रति समर्पण को अपने जीवन का लक्ष्य मानती हैं। लेकिन सुखराम के माध्यम

से स्पष्ट करता है–"क्यों चाहती है स्त्री वह सम्मान ? यों क्यों वह पशुत्व से घृणा करती है। वह जड़ता से नफरत करती है। वह माँ बनती है तो वह पुरुष की जघन्य तृष्णा और बर्बरता की तृप्ति के लिए नहीं वरन् सृष्टि की मूल भावनाओं से स्पंदित होकर सृष्टि को पूर्णता देने के लिए अपना व्यक्तित्व पूर्ण करती है।"[33]

रांगेय राघव ने 'कब तक पुकारूँ' उपन्यास में 'बेर' ग्रामीण अंचल के उस शोषित वर्ग (करनटों) के जीवन को कथावस्तु बनाया है जो स्वतंत्रता के बाद भी जहाँ था वहीं है। करनट आज भी करनट हैं, ठाकुर आज भी ठाकुर हैं, और रुस्तम खाँ आज भी रुस्तम खाँ हैं। यह ठीक है कि औद्योगिक क्रांति चल रही है, विराट मशीनीकरण हो रहा है, कुछ शिक्षितों में अंतर्जातीय विवाह हो जाते हैं मगर ये सब शोषक भारतीय समाज की रीढ़ जातिवाद को समाप्त नहीं कर पाए। जिस तेजी से औद्योगिक, तकनीकी, शैक्षिक और राजनीतिक विकास हुआ, वहाँ करनटों में आज भी आदिम सभ्यता की प्रवृत्ति की छाप है जो यौन-संबंधों को खुले तौर पर स्वीकार करते हैं। गरीबी, अज्ञानता और अशिक्षा के कारण भूत-प्रेत, जादू-टोने, तंत्र-मंत्र में विश्वास करते हैं। यहाँ पुलिस, सामंत और उच्च जाति के लोग आज भी राजा और ईश्वर की तरह पूजे जाते हैं। इस सबका कारण सामंती-पूँजीवादी व्यवस्था का वैषम्य ही है। कथानक का क्षेत्र बहुत विस्तृत है। कथानक सुखराम, कजरी और प्यारी के त्रिकोणात्मक जीवन स्तर पर ही उपन्यास अपने विराट रूप को पा सका है। उपन्यास में बलात्कार, स्त्रीहरण, चोरी, मारपीट, बीमारी, अत्याचार, गर्भपात आदि के प्रसंगों की प्रचुरता है। इसलिए उपन्यास के कथासूत्र संगठित न होकर बिखर से गए हैं। उपन्यास का मूल उद्देश्य युगों से शोषित-पीड़ित लोगों में वर्गीय चेतना पैदा कर संघर्ष के लिए प्रेरित करना है जिससे समाजवादी व्यवस्था की प्रतिष्ठापना हो सके और करनटों को वर्तमान विषमता पर आधारित समाजव्यवस्था के शोषण से मुक्ति मिल सके। सुखराम अपने जातीय अहम् को टूटते देख पुलिस, जमींदार, ईश्वर सभी के विरुद्ध संघर्ष करता है। निरंतर संघर्ष और संगठन के माध्यम से ही इस आतयायी व्यवस्था के शोषण, अन्याय और अनाचारों से मुक्ति संभव है।

रांगेय राघव ने 'कब तक पुकारूँ' में जिस दृष्टि का उपयोग किया है वह मार्क्सवादी दृष्टि है जो सामाजिक और आर्थिक स्थितियों के द्वंद्व में परिवर्तनों का अध्ययन करती है। सुखराम, नरेश, कजरी, त्यागी पात्र विरोधी स्थितियों को झेलते हुए वर्गचेतना को स्पष्ट करते हैं। उपेक्षित जीवन पर लिखे उपन्यामों में 'कब तक पुकारूँ' का महत्त्व इसलिए भी है क्योंकि लेखक ने एक ऐसे समुदाय के जीवन को उठाया जो अब तक अछूता था। रांगेय राघव ने नट समाज की सांस्कृतिक छवियों, रूढ़ियों, अंधविश्वासों, जादू-टोने आदि को इस प्रकार सामने रखा है कि सामाजिक परिस्थितियों से उनका घनिष्ठ संबंध देखा जा सकता है।[34]

रांगेय राघव के अपने गहरे और जटिल अंतर्विरोध भी है जो उनके बाद के

लेखन में स्पष्ट दिखाई देते हैं। प्रगतिशील लेखक संघ से अलगाव उनके लेखन के लिए अहितकर रहा। प्रकाशकों के आग्रह और अनुरोध ने उनके जनवादी लेखन को धीरे-धीरे व्यापारिक बना दिया। इस प्रवृत्ति के विरुद्ध कार्ल मार्क्स ने लेखकों को चेतावनी देते हुए लिखा था—"किसी लेखन और लेखक स्वतंत्रता उसके व्यावसायिक न होने में निहित है।"[35] यदि रांगेय राघव मार्क्स की इस सलाह पर गौर करते तो आज प्रेमचंद के बाद वे हिंदी के सबसे बड़े लेखक होते। वे निश्चित रूप से अत्यंत प्रतिभाशाली लेखक थे और उन्होंने जब व्यवसाय से अलग होकर लिखा तो हिंदी को अनेक महत्त्वपूर्ण कृतियाँ दीं। लेकिन जहाँ उनका लेखन व्यवसायी हुआ है, वहाँ वे न स्तर कायम रख सके और न विचार-स्वातंत्र्य ही। साहित्य के व्यावसायीकरण ने उनकी वैचारिक दृढ़ता को भी खंडित किया है और दृष्टि भी धूमिल हुई है। ऐसी प्रवृत्तियाँ धीरे-धीरे लेखक को घुन की तरह नष्ट करती हैं। इस घुन ने अनेक लेखकों को बर्बाद किया है।

रांगेय राघव पर इसका हमला कुछ अधिक ही है। उन्होंने स्वयं स्वीकार किया है—"जब एक से एक आला स्कीम सामने रखता हूँ तो प्रकाशक लार टपकाने लगते हैं और भैया अपनी रोजी रोटी चलती है और यार पैसा तो एडवांस में ले आता हूँ परंतु फिर आफत आ जाती है। प्रकाशकों के फिर किताबों के लिए तकाजे आने शुरू हो जाते हैं और फिर लिख बेटा, रांगेय राघव, यह लिख, वह लिख, डेढ़ सौ पन्ने का उपन्यास लिख, अब की बार ढाई सौ पन्ने का लिख—यार आइडियल लाइफ तो वह है जब पैसा चला आ रहा है और मन की मौज के साथ लिख रहे हैं।"[36]

संदर्भ

1. रांगेय राघव—घरौंदे, पृ. 39
2. वही, पृ. 123-24
3. वही, पृ. 152
4. वही, पृ. 153
5. वही, पृ. 170
6. रांगेय राघव—विषाद मठ, पृ. 5-6
7. वही, पृ. 17
8. वही, पृ. 35
9. वही, पृ. 36
10. वही, पृ. 146
11. वही, पृ. 193-94
12. रांगेय राघव—मुर्दों का टीला, पृ. 242
13. वही, पृ. 311
14. वही, पृ. 350
15. रांगेय राघव—सीधा सादा रास्ता (दो शब्द से)

16. शिवदान सिंह चौहान–हिंदी साहित्य के अस्सी वर्ष, पृ. 163
17. रांगेय राघव–सीधा सादा रास्ता, पृ. 2
18. वही, पृ. 49
19. वही, पृ. 72-73
20. वही, पृ. 227
21. वही, पृ. 337
22. डॉ. गणेशन–हिंदी उपन्यास-साहित्य का अध्ययन, पृ. 357
23. रांगेय राघव–हुजूर, पृ. 28
24. वही, पृ. 17
25. वही, पृ. 18
26. वही, पृ. 71
27. वही, पृ. 110
28. रांगेय राघव–कब तक पुकारूँ, पृ. 16
29. वही, पृ. 377
30. वही, पृ. 277-78
31. वही, पृ. 228
32. वही, पृ. 593
33. वही, पृ. 576-77
34. डॉ. कुंवरपाल सिंह–हिंदी उपन्यास : सामाजिक चेतना, पृ. 270
35. मार्क्स-एंगेल्स–साहित्य तथा कला, पृ. 172
36. साहित्य-संदेश, जनवरी-फरवरी 1963 रांगेय राघव स्मृति अंक, पृ. 327

राही का साहित्य : हिंदुस्तान की तलाश

राही का पूरा लेखन सांप्रदायिकता के विरुद्ध एक सतत संघर्ष है। उनका पूरा लेखन हिंदुस्तानी सभ्यता-संस्कृति और उसकी साझी विरासत का प्रबल पक्षधर है। राही हमेशा उन शक्तियों और प्रवृत्तियों का विरोध करते रहे हैं जो भारतीय जनता की एकता को धर्म, संप्रदाय, क्षेत्रीयता, जातिवाद और भाषा के आधार पर अपने राजनीतिक और आर्थिक स्वार्थों के लिए बाँट रहे हैं। इसके साथ ही उन्होंने भविष्य के परिवर्तनों और सामाजिक संरचना की धड़कनों को स्वर और शब्द दिए हैं। राही के पास एक द्वंद्वात्मक ऐतिहासिक समझ है। उनके लेखन का मूल स्वर सामंती संस्कृति और पूँजीवादी समाज की विकृतियों का विवेक सम्मत-विवेचन रहा है। उनका विचार है कि इन दोनों के पास मानव समाज को देने के लिए कोई भविष्य नहीं है, और ये अपनी जीवनी शक्ति खो चुके हैं। वे दोनों अपनी स्वार्थ और धन लिप्सा के कारण भारत की अमूल्य धरोहर को नष्ट कर रहे हैं। परंपरा के नाम पर रूढ़ियों एवं कुरीतियों को प्रोत्साहन दे रहे हैं। वैज्ञानिक चिंतन के स्थान पर अविवेकशील और अयथार्थ चिंतन को स्थापित करने का प्रयास कर रहे हैं। जनहित की बात करके ये लोग स्वहित में संलग्न हैं। राही ने अपनी कविताओं, उपन्यासों और लेखों में भारत की इसी त्रासदी का चित्रण किया है।

अपने महत्त्वपूर्ण उपन्यास 'आधा गाँव' में राही ने यह स्पष्ट किया कि धर्म राष्ट्र नहीं होता। इस्लाम एक धर्म है लेकिन एक राष्ट्र नहीं। राष्ट्र और धर्म को एक समझना इतिहास विरोधी समझ एवं मिथ्या चेतना है। इसके आधार पर जो भी राजनीति की जाएगी उसके मानव विरोधी और विघटनकारी परिणाम ही निकलेंगे। राही ने 1966 ई. में यह स्पष्ट कर दिया था कि पाकिस्तान की बुनियाद इतिहास की धारा के विरोध में रखी गई है इसलिए इसका विघटन अवश्यंभावी है। उस समय किसी ने राही की बात का यकीन नहीं किया और कुछ लोगों ने तो उन्हें अंधराष्ट्र भक्त की संज्ञा दी थी लेकिन राही इस बात पर दृढ़ रहे और निरंतर अपने लेखन में हर प्रकार की संकीर्णता और सांप्रदायिकता का विरोध करते रहे।

1971 में जब बंगलादेश का मुक्ति संग्राम आरंभ हुआ तब राही बहुत प्रसन्न

थे। उन्होंने एक पत्र में मुझे लिखा—"देखना कि पाकिस्तान के उर्दू भाषी लोग भी अलग राष्ट्र की माँग करेंगे और ये कहेंगे कि हम पाकिस्तान की पाँचवीं राष्ट्रीयता हैं। इतिहास सबको सबक सिखाता है और पाकिस्तान के उर्दू भाषी लोग जिन्होंने राष्ट्रीयता और धर्म का घालमेल किया, अपने ही बनाए हुए 'स्वर्ग' में अजनबी शरणार्थियों की तरह रहेंगे।" राही की दोनों बातें सच हुईं। इतिहास ने भूल सुधार किया। बांग्लादेश का आधार बांग्ला-जातीयता थी, इस्लाम नहीं था और आज पाकिस्तान के उर्दू भाषी लोग जिन्होंने कभी धर्म के नाम पर राष्ट्रीयता के भवन का निर्माण किया था वे महाज़िर आज उर्दू भाषा और अपनी संस्कृति की हिफाजत की माँग कर रहे हैं। कराची में पिछले एक दशक से जो खूनी संघर्ष हो रहा है उसमें उर्दू संस्कृति बनाम इस्लामी संस्कृति का तर्कसंगत और मिथ्याचेतना का संघर्ष है। सिंधी और पख्तून भी अपनी भाषा और संस्कृति की रक्षा की गुहार कर रहे हैं। 'दिल एक सादा कागज' (1976) में राही ने इन सांस्कृतिक सवालों पर विस्तार से चर्चा की है। राही संस्कृति के सवालों को बहुत गंभीरता से लेते हैं, उनका विचार है कि संस्कृति कभी सांप्रदायिक नहीं होती। कोई भी सुसंस्कृति व्यक्ति नफरत का सौदा नहीं करता। संस्कृति और धर्म के नाम पर जो लोग सौदा कर रहे हैं वे शुद्ध राजनीतिक व्यापारी हैं, धार्मिक और सुसंस्कृत तो कतई नहीं हैं। इनके पास बड़ी-बड़ी डिग्रियाँ तो हैं लेकिन मूलतः ये अनपढ़ हैं। न इनको भारतीय इतिहास की समझ है न देश की परंपराओं की। वे रूढ़ियों को परंपरा समझते हैं और सुनी-सुनाई बातों को इतिहास। यथार्थ विवेक और तर्क इनके लिए गाली की तरह है। जो ये कह रहे हैं वही सच है, या नाजीवादी परंपरा है, भारतीयता से इसका कुछ लेना-देना नहीं है।

धर्म और राजनीति के धंधे पर राही ने अपने पत्रों, लेखों और उपन्यासों में तीखे व्यंग्य किए हैं और खुलकर मजाक उड़ाया है। उन्होंने एक जगह लिखा है कि—"आधुनिक भारत में यह तय करना मुश्किल है कि धर्म ज्यादा बड़ा व्यापार है या राजनीति। लेकिन दोनों व्यापारों में पैसा स्मगलिंग से भी ज्यादा है। इसलिए जिसे देखिए वही राजनीति और धर्म के धंधे में जाने को बेकरार है।"

राही वर्तमान राजनीतिज्ञों की व्यक्तिवादी प्रवृत्तियों और परिवारवाद की निंदा करते हैं। पर असल राजनीतिज्ञ देश और समाज का नाम लेते हैं लेकिन कार्य इन दोनों के विरोध में करते हैं। हमारे राजनीतिज्ञ केवल आज में जीते हैं, देश के भविष्य का उनके पास कोई नक्शा नहीं है। वे बात तो लोकतंत्र की करते हैं लेकिन लोकतंत्र में सामंतवाद का घालमेल करके काम चलाते हैं। परिवारवाद सामंतवाद की पहली पहचान है। ये लोकतंत्र विरोधी है। लेकिन राष्ट्रीय एवं प्रांतीय नेता अपने बेटे-बेटियों को अपने जीवन में ही उत्तराधिकारी बनाने में लगे हुए हैं। कुछ नेताओं का पत्नीप्रेम भी कुछ अधिक बढ़ गया है और ऐसा लगता है कि देश में जनतंत्र नहीं परिवार

तंत्र चल रहा है। यह देश समाज, लोकतंत्र और जनता के हितों के विरुद्ध है। भ्रष्टाचार का एक कारण यह परिवारतंत्र भी है जो देश के उत्थान के लिए साधन थे, वे परिवार के उद्धार के लिए प्रयोग में लाए जा रहे हैं। भारतीय राजनीति में यह काम अब बुरा नहीं माना जाता। इस हमाम में सभी नंगे हैं।

साहित्य, कला और संस्कृति के क्षेत्र में ये परिवारवाद नहीं चल सकता। किसी महान् रचनाकार के पुत्र-पुत्री बाप के कंधों पर चढ़कर बड़े लेखक नहीं हुए। प्रेमचंद, इकबाल, मकबूल फिदा हुसैन इसके उदाहरण हैं। विज्ञान के क्षेत्र में भी यह धाँधली नहीं चलती। यह काम तो व्यापार और राजनीति में संभव है, ये नए तरह का पुरोहितवाद है। राही दुखी होकर कहते हैं कि आधुनिक काल में मध्यकाल घुस आया है—"राजा का बेटा राजा, मंत्री का बेटा मंत्री, प्रधानमंत्री का बेटा प्रधानमंत्री। यदि ऐसा नहीं होता तो राजीव गाँधी में ऐसी क्या खास बात थी कि कांग्रेस पार्टी ने उन्हें अपना नेता चुनकर प्रधानमंत्री बना दिया। लड़कियों को उनकी सूरत बहुत अच्छी लगती है। लेकिन हमारे देश की प्राइममिनिस्टरशिप कोई मि. वर्ल्ड का कम्पटीशन तो है नहीं, जो सबसे खूबसूरत हो उसे प्रधानमंत्री बना दिया जाए। कुछ लोग कहते हैं कि राजीव गाँधी बड़े साफ-सुथरे आदमी हैं, परंतु आपकी सफाई-सुथराई किस काम की अगर भ्रष्टाचार के कीचड़ में सने हुए लोग आपके मित्र हैं।"

राही ने जीवन और राजनीति के दुहरे मापदंडों का खुलकर विरोध किया है। उनके यहाँ मानवीय सवाल प्रमुख हैं। अपने लेखन में वे अंध-राष्ट्रीयता के प्रबल विरोधी हैं। भारत द्वारा श्रीलंका के तमिल आतंकवादियों की मदद करने के प्रस्ताव का राही विरोध करते हैं—"यदि हम श्रीलंका में ऐसा करेंगे तो पाकिस्तान को किस मुँह से बुरा कहेंगे। तमिल श्रीलंका के नागरिक हैं, अपने देश की चुनी हुई सरकार के खिलाफ लड़ रहे हैं। वे श्रीलंका के अंदर एक स्वतंत्र राष्ट्र बनाना चाहते हैं। हमारी संसद में यह माँग उठाई जा रही है कि हमें श्रीलंका में हस्तक्षेप करना चाहिए तो हम अमरीका की बुराई क्यों करें जो चुनी हुई सरकारों के खिलाफ बगावत करवाने में अपना जवाब नहीं रखता। जब कोई राष्ट्र या राजनीतिक दल दुहरे मापदंड अपनाता है तो उसकी प्रतिष्ठा का ग्राफ बहुत नीचे गिर जाता है।" राही की ये बात आज के संदर्भ में रेखांकित करने योग्य है।

इन्हें अपने हिंदुस्तानी होने का बहुत दर्प है। राही ने एक पत्र में आडवाणीजी को लिखा था कि—आडवाणीजी आप पाकिस्तानी हैं। (पाकिस्तान बनने के बाद सिंध से भारत आए थे) मेरे बाप-दादे धुर गंगा के किनारे के रहने वाले हैं। मेरी पहचान एक हिंदुस्तानी मुसलमान की है। राही गंगा को हमेशा अपनी दूसरी माँ मानते थे। एक माँ वह जिसने जन्म दिया और दूसरी 'गंगा'। उन्होंने वसीयत की थी—(जो पूरी नहीं हुई) गंगा के इस बेटे को मृत्यु के बाद उसी की गोद में सुला देना।

मुझे ले जाके गाजीपुर में गंगा की गोदी में सुला देना।
वो मेरी माँ है, वह मेरे बदन का जहर पी लेगी
मगर शायद वतन से दूर, इतनी दूर मौत आए
जहाँ से मुझको गाजीपुर ले जाना न मुमकिन हो।
तो फिर मुझको
अगर उस शहर में छोटी-सी इक नदी भी बहती हो।
तो मुझको उसकी गोदी में सुलाकर
उससे कह देना
कि यह गंगा का बेटा आज से तेरे हवाले है।

राही को यह विचार बहुत परेशान करता है कि कालेजों और विश्वविद्यालयों की संख्या बढ़ रही है लेकिन ज्ञान, तर्क और विवेक गायब हो रहे हैं। आज पढ़े-लिखे लोग वही सुनना चाहते हैं जिन्हें वे सच समझते हैं। ये लोग न जानते हैं और न जानने की कोशिश करते हैं। यदि बहुमत के वे विचार जो तर्कहीन तथा विवेकहीन हों, किसी अल्पमत पर नहीं थोपे जा सकते। जो मंदिर-मस्जिद नागरिक जीवन, देश की शान और सद्भाव को नष्ट करते हैं उन्हें ढहा देने में कोई हर्ज नहीं है। राही स्पष्ट करते हैं कि सबसे बड़ा है देश—उसकी एकता, आपसी सद्भाव और भाईचारा। इनके मार्ग में जो बाधक हैं उन्हें रोकने में कोई संकोच नहीं करना चाहिए। वे लेखक की अस्मिता का सवाल उठाते हैं और उसकी वैचारिक स्वतंत्रता की रक्षा करने का आह्वान करते हैं। "आपको मंदिर-मस्जिद बनाने का अधिकार है तो मुझे यह भी अधिकार है कि जो धार्मिक स्थल देश की जनता को बाँटते हों चाहे वह मंदिर हो या मस्जिद हो, मैं उन्हें ढहाने की बात कहूँ।"

प्रेमचंद ने सांप्रदायिकता और संस्कृति के सवाल पर सन् 1930 के बाद अनेक टिप्पणियाँ लिखी हैं। धर्म की राजनीति करने वाले अपनी सांप्रदायिकता को श्रेष्ठ और दूसरे की सांप्रदायिकता को निकृष्ट समझते हैं। संस्कृति के सवाल पर भी प्रेमचंद ने देश की जनता को आगाह किया था कि वह संस्कृति को संप्रदाय से जोड़कर न देखें। संस्कृति का किसी संप्रदाय या धर्म से विशेष संबंध नहीं होता है। उन्होंने 18 दिसंबर 1933 को इस सवाल पर विस्तार से लिखा है—"लेकिन संस्कृति के इस भेद का सांप्रदायिक समस्या से क्या संबंध है ? भारत में सांस्कृतिक या वंशगत भेद मौजूद हैं, लेकिन इन भेदों का संप्रदायों से कोई संबंध नहीं है। अगर कोई आदमी किसी दूसरे मत में चला जाए, तो इससे उसके वंशगत या जीवनगत संस्कार नहीं बदल जाते, न उसका सांस्कृतिक आधार ही बदल जाता है। संस्कृति राष्ट्रीय वस्तु है, धार्मिक नहीं। और नई परिस्थितियाँ अंतर्राष्ट्रीय जाति विभाग का ही विकास कर रही हैं। पूर्वकाल में भी भिन्न-भिन्न संस्कृतियों का एक-दूसरे पर असर पड़ता था, लेकिन राष्ट्रीय प्रणाली ही प्रधान रहती थी। भारत, ईरान, चीन आदि प्राचीन देशों

में ऐसा ही हुआ है।

मुस्लिम संस्कृति क्या है ? यह सेमिटिक अरबी संस्कृति है या आर्य-ईरानी संस्कृति, या दोनों का समिश्रण है ? अरब संस्कृति कुछ दिनों के उत्थान के बाद पीछे पड़ गई, लेकिन उसके उत्थानकाल में भी, ईरानी संस्कृति की उस पर छाप पड़ गई थी। भारत पर उसका बिल्कुल प्रभाव न पड़ा। ईरानी संस्कृति इस्लाम के पहले की है और यह इतिहास का एक विचारणीय प्रश्न है कि यह ईरानी संस्कृति हजारों वर्षों से अपना अस्तित्व बनाए हुए है। आज भी ईरान अपनी सांस्कृतिक जागृति के लिए पूर्व इस्लाम काल की ओर आँखे उठा रहा है। निःसंदेह इस ईरानी संस्कृति की भारत पर भी छाप पड़ी और भारत ने भी उस पर अपना रंग जमाया, लेकिन फिर भी भारत की प्राचीन संस्कृति भारत में प्रधान रही और बाहर वालों पर उसकी छाप पड़ गई।

आज भारत में मुस्लिम और हिंदू जनता में कोई वंशगत या सांस्कृतिक भेद नाम को भी नहीं है। ऊँचे दरजे के मुट्ठी भर मुसलमान भी जो अपने को देश से बिल्कुल अलग समझते हैं, भारत के रंग में रँगे हुए हैं और केवल ऊपर ही ऊपर उन पर ईरान का असर पड़ा है। क्या उनमें से कोई भी ईरान या तुर्की या मिस्र या अरब में जाकर वहाँ की परिस्थितियों में अधिक प्रसन्न होगा ?''

यहाँ पर प्रश्न हो सकता है कि 'संस्कृति' क्या है ? हमारे इस ख्याल में संस्कृति के दो रूप हैं, एक बाह्यजगत् से संबंध रखने वाली, दूसरी अंतर्जगत् से। बाह्य संस्कृति का संबंध भाषा, पहनावा, शिष्टाचार, शादी-व्यवहार, मानवीय संबंधों के पालन आदि से है। इस कसौटी पर मुस्लिम संस्कृति को कसिये तो मालूम होगा कि प्रत्येक प्रांत में हिंदू और मुस्लिम जनता की भाषा एक है, पहनावा एक है, शादी-ब्याह की परिपाटी भी लगभग एक है।

जब से धर्म सत्ता तक पहुँचने का माध्यम बन गया है इस मिली-जुली संस्कृति को हाशिये पर रखने का हर तरफ से प्रयास हो रहा है। अमीर खुसरो इस्लाम का अलम्बरदार और कठमुल्ला सिद्ध किया जा रहा है। प्रेम का काव्य लिखने वाले सूफियों को इस्लाम का प्रचारक सिद्ध किया जा रहा है। जो दरगाहें हिंदू-मुस्लिम जनता की मिलन स्थल रही हैं उनके बारे में कुत्सित प्रचार अभियान जारी है। धीरे-धीरे मुसलमान कवियों और लेखकों को पाठ्यक्रमों से विदा किया जा रहा है। राही इस प्रवृत्ति पर दुःखी हैं और ये सवाल पूछते हैं—क्या रसखान का नाम काटकर कृष्ण भक्ति काव्य का इतिहास लिखा जा सकता है ? क्या तुलसी की रामायण में आपको कहीं मुगल दरबार की झलकियाँ दिखाई नहीं देतीं ? क्या आपने अनीस के मरसिये देखे ? देखे होंगे तो आपको यह भी मालूम होगा कि इन मरसियों के पात्रों के नाम भले ही अरबी हों परंतु वह हैं अवध नगरी के राजपूत। क्या आपको गालिब का एक शेर सुनाऊँ—

"जला है जिस्म जहाँ, दिल भी जल गया होगा
कुरेदते हो जो अब राख जुस्तजू क्या है।।"

1987 ई. में राही ने शिवसेना के दिशाहीन एवं दृष्टिहीन लोगों को कहा था कि "तुमसे भारतीय संस्कृति तो क्या ? गाली बकना भी नहीं आता।" ऐसे लोगों से उन्होंने कहा था कि "आप लोग धर्म की धूल भरी गहरे रंगों वाली ऐनक उतारकर धूप का असली रंग देखने को तैयार नहीं हो। भूल जाइए कि हिंदुस्तान सिर्फ आप जैसे हिंदुओं का ही है, हिंदुस्तान मेरा भी है और वह किसी तरह भी कम मेरा नहीं है।"

राही ने अभिव्यक्ति के सारे खतरे उठाए और उसके लिए भारी कीमत चुकाई। अलीगढ़ जो उन्हें इतना प्रिय था, वहाँ से बेदखल कर दिए गए। उर्दू विभाग के प्राध्यापक की नौकरी उनसे छीन ली गई। बंबई में 26 साल अजनबियों की तरह पैसे कमाने की मशीन बने रहे। बार-बार उन्हें अलीगढ़ याद आता था और शिक्षा जगत् में किसी तरह प्रवेश करने के इच्छुक रहे। कई पत्रों में उन्होंने यह तीव्र इच्छा व्यक्त की कि दस-बारह हजार रुपए की कहीं अध्यापिकी मिल जाए तो मैं बंबई छोड़ना चाहता हूँ। यहाँ साहित्य का कोई गंभीर काम नहीं हो सकता। यह काला धन्धा करने वालों की नगरी है। रात के अँधेरे में यहाँ सब कुछ होता है। कोई संवेदनशील व्यक्ति कैसे साँस ले सकता है। यह सभी जानते हैं राही फिल्म जगत् के सफलतम व्यक्ति थे लेकिन वह अत्यंत संवेदनशील कवि और उपन्यासकार भी थे। वे कई महत्त्वपूर्ण कार्य करना चाहते थे ताकि भाषा और संस्कृति में मेलमिलाप और गहरा हो। इसमें एक था उर्दू-हिंदी साहित्य का मिला-जुला इतिहास और दूसरा था हिंदी पाठ्यक्रम में उर्दू के महत्त्वपूर्ण साहित्यकारों का पठन-पाठन और उर्दू के पाठ्यक्रम में हिंदी के प्रमुख रचनाकारों को शामिल किया जाना। वे धर्मनिरपेक्ष साहित्यकारों और अध्यापकों की एक ऐसी जमात तैयार करना चाहते थे जो मिलजुलकर यह कार्य करे। जब अमृतलाल नागर हिंदी संस्थान उत्तरप्रदेश के अध्यक्ष थे तो उन्होंने नागर जी को मिले-जुले इतिहास का एक लंबा प्रारूप भेजा था। नागर जी को भी इस कार्य में गहरी दिलचस्पी थी लेकिन हमारे राजनेताओं का, जो कहते कुछ हैं और करते कुछ हैं, राही और नागर जी को इस योजना पर कोई समर्थन नहीं मिला और कुछ समय बाद ही नागर जी अध्यक्ष पद से हटा दिए गए।

राही ने लिखा है कि अच्छी बातें करने और खूबसूरत भाषा लिखने से कोई लाभ नहीं है। हमारे संविधान में लिखा हुआ है भारत एक सेकुलर डेमोक्रसी है लेकिन शिवसेना के नेता बालठाकरे शिवाजी पार्क में माइक्रोफोन लगाकर भारतीय मुसलमानों को विदेशी बताते हैं और उन्हें सीधा करने की बात करते हैं और कांग्रेसी मुख्यमंत्री बयान देकर चुप हो जाते हैं। गालिब का कोई माशूक अवश्य चावन जैसा रहा होगा तभी तो उन्होंने ऐसा लिखा है—

"तेरे वादे पर जिए हम तो ये जान छूट जाता।
कि खुशी से मर न जाते, मगर एतबार होता।।"

यह राही का ही दिल, गुर्दा था कि बंबई में रहकर बालठाकरे और शिवसेना के विरुद्ध हिंदी में दिल्ली के पत्रों में ही नहीं बल्कि बंबई के पत्र-पत्रिकाओं में भी निर्भय होकर अपनी बात कही। उनके कुछ लेख मराठी की पत्र-पत्रिकाओं में भी छपे हैं। उन्होंने साफगोई से आडवाणी जी की रथयात्रा का विरोध किया और ये कहा कि "आप क्या भगवान श्रीकृष्ण हैं ? रथारूढ़ तो वही होते थे, आप कब से भगवान बन गए।" इसी के साथ उन्होंने 'इन्हें इस्लाम कटपीस में चाहिए' लिखा कि "हमारी सरकार कठमुल्लावाद को बढ़ावा दे रही है, उनके विरुद्ध कार्यवाही नहीं करती।" कांग्रेस में सांप्रदायिक राजनीति करने वाले जेड. आर. अंसारी, मुस्लिम लीग के सुलेमान सेठ एवं बनातवाला और शहाबुद्दीन को कठमुल्लावाद का प्रतीक कहा। उन्होंने एक खत अल्लामियाँ के नाम भी लिखा। उसमें उन्होंने कहा था कि "अल्लामियाँ, शहाबुद्दीन और बनातवाला आदि आपके इस्लाम को नहीं मानते।" सांप्रदायिक राजनीति करने वाले चाहे किसी दल में हों, राही ने उनकी वास्तविकता का उद्‌घाटन करने में कोई भूल नहीं की।

देश में क्षेत्रवाद और सांप्रदायिकता का जो विस्तार हो रहा है राही उससे बहुत चिंतित थे। यह प्रवृत्ति देश की एकता के लिए सबसे बड़ा खतरा है। देश की जनता मूल समस्याओं से जूझ रही है, आधी से अधिक जनता को पीने का पानी नसीब नहीं है। पचास प्रतिशत से अधिक लोग आशिक्षित हैं। अस्सी प्रतिशत लोगों को स्वास्थ्य सेवाएँ उपलब्ध नहीं है। लेकिन जनता को मंदिर-मस्जिद के झगड़े की आग में धकेल दिया। राही ने एक अपील श्रीराम और अल्लामियाँ से की थी।

"मैं श्रीराम और अल्लामियाँ दोनों ही से अपील करता हूँ कि वापसी डाक से विश्व हिंदू परिषद और सैयद शहाबुद्दीन एंड कंपनी प्राइवेट लिमिटेड को तार द्वारा सूचना दें कि उनके पास मंदिर-मस्जिद जरूरत से ज्यादा हैं। इसीलिए जहाँ श्रीराम जन्मभूमि मंदिर और बाबरी मस्जिद है वहाँ इस मंदिर और मस्जिद को गिराकर बच्चों के लिए एक पार्क बना दिया जाए क्योंकि फूलों के बीच खेलते हुए बच्चों से ज्यादा खूबसूरत कोई दृश्य हो ही नहीं सकता।"

'आधा गाँव' राही का ही नहीं, हिंदी का श्रेष्ठ उपन्यास है। कई पत्रिकाओं ने जो सर्वेक्षण कराए हैं, उसमें पाठकों ने बीसवीं शताब्दी के दस श्रेष्ठ उपन्यासों में 'आधा गाँव' को शामिल किया है। यह भी सच है कि प्रेमचंद के बाद राही मासूम रज़ा के उपन्यास सबसे अधिक पाठक खरीदकर पढ़ रहे हैं। 'पेंगुइन' ने 1995 में इसका अनुवाद कराया है और यूरोप के पाठक इस उपन्यास को चाव से पढ़ रहे हैं। वे मुस्लिम समाज, उसकी मानसिकता और मनोविज्ञान को इस उपन्यास के माध्यम से समझना चाहते हैं। जमींदारी व्यवस्था के रहते और टूटने के बाद मुस्लिम जमींदारों

और शिल्पी वर्ग की क्या स्थिति हुई, इन सबका वर्णन 'आधा गाँव' में यथार्थ और कलात्मक रूप में विस्तार से मिलता है। इस गहराई से कोई दूसरा उपन्यास इसका मुकाबला नहीं कर सकता। एक दिलचस्प प्रसंग है—'आधा गाँव' और 'रागदरबारी' एक ही साथ 1966 में प्रकाशित हुए। 1968 में साहित्य अकादमी के पुरस्कार के लिए दोनों उपन्यास अंतिम स्पर्धा में थे। ज्यूरी में दो सदस्य 'आधा गाँव' के पक्ष में थे और एक 'रागदरबारी' के। यहाँ लेखक का बड़ा अफसर होना काम आया और अंत में बाजी 'रागदरबारी' ने जीत ली। राही को जब पूरी कहानी मालूम हुई तो उन्होंने लिखा, "मैंने किसी पुरस्कार के लिए उपन्यास नहीं लिखा। यदि मिल जाता, तो कोई बात नहीं, नहीं मिला, तो उसके लिए मुझे कोई अफसोस नहीं है। सुना है यार, प्रेमचंद, मुक्तिबोध और निराला को भी कोई पुरस्कार नहीं मिला था।"

पुरस्कार देने वाले किसी कृत्ति को महान् नहीं बना सकते। संवेदनशील और सहृदय पाठक ही उसका सही मूल्यांकन करते हैं। इतिहास बहुत दिनों तक किसी के साथ अन्याय नहीं करता है। राही और 'आधा गाँव' के साथ भी पाठकों ने न्याय कर ही दिया।

लेकिन इस उपन्यास की त्रासदी समाप्त होने का नाम ही नहीं ले रही। 1972 में जोधपुर के पाठ्यक्रम से 'अश्लील' कहकर यह उपन्यास निकाल दिया गया। उन आचार्यों ने इसे अश्लील बताया जो रीतिकाल के कवियों को रस ले-लेकर पढ़ाते हैं। पिछले दिनों मराठवाड़ा विश्वविद्यालय, औरंगाबाद में भी 'आधा गाँव' के साथ अजीब दुर्घटना हुई। 'इस उपन्यास में गालियाँ बहुत हैं' यह कहकर एम.ए. पाठ्यक्रम से उपन्यास निकाल दिया गया। वास्तविकता गालियाँ और अश्लीलता नहीं है। आधा गाँव में धर्म की राजनीति और संस्कृति का व्यापार करने वाले तत्त्वों का परत-दर-परत उद्घाटन किया गया है। दोनों ही सांप्रदायिक तत्त्व राही और 'आधा गाँव' से भयभीत भी हैं और रुष्ट भी। उनमें इतना नैतिक साहस नहीं है कि सत्य और वास्तविकता का सामना करें। इसीलिए बहाने बनाकर पीछे से वार करते हैं। राही ने 'टोपीशुक्ला' और 'ओस की बूँद' की भूमिका में इस पर तीखी और वास्तविक टिप्पणी करते हुए लिखा था—"आधा गाँव में बेशुमार गालियाँ थीं। मौलाना टोपी शुक्ला में एक भी गाली नहीं है। परंतु शायद यह पूरा उपन्यास एक गंदी गाली है। और मैं यह गाली, डंके की चोट पर बक रहा हूँ। यह उपन्यास अश्लील है जीवन की तरह।"

बड़े-बूढ़ों ने कई बार कहा कि गालियाँ न लिखो, जो 'आधा गाँव' में इतनी गालियाँ न होतीं तो तुम्हें साहित्य अकादमी का पुरस्कार अवश्य मिल गया होता, परंतु मैं यह सोचता हूँ कि क्या मैं उपन्यास इसलिए लिखता हूँ कि मुझे साहित्य अकादमी का पुरस्कार मिले ? पुरस्कार मिलने में कोई नुकसान नहीं फायदा ही है। परंतु मैं साहित्यकार हूँ। मेरे पात्र यदि गीता बोलेंगे तो मैं गीता के श्लोक लिखूँगा। मैं कोई नाज़ी साहित्यकार नहीं हूँ कि अपने उपन्यास के शहरों पर अपना हुक्म चलाऊँ

और हर पात्र को एक शब्दकोश थमाकर हुक्म दे दूँ कि जो एक शब्द भी अपनी तरफ से बोले तो गोली मार दूँगा। कोई बड़ा-बूढ़ा यह बताए कि जहाँ मेरे पात्र गाली बकते हैं वहाँ मैं गालियाँ हटाकर क्या लिखूँ। डॉट-डॉट-डॉट ? तब तो लोग अपनी तरफ से गालियाँ गढ़ने लगेंगे। और मुझे गालियों के सिलसिले में अपने पात्रों के सिवा किसी पर भरोसा नहीं है।

गालियाँ मुझे भी अच्छी नहीं लगतीं। मेरे घर में गाली की परंपरा नहीं है। परंतु लोग सड़कों पर गालियाँ बकते हैं। पड़ोस से गालियों की आवाज आती हैं और मैं अपने कान बंद नहीं करता। यही आप करते होंगे। फिर यदि मेरे पात्र गालियाँ बकते हैं तो आप मुझे क्यों दौड़ाते हैं ? वे पात्र अपने घरों में गालियाँ बक रहे हैं। वे ने मेरे घर में हैं न आपके घर में। इसलिए साहब, साहित्य अकादमी के इनाम के लिए मैं अपने पात्रों की जबान नहीं काट सकता। इस उपन्यास के पात्र भी कहीं-कहीं गालियाँ बकते हैं। यदि आपने कभी गाली सुनी ही न हो तो आप यह उपन्यास न पढ़िए। मैं आपको ब्लश करवाना नहीं चाहता।''

'आधा गाँव' मूलतः फारसी लिपि में लिखा गया था, जिसका मैंने देवनागरी लिपि में लिप्यांतर किया था। इसी तरह राही की कई आरंभिक रचनाएँ भी फारसी लिपि में लिखी गई थीं, लेकिन यह सभी रचनाएँ हिंदी की हैं। राही सही कहते थे कि लिपि भाषा नहीं होती। मराठी, संस्कृति, हिंदी और नेपाली की लिपि देवनागरी है, लेकिन यह भाषाएँ अलग हैं। यदि उर्दू भाषा भी देवनागरी लिपि अपना ले तो उसे एक व्यापक क्षेत्र और पाठक वर्ग मिलेगा। फारसी लिपि अपनाकर सिंधी और पाकिस्तान की पंजाबी अपना अस्तित्व बनाए हुए हैं तो उर्दू के लोग क्यों डरते हैं। यदि साहित्य और भाषा में दम है तो दुनिया की कोई शक्ति उसे मिटा नहीं सकती। राही हवा के विरुद्ध नाव खेने के आदी थे। वे हमेशा घाटे का सौदा करते रहे। उनकी हार्दिक इच्छा थी कि 'आधा गाँव' अंग्रेजी और उर्दू में छपे। अंग्रेजी अनुवाद तो अब अंतर्राष्ट्रीय बाजार में उपलब्ध है, लेकिन तमाम प्रयासों के बाद भी 'आधा गाँव' उर्दू में प्रकाशित नहीं हो सका है। क्यों ? इसका उत्तर फिलहाल मेरे पास नहीं है।

राही को दुःख है कि आज धर्मनिरपेक्षता, देशभक्ति, भावात्मक एकता और राष्ट्रीयता केवल नारे बनकर रह गई है। जिस हिंदुस्तान की उन्नति, विकास और प्राचीन सभ्यता और संस्कृति की जोर-शोर से चर्चा हो रही है। वह हिंदुस्तान कहाँ है ? वह तो धीरे-धीरे दिन पर दिन छोटा होता जा रहा है। कोई बंगाली है, पंजाबी है, तमिल है तेलुगू है, मराठा है, कोई गुजराती भाषी है, कोई हिंदी भाषी है लेकिन हिंदुस्तानियों की संख्या दिन पर दिन सीमित होती जा रही है। जब हिंदुस्तानी नहीं रहेंगे तो हिंदुस्तान क्या होगा ? इसलिए हिंदुस्तान को बचाने की आज सबसे बड़ी जरूरत है। राही ने 1970 में एक कविता लिखी थी। हिंदुस्तान की सबसे छोटी

अक़लियत इसमें राही ने इस समाप्ति होती प्रजाति को बचाने की अपील की थी—

"नागफनी के जंगल में
जैसे हरसिंगार के कोपल
हिंदुस्तानी नाम है मेरा।"

इस नागफनी के जंगल से हिंदुस्तान को कैसे बचाया जाए, राही का पूरा साहित्य इसी की त्रासद दास्तान है।

राही संघ परिवार और जमाते इस्लामी की संस्कृति की परिभाषा से पूरी तरह असहमत दिखाई देते हैं, उनके अनुसार भारतीय संस्कृति इकहरी नहीं है। यह संस्कृति जिसका उपयोग सत्ताधारी वर्ग ने अपने हित के लिए किया, वह शासकों की संस्कृति है जिसका वर्णव्यवस्था और जाति व्यवस्था है तथा उसके व्याख्याकार पुरोहित हैं। दूसरी संस्कृति जनता की इच्छा-आकांक्षाओं और उसके जीवन को गति देने की संस्कृति है। कबीर इस संस्कृति के सबसे बड़े प्रवर्तक हैं। यह मानव समानता की संस्कृति है। सामंती संस्कृति के समानांतर यह संस्कृति धार्मिक भेदभाव, वर्णव्यवस्था और जाति व्यवस्था का सिद्धांत और व्यवहार दोनों में विरोध करती है। भारतीय इतिहास में इस संस्कृति की जड़ें भी काफी गहरी और मजबूत रही हैं। इसी संस्कृति के सहारे भारत की एकता और अखण्डता अक्षुण्ण रही है। इसमें मिलावट के सदैव प्रयास हुए लेकिन इसमें गंगा की तरह अपने को जीवित रखने की अभूतपूर्व क्षमता है। आज इस संस्कृति की रक्षा करने और विस्तार देने की जरूरत है। शासकों ने इस संस्कृति को सदैव हाशिये पर रखने का प्रयास किया है। राही को अपने हिंदुस्तानी होने पर इतना गर्व है, वह शायद ही किसी समकालीन भारतीय लेखक को है। अक्सर लोग अनजाने में राही से यह कह देते थे कि राही साहब आप तो मुसलमान होते हुए भी भारतीय संस्कृति और सभ्यता को इतना अच्छा जानते हैं। राही को इस तरह की बातों से बेहद चिढ़ थी। वे खुलेआम कहते थे कि मैं भारत की सभ्यता और संस्कृति का प्रवक्ता एवं प्रतिनिधि हूँ। बाला साहब देवरस, बालठाकरे और आडवानी जी से भारतीय संस्कृति को ज्यादा अच्छी तरह जानता हूँ। इस सभ्यता और संस्कृति ने जहाँ जन्म लिया, विकसित हुई, मैं वहीं का रहने वाला हूँ। मुझे गौरव प्राप्त है कि मैं गंगा के किनारे गाजीपुर में पैदा हुआ हूँ। स्मरण रहे कि राही ने अपना शोधकार्य 1962 में 'तिलिस्मे होशरुबा में भारतीय संस्कृति और सभ्यता' विषय पर किया और विस्तार से भारतीय संस्कृति और सभ्यता पर चर्चा की। खेद है कि राही का यह शोधकार्य अभी तक हिंदी में अप्रकाशित है।

एक दिलचस्प प्रसंग और है—प्रसिद्ध फिल्म निर्माता-निर्देशक बी.आर. चोपड़ा ने 'महाभारत' सीरियल बनाने की घोषणा की और कहा कि मैं इसके संवाद एवं पटकथा राही मासूम रजा से लिखवाऊँगा। राही उन दिनों बहुत व्यस्त थे, उन्होंने चोपड़ा साहब से माँफी माँगी। लेकिन एक महीने के बाद राही को चोपड़ा साहब

ने खतों का एक पैकेट भेजा, ये खत हिंदुत्ववादी लोगों ने लिखे थे, इनमें लिखा था कि एक मुसलमान 'महाभारत' के संवाद क्या लिखेगा, उसे हमारे धर्म, संस्कृति, सभ्यता और इतिहास की क्या समझ है ? आप हमारा अपमान करा रहे हैं। राही की यह कमजोर नस थी, चोपड़ा जी ने वही पकड़ ली। राही ने तुरंत घोषणा की कि महाभारत मैं ही लिखूँगा और इन संकीर्ण लोगों को बताऊँगा कि इनसे ज्यादा भारतीय सभ्यता और संस्कृति जानता हूँ। मैं आपको यह बता दूँ कि राही ने आठ महीने 'महाभारत' लिखने के लिए परिश्रम किया। संस्कृत, उर्दू, हिंदी, फारसी और अंग्रेजी में 'महाभारत' पर जो भी सामग्री थी, उसका अध्ययन किया और लगभग 8000 पृष्ठ के नोट्स तैयार किए। व्यास जी ने तो 'महाभारत' को विद्वानों तक पहुँचाया, राही ने महाभारत को देश के कोने-कोने के संसार के अनेक भागों में पहुँचाया। दस वर्ष बाद भी उसकी लोकप्रियता कायम है। इसकी सबसे बड़ी विशेषता है कि उन्होंने नए संदर्भों के साथ 'महाभारत' की कथा प्रस्तुत की।

राही अपनी भूमिका अच्छी तरह पहचानते हैं। हिंदुस्तान को एक रखने में भारत के साधारणजन, बुद्धिजीवियों, साहित्यकारों की महत्त्वपूर्ण भूमिका है। यदि साहित्यकार अपनी कलम गिरवी रख दे तो देश और समाज को बचाना मुश्किल हो जाएगा। अदीब तो किसी समाज का प्रहरी होता है, उसकी भूमिका कभी समाप्त नहीं होती है। राही का पूरा साहित्य निराशा को दूर कर सदैव आशा का दीप जलाता रहता है–

"हम भी जुगनू की तरह सहरा में
शाम होती है तो जल जाते हैं।"

आधा गाँव : आधी दुनिया का अनजाना सच

राही मासूम रजा के उपन्यास 'आधा गाँव' पर उसके प्रकाशित होते ही (1966), कई तरह के आरोप लगाए गए। कुछ लोगों ने कहा कि ये अश्लील है और इसमें गालियों की भरमार है। सांप्रदायिक मानसिकता वाले हिंदू और मुसलमान इसे सांप्रदायिक उपन्यास के रूप में देखते रहे हैं। साहित्य अकादमी पुरस्कार भी 'आधा गाँव' को इसीलिए नहीं मिला कि कुछ लोगों की दृष्टि में यह अश्लील उपन्यास था। पूरे हिंदी जगत् में इस पर विवाद तब शुरू हुआ जब डॉ. नामवर सिंह ने इसे एम.ए. के पाठ्यक्रम में लगाया। संप्रदायवादी तो इसके विरोध में थे ही, डॉ. रामविलास शर्मा ने भी (बकौल डॉ. नामवरसिंह के) इसके संबंध में जो टिप्पणी की, वो आर्य समाजी नैतिकता के आधार पर की गई लगती है। यह प्रतिक्रिया इस प्रकार थी– "साम्प्रदायिक तो नहीं पर अश्लील है और विश्वविद्यालयों में पढ़ाए जाने लायक नहीं है।" (तद्भव, अंक-2, सितंबर, 1999)। इसके बाद यह उपन्यास पाठ्यक्रम से हटा दिया गया और डॉ. नामवर सिंह ने भी हाथ झाड़ लिए। 1998 में औरंगाबाद विश्वविद्यालय में भी इस उपन्यास पर यही आरोप लगे।

वास्तव में हमारी मानसिकता जटिल सवालों से साक्षात्कार करने की नहीं रही है। हम उस सत्य से बचना चाहते हैं, जो कुछ मूल्य चाहता है। सांप्रदायिकता के संबंध में राही ने उसे एक रोग कहा है। रोग का कोई धर्म नहीं होता। हिंदी और मुस्लिम सांप्रदायिकता को राही एक ही सिक्के के दो पहलू मानते थे। धर्म और राजनीति तथा धर्म और संस्कृति को मिलाने से एक त्रासद समाज का ही निर्माण होगा। धर्म जब पिछड़ जाता है तो वह समय और समाज को पीछे खींचता है। ढोंग धर्म के दुर्ग की दीवार है। इसी ढोंग और अंधविश्वास के कारण से समस्याएँ उठ खड़ी होती हैं।

'आधा गाँव' इन्हीं सवालों से जूझता है–और व्यापकता में उसके समाधान ढूँढ़ने की कोशिश करता है। 'आधा गाँव' में राही इस ओर ध्यान दिलाते हैं कि धर्म राष्ट्रीयता का आधार नहीं है। राष्ट्र एक सामूहिक चेतना है, जबकि धर्म एक व्यक्तिगत।

'आधा गाँव' के एक सशक्त पात्र फुन्नन मियाँ पाकिस्तान की परिकल्पना का मजाक उड़ाते हैं—

"आदाब चचा !" अनवारुल हसन राकी का लड़का फारूक आ गया।

"काहे भैया, तोरे पाकिस्तान का का हाल है ?"

"वह तो बन रहा है।"

"काहे न बनिहे, तू कहि रइयो तो जरूर बनिये। बाकी ई गंगौली पाकिस्तान में जईहे कि हिंदुस्तान में रईहे ?"

"ई तो हिंदुस्तान में रहेगी। पाकिस्तान में तो सूबा सरहद, पंजाब, सिंध और बंगाल होगा। और कोशिश कर रहे हम लोग कि मुस्लिम यूनिवर्सिटी भी पाकिस्तान में ही जाए।"

राही बार-बार यह प्रश्न उठाते हैं कि जब अंध-भक्ति किसी समाज में उत्पन्न कर दी जाती है तो सत्य-असत्य, कल्पना-यथार्थ के बीच की दीवारें टूट जाती हैं। 1936 के बाद मुस्लिम लीग और उसके नेताओं ने जिन्ना के प्रति इसी तरह की अंध-भक्ति का वातावरण बना दिया था, जहाँ तर्क और विवेक का कोई स्थान नहीं था। नेता यह जानते थे कि इनमें से कई चीजें व्यावहारिक नहीं हैं। लेकिन फिर भी विवेकहीनता का वातावरण बनाने में कोई कसर नहीं छोड़ रहे थे। यह परिकल्पना कितनी हास्यास्पद थी, फिर भी 1946 के अंत में अलीगढ़ मुस्लिम विश्वविद्यालय के तत्कालीन कुलपति ने (जो एक बड़े जमींदार थे) सरदार पटेल को यह पत्र लिखा था कि मुस्लिम यूनिवर्सिटी को किसी तरह पाकिस्तान का हिस्सा बना दीजिए। यह माँग भी हास्यास्पद थी कि लाहौर से ढाका तक एक 'कॉरिडोर' का निर्माण किया जाए जो अलीगढ़ से होकर गुजरे।

फुन्नन मियाँ के यह पूछने पर कि पाकिस्तान बनने से हमें क्या लाभ होगा, फारूक कहता है कि "एक इस्लामी हुकूमत बन जाएगी।" फुन्नन मियाँ व्यंग्य करते हैं, "इस्लाम कहाँ है जिसकी हुकूमत बन जाएगी।" (आधा गाँव, पृष्ठ 162)

'आधा गाँव' में राही मुस्लिम लीग के वर्ग-चरित्र पर विस्तार से चर्चा करते हैं। इसमें बड़े जमींदार, बड़े व्यापारी, सरकारी अफसर और उभरते मध्य-वर्ग के नौजवांन शामिल हैं। कांग्रेस ने जब जमींदारी उन्मूलन का प्रस्ताव पास किया तो जमींदारों ने संगठित होकर विरोध किया। मुस्लिम लीग 1936 के बाद ही अधिक सक्रिय और मजबूत हुई। मुस्लिम व्यापारी, हिंदू व्यापारी के मुकाबले अपने व्यापार और उद्योग-धंधों में वृद्धि नहीं कर पा रहे थे। उभरते हुए मध्यवर्ग को भय था कि हमें स्वतंत्र भारत में नौकरियाँ नहीं मिल पाएँगी। हालाँकि यह पूर्ण सत्य नहीं था। एक अज्ञात भय और भावना के सहारे मुस्लिम लीग का संगठन मजबूत होता गया। कभी-कभी भ्रम, यथार्थ से बड़ा हो जाता है।

'आधा गाँव' में राही ने शिल्पी-वर्ग के पाकिस्तान समर्थन को बहुत सूक्ष्मता

से चित्रित किया है। राकी तथा जुलाहों का एक वर्ग, जो संपन्न हुआ और जिनके नौजवान अलीगढ़ मुस्लिम विश्वविद्यालय में पढ़कर शिक्षित हुए, वह भी पाकिस्तान के समर्थन में प्रचार करने में संलग्न थे। इसका कारण सामाजिक और मनोवैज्ञानिक अधिक है। 'आधा गाँव' में राही विस्तार से चर्चा करते हैं कि इस्लाम सिद्धांततः जाति-पाँति और वर्ण-व्यवस्था का विरोधी है, परंतु व्यवहार में छोटी और बड़ी जाति का प्रश्न हिंदू धर्म की तरह प्रखर है। सय्यद, शेख और पठान, जुलाहों, राकियों, कसाइयों, कुंजड़ों आदि को भी हिंदुओं की छोटी जातियों के समकक्ष ही रखते हैं। अब्बास अली, सय्यद हैं, जो ऊँची जाति की परंपराओं में पले-बढ़े हैं। फारूक सिद्दीक, राकी हैं। दोनों अलीगढ़ विश्वविद्यालय में पढ़ते हैं। फारूक अब्बास का सीनियर है और अखिल भारतीय मुस्लिम स्टूडेंड फेडरेशन का उपाध्यक्ष है। लेकिन अब्बास फारूक के घर जाकर मिल नहीं सकता।

उसने सोचा कि मियाँ लोगों की गैर-हाजिरी का फायदा उठाकर अनवार-उल-हसन राकी के लड़के, फारूक से क्यों न मिल आए जो अलीगढ़ में ही पढ़ता था और उसका सीनियर था और अखिल भारतीय मुस्लिम स्टूडेंड फेडरेशन का उपाध्यक्ष था। मियाँ लोगों के सामने वह रिरियाने जा नहीं सकता था। बड़े जूते पड़ते...''मियाँ अब्बू, तुम इतने बड़े हो गए लेकिन तुम्हें यह भी नहीं मालूम कि अशरफ राकियों-वाकियों के दरवाजे नहीं जाते।'' (आधा गाँव, पृ. 65)

इसी प्रकार सईदा और कमरुद्दीन अलीगढ़ में पढ़ते हैं। एक-दूसरे से शादी करना चाहते हैं। लेकिन सईदा सय्यद होकर एक जुलाहे से कैसे शादी कर सकती है। हालाँकि कमरुद्दीन का परिवार आर्थिक रूप से सईदा के परिवार से अधिक संपन्न है।

इसी प्रकार हम्माद मियाँ और एम.एल.ए. परसराम, जो जाटव है; दोनों के बीच छोटी और बड़ी जाति के प्रश्न पर संघर्ष होता है तो पूरा गाँव दो हिस्सों में बँट जाता है–

''सारे गाँव में खलबली मच गई। ऊँची जात के लोगों ने हम्माद मियाँ का साथ दिया। कई खेत कटे, कई फौजदारियाँ हुईं।'' (आधा गाँव, पृ. 356)

राही स्वतंत्रता का सूर्य उगने के अवसर पर जमींदारी व्यवस्था, ऊँची जाति के हिंदू-मुसलमान तथा छोटी जाति के हिंदू और मुसलमानों में आए परिवर्तन का सूक्ष्म विश्लेषण करते हैं। उन्हें आर्थिक प्रश्नों और सामाजिक सम्मान की भावना से जोड़ते हैं। राही का विश्वास है कि बड़े लोग इन श्रमजीवी किसानों, मजदूरों और कारीगरों के साथ जिस तरह का अमानवीय व्यवहार करते रहे हैं, वह अब संभव नहीं है। समानता और स्वाभिमान की भावना में इन जातियों को एकता के सूत्र में बाँध दिया है। धर्म पीछे चला गया है। मंडल कमीशन के समय जमात-ए-इस्लामी के लोग चीखते रहे कि इस्लाम में जात-पाँत नहीं होती, उन्हें मंडल कमीशन में शामिल

न किया लेकिन कुलीन मुसलमानों के अलावा किसी ने उनकी बात पर ध्यान नहीं दिया। छोटी जाति के मुसलमान शताब्दियों से सिद्धांत नहीं बल्कि व्यवहार देख रहे थे। 'आधा गाँव' इन अंतर्विरोधों को स्पष्ट करता है।

फुन्नन मियाँ सद्दन से, जो कुछ दिन पहले पाकिस्तान चला गया है, कई तीखे सवाल करते हैं–

"और तेरे पाकिस्तान का क्या हाल है..."

"वहाँ तो लोग रोजा-नमाज में ही वक्त गुजारते हुइहें।"

"क्यों ?"

"अरे भाई इस्लामी हुकूमत है। क्यों का क्या सवाल।"

"तो इस्लामी हुकूमत का मतलब आपने ये समझा कि रोजा नमाज होता होगा ?" सद्दन ने उत्तर दिया।

"का इस्लामी का मतलब बदल दिए लोग ?" फुन्नन मियाँ ने सवाल दागा।

"इस्लाम का मतलब है दादा कि मुसलमानों को नौकरी मिले।"

"अच्छा ई हमें ना मालूम रहा कि रसूल अल्लाह, मार ऐसी पर उधम जोते रहे कि मुसलमानों को नौकरी मिले। आज तू हमरी बड़ी परेशानी दूर कर दियो। मौलवी बेदार बहुत नाक में दम किए रहत हैं। हकीम साहब को ई बात समझाओ बेटा।" (आधा गाँव, पृ. 334)

राही पाकिस्तान गए भारतीय मुसलमानों की स्थिति पर विस्तार से चर्चा करते हैं कि वे पाकिस्तान तो चले गए लेकिन वो वहाँ भी शरणार्थी (मुहाजिर) हैं। किसी दूसरे स्थान से भागकर पनाह लेने वाले लोगों में उनकी गिनती होती है। वे जड़ों से उखड़े वृक्षों की तरह पाकिस्तान में स्थापित हैं। उनके पाकिस्तान के सपने चूर-चूर हो गए। धर्म को राष्ट्रीयता का आधार मानने वाले उर्दू भाषी अब स्वयं को पाकिस्तान की पाँचवीं राष्ट्रीयता (उर्दू भाषा के आधार पर) मानने की माँग कर रहे हैं। सिंधी, पख्तून, पंजाबी और बल्लोची के साथ उर्दू भाषा-भाषियों को भी पाँचवीं राष्ट्रीयता का दर्जा दिया जाए। इससे बड़ी विडंबना और त्रासदी क्या होगी कि जिन लोगों ने पाकिस्तान की कल्पना एक बहिश्त के रूप में की थी, वही दोजख साबित हुआ। राही अपने पाठकों को बहुत पहले (1966 में) यह स्पष्ट कर देते हैं कि धर्म और राष्ट्रीयता का घालमेल बहुत दिनों तक नहीं चल सकता। पाकिस्तान का निर्माण भी इसी गलत अवधारणा पर हुआ। उसे बहुत दिनों तक एकता के सूत्र में नहीं बाँधा जा सकता। संस्कृति और भाषा धर्म से ऊपर होते हैं। 1971 में बांग्लादेश का बनना इतिहास-विरोधी सांप्रदायिक शक्तियों की पराजय थी। पाकिस्तान में राष्ट्रीय स्वायत्तता के लिए सिंध, पख्तूनिस्तान और कराची में उर्दू भाषियों के जो आंदोलन हो रहे हैं, राही के 'आधा गाँव' में इसकी सुगबुगाहट हमें सुनाई देती है। एक कालजयी रचना इतिहास-विरोधी और जन-विरोधी शक्तियों का रेशा-रेशा अलग कर देती है। 'गोदान'

के बाद भारतीय समाज में हो रहे परिवर्तनों को 'आधा गाँव' चित्रतही नहीं करता बलिक भविष्य में होने वाले परिवर्तनों का संकेत भी देता है। 'गोदान' और 'झूठा सच' के बाद 'आधा गाँव' इसकी अगली कड़ी है।

स्वतंत्रता के बाद हिंदू सांप्रदायिकता नए रूप में दिखाई देती है। हिंदू महासभा का स्थान भारतीय जनसंघ लेता है। गाँधी जी की हत्या के बाद राष्ट्रीय स्वयं सेवक संघ छद्म रूप में शिक्षा और संस्कृति के क्षेत्र में काम करने लगता है। लेकिन कांग्रेस में भी एक वर्ग ऐसा रहा है, जिसकी सांप्रदायिक सोच उसके सिद्धांत में नहीं, लेकिन व्यवहार में प्रकट होती रही है; जिस प्रकार हिंदू सांप्रदायिक संगठन इतिहास में मुसलमानों की कोई सार्थक भूमिका नहीं मानते। फुन्नन मियाँ का बड़ा बेटा अंग्रेजों की तरफ से जर्मनों से लड़ता हुआ मारा गया। छोटा लड़का मुमताज वहीं गाँव में अंग्रेजों की पुलिस की गोली से मारा गया।

''जब बालमुकुंद वर्मा सन् 1942 के शहीदों की तारीफ कर रहे थे, फुन्नन मियाँ एक-एक शब्द को न्याज के कतरों की तरह चाट रहे थे। लेकिन जब देर हो गई और बालमुकुंद वर्मा ने मुमताज का नाम एक बार भी नहीं लिया तो फुन्नन मियाँ को वहशत होने लगी...फुन्नन मियाँ के लिए इस तकरीर को झेलना नामुमकिन हो गया। वह बीच तकरीर में खड़े हो गए—

''ए साहब, हियां एक ठो हमरहू बेटा मारा गया रहा। अइसा जना रहा कि आपको कोई ओका नाम ना बताइस। ओका नाम मुमताज रहा।'' (आधा गाँव, पृ. 359)

आज भी हमारी सरकारें जो शहीदों की सूची और उनके स्मारक बना रही हैं, उनमें मुसलमानों के नाम या तो हाशिये पर हैं अथवा सूची से गायब हैं। यह काम बहुत योजनाबद्ध रूप से हो रहा है। यही नहीं, साहित्य में भी अमीर खुसरो जैसे सामासिक-संस्कृति के साहित्यकारों को सांप्रदायिक सिद्ध किया जा रहा है। यह सोची-समझी नीति के तहत है। यह कुप्रचार भी किया जा रहा है कि हिंदी के सूफी-संतों ने एकता और प्रेम के सूत्रों का सृजन नहीं किया, बल्कि इस्लाम धर्म का प्रचार-प्रसार उनका उद्देश्य था। महत्त्वपूर्ण सूफी कवि जायसी अब उनके निशाने पर है। 'आधा गाँव' राजनीतिक और सांस्कृतिक क्षेत्र में इस संकीर्ण सोच के विरुद्ध हमें आगाह करता है। इसलिए 'आधा गाँव' से सब डरते हैं।

बहुत-से लोगों को यह भ्रम था कि पाकिस्तान बनने से हिंदू-मुस्लिम समस्या हल हो जाएगी। भारतीय मुसलमानों की समस्याएँ पाकिस्तान बनने से और बढ़ गईं। उन्हें संदेह की दृष्टि से देखा जाने लगा। मुस्लिम जनता के केवल आठ प्रतिशत भद्रजनों से ही पाकिस्तान के पक्ष में राय पूछी गई थी। शेष बानवे प्रतिशत से कोई राय नहीं ली गई। पाकिस्तान का निर्माण साधारण मुस्लिम जनता की इच्छा के विरुद्ध था।

"अब्बू मियाँ ने कहा–इनके जिन्ना साहब तो हाथ झाड़ कर चले गए कि यहाँ के मुसलमान जाएँ जहन्नुम में ई अच्छी रही। पाकिस्तान बने के वास्ते वोट दे यहाँ का मुसलमान अऊर जब पाकिस्तान बने तो जिनवा कहे कि यहाँ के मुसलमान जाएँ चूल्हे-भाड़ में।" (आधा गाँव, पृ. 297)

आधा गाँव एक महत्त्वपूर्ण ऐतिहासिक तथ्य का उद्घाटन करता है कि देहात और कस्बों से जमींदारी व्यवस्था टूटने के बाद ही बड़ी संख्या में मुसलमान पाकिस्तान गए। वे जिनके पास कोई आर्थिक आधार नहीं रह गया था। पीढ़ियों से जिन्होंने कोई श्रम नहीं किया था वे अब अपनी 'प्रजा' के सामने कैसे काम करते इसलिए यहाँ से जाना ही उनकी मजबूरी थी।

"जब एक रात को डुग्गी बजी और ऐलान हो गया कि जमींदारियाँ खत्म हो गईं तो इस बात को जमींदारों की तरह बूढ़े किसानों ने भी तस्लीम नहीं किया। जमींदारों ने चंदा जमा किया। उनके जलसे हुए। जलसों में रिजोल्यूशन पास हुए।" (आधा गाँव, पृ. 308) लेकिन इतिहास के इस सरावत को कौन रोक सकता था। जनतंत्र और सामंतवाद एक साथ नहीं चल सकते। जनतंत्र का नया सूरज 'एक व्यक्ति एक वोट' का अधिकार दे रहा था। इसका प्रभाव राजनीति और सामाजिक परिवेश पर तथा आर्थिक स्थितियों पर पड़ना अनिवार्य था। अधिकांश जमींदार इस परिवर्तन को पहचानने में असमर्थ रहे। "इन लोगों के लिए पाकिस्तान का बनना या न बनना बेमानी था। लेकिन जमींदारी के खात्मे ने इनकी शख्सियतों की बुनियादें हिला दीं। वे घरों से निकले और जब घर ही छूट गया तो गाजीपुर और कराची में क्या फर्क है।" (आधा गाँव, पृ. 309)

इन मियाँ लोगों की दूसरी परेशानी थी कि जिन लोगों को जमींदारी युग में उनके सामने कुर्सी पर बैठने का अधिकार नहीं था वही लोग अब दरबार लगाने लगे थे। वही अब नए शासक थे। परसराम एम.एल.ए. सुखनवा चमार का बेटा है। जमींदारों का बेगारी लेकिन युग परिवर्तन के कारण परसराम गाँव की सबसे बड़ी हस्ती हो गया है। वह गंगोली नहीं, पूरे क्षेत्र के विषय में निर्णय लेता है। छोटे अफसर और थानेदार तक उसकी चिरौरी करते हैं। मियाँ लोगों के लिए यह मर्मांतक पीड़ा थी।

राही यहाँ जमींदारों के साथ नहीं हैं। जमींदारी टूटने को वह ऐतिहासिक परिवर्तन मानते हैं। वे संकेत देते हैं कि सदियों से सताए गए पीड़ित लोग ही अब समाज के नियंता होंगे। राही को समय की नब्ज पहचानने का अद्भुत सलीका है। अपने समय के होने वाले परिवर्तनों की पहचान के कारण राही एक बड़े रचनाकार के रूप में साहित्य में अपना स्थान बनाते हैं। गंगोली में परिवर्तन राही ने इस रूप में देखा–"टेढ़ी-मेढ़ी कंकड़ की सफेद सड़क पर एक जीप धूल उड़ाती चली जा रही थी। सामने तालाब के पास ईंटों के भट्ठे की चिमनी से गाढ़ा धुआँ निकल रहा था।

एक छोटा-सा बच्चा बगल में बस्ता लटकाए हुए तेजी से भागता हुआ गुजर गया।'' (आधा गाँव, पृ. 363)

मुहर्रम, मर्सिया और मातम इस उपन्यास की पृष्ठभूमि में बराबर दिखाई देते हैं, एक मद्धिम शोक-संगीत की तरह। गंगोली के लिए मुहर्रम एक पर्व नहीं है बल्कि उसकी जीवनदायिनी शक्ति भी है। मुहर्रम पर सारे बिछड़े हुए लोग एक जगह एकत्रित होते हैं। सबके सुख-दुख की बातें होती हैं और किसका ताजिया बड़ा है—जैसी स्पर्धा भी होती है। मुहर्रम को राही ने पूरे उपन्यास में प्रतीक के रूप में प्रयोग किया है। इसके साथ ही राही मुहर्रम के बदले हुए स्वरूप को भी इंगित करते हैं। सांस्कृतिक पर्व जब धार्मिकता का लबादा ओढ़ लेते हैं तब वह जमाना मूल चरित्र और एकता का सूत्र खो देते हैं। ''इधर कुछ दिनों से गंगोली में गंगोली वालों की संख्या कम होती जा रही है और सुन्नियों, शियों और हिंदुओं की संख्या बढ़ती जा रही है। शायद इसलिए नूरुद्दीन शहीद की समाधि पर अब उतना बड़ा मजमा नहीं लगता और गंगोली का वातावरण 'बोल मुहम्मदी या हुसैन' की आवाज से उस तरह नहीं गूँजता जिस तरह कभी गूँज उठता था।'' (आधा गाँव, पृ. 13)

कुछ आलोचकों को यह शिकायत है कि आधा गाँव में पुरुष पात्र बहुत सशक्त हैं। इसकी अपेक्षा नारी पात्र कमजोर और व्यक्तित्वहीन हैं। यह काफी हद तक सही भी है। जहाँ फुन्नन मियाँ, मौलवी बेदार और तन्नू जैसे सशक्त पात्र हैं वहीं अधिकांश नारी पात्र व्यक्तित्वहीन हैं। केवल सईदा एकमात्र नई नारी का प्रतिनिधित्व करती है। राही सामंती समाज की जाति-पाँति और खानदान की ऊँची दीवारों को इसका कारण मानते हैं। इन दीवारों को पार करना आज भी मुश्किल है। ''लेकिन दमड़ी बो जिस तरह बेनाम आई थी उसी तरह बेनाम रह गई। बेनाम होना तो बहुओं की तकदीर है। फर्क बस इतना हो जाता है कि वह अच्छे खानदानों में बो की जिल्लत से बच जाती है। वो या तो बहू कही जाती हैं या दुल्हन या दुलहिन। वह अगर मालदार हुई तो उसे खिताब दिए जाते हैं—अजीज दुल्हन (चाहे ससुराल में कोई उसे मुँह न लगाता हो) और नफीस दुल्हन (चाहे वह निहायत फूहड़ हो) गरज कि हमारे समाज में या तो यह होता है कि मैके बोल दहेज देकर बेटी से अपना नाम छीन लेते हैं या फिर ये कहिए कि ससुराल वाले इसे गवारा नहीं करते कि उनके यहाँ किसी और घर का दिया हुआ नाम चले। (आधा गाँव, पृ. 24)

सईदा अलीगढ़ की बी.ए.बी.टी. है। न तो वह तन्नू से शादी कर पाती है और न कम्मो से। खानदान और जात की ऊँची दीवारें प्रेम में बाधक रहीं। सईदा शहर में जाकर, सबके विरोध के बावजूद नौकरी कर लेती है। ''सईदा ने तमाम शुरफा और शरीफाओं के नाक-भौं चढ़ाने के बावजूद नौकरी कर ली थी। खुद अब्बू मियाँ की यह बात बहुत बुरी लगी थी। उन्होंने सईदा से बोलना तर्क कर दिया था। लेकिन तब जमींदारी खत्म नहीं हुई थी। इधर-उधर लोगों ने काफी बातें बनाईं।

सईदा कई लोगों से फँसाई गई। उसके एक-दो पेट गिराए गए। सईदा की माँ ने कयामत मचाई लेकिन बाद में अब्बू मियाँ ने सईदा का कसूर माफ कर दिया। फिर उसकी माँ भी उसकी कमाई का बनाया हुआ मातमी लिबास पहनकर मजलिस में फर्श पर जा बैठी।" (आधा गाँव, पृ. 258)

गंगोली में खड़ी बोली उर्दू बोलने वालों को अच्छी नजर से नहीं देखा जाता। वही लोग उर्दू बोलते हैं जिनका संबंध शहर से है। "बाजी शादी के बाद लखनऊ की हो गईं इसलिए कभी-कभार वह भी उर्दू बोल लेतीं मगर हम लोग आज भी वही जबान बोलते हैं जो जबान अम्मां बोला करती थीं और जो जबान नसीबा बुआ बोला करती थीं। और जो जबान मंतो बुआ, ईदू और रउफ की थी। और जो जबान गंगोली के मीर साहबान की है—यानी भोजपुरी उर्दू। मेरी छोटी बहन अफसरी बारह-पंद्रह बरस से दिल्ली में रह रही है मगर अब तक उसे उर्दू बोलना नहीं आ सका है।" (आधा गाँव, पृ. 21)

राही ने 'आधा गाँव' की रचना-प्रक्रिया पर प्रकाश डालते हुए लिखा है—"यह उपन्यास वास्तव में मेरा एक सफर है। मैं गाजीपुर की तलाश में निकला हूँ लेकिन मैं पहले अपनी गंगोली में ठहरूँगा। अगर गंगोली की हकीकत पकड़ में आ गई तो मैं गाजीपुर का एपिक लिखने का साहस करूँगा। यह उपन्यास वास्तव में उस एपिक (महाकाव्य) की भूमिका है।" (आधा गाँव, पृ. 11) समय की मार ने राही का यह सपना पूरा नहीं होने दिया। वे अपना वायदा पूरा करने के लिए बराबर प्रयत्नशील रहे। उन्होंने विश्वास दिलाया था कि वे पाठकों से अपना वायदा भूले नहीं हैं। लेकिन उससे पहले ही वह चले गए।

आज जो लोग भारत में धार्मिक उन्माद के आधार पर नए किस्म के राष्ट्र की परिकल्पना कर रहे हैं जिसका आधार हिंदुत्व और उसकी संस्कृति होगी, यह दिवास्वप्न किसी राष्ट्र और उसके लोगों के लिए कितना दुखद हो सकता है—राही ने आधा गाँव में चार दशक पहले चेतावनी दी थी। "नफरत और खौफ की बुनियाद पर बनने वाली कोई चीज मुबारक नहीं हो सकती। राम की खड़ाउओं को कदमे-रसूल बनाकर चूमने वाले मुसलमान पाकिस्तान क्यों बना रहे हैं ? और क्या वे सचमुच पाकिस्तान बनाना चाहते हैं ? क्या वे तमाम लोग जो मुस्लिम लीग को वोट देंगे, यह जानते हैं कि पाकिस्तान कैसा होगा और क्या होगा ? पाकिस्तान कोई खुदा तो नहीं कि उसे बिना देखे मान लिया जाए।" (आधा गाँव, पृ. 372)

सामाजिक न्याय का संघर्ष : भ्रम और भटकाव

विगत दस वर्षों में हमें सामाजिक न्याय का शोर सुनाई पड़ रहा है, इसे 'शोर' कहना उचित भी है क्योंकि यह उसी की सीमाओं में सिमट कर रहा और वास्तविकता से एकदम परे ही रहा। हमारे बहुत से सामाजिक न्याय की बात करने वाले बुद्धिजीवी अपने संस्कारों के वशीभूत होकर भ्रमपूर्ण बातें करने लगे हैं। सामाजिक चेतना को उसके मूल संदर्भों से काट कर देखने का अवैज्ञानिक प्रयास कर रहे हैं।

पिछले दस-पंद्रह वर्षों पर हम गहन दृष्टिपात करें तो पाएँगे सामाजिक, राजनीतिक, आर्थिक स्तर पर व्यापक उथल-पुथल हुई है और सामाजिक, राजनीतिक एवं आर्थिक परिदृश्य में व्यापक बदलाव आया है। सामाजिक स्तर पर देखें तो दलितों और पिछड़ों में एक नई चेतना का उदय हुआ है, उन्होंने अपने अधिकारों एवं अपनी शक्ति को पहचाना है, सामाजिक समानता के विभिन्न पहलुओं को समझा है और उसे पाने के लिए प्रयासरत हैं। इसी तरह राजनीतिक पटल पर भी व्यापक परिवर्तन दिखाई पड़ता है, जहाँ एक ओर सांप्रदायिक शक्तियाँ तेजी से उभरी हैं वहीं दलित एवं पिछड़े वर्ग में एक नई चेतना और स्वाभिमान का अभ्युदय हुआ है और उसके सार्थक परिणाम भी देखने को मिले हैं, आज वे राजनीतिक अधिकारों की लड़ाई अपने बल पर लड़ने के लिए प्रयासरत हैं, इसके लिए उन्हें किसी भी कृपादृष्टि या सहानुभूति की आवश्यकता नहीं है। यहाँ दिलचस्प पहलू यह है कि जहाँ-जहाँ पिछड़ों एवं दलितों में नई चेतना का उभार तीव्र हुआ है वहाँ सांप्रदायिक शक्तियाँ उतनी मजबूत नहीं हैं। आर्थिक स्तर पर देखें तो 'वैश्वीकरण' 'भूमंडलीकरण', 'आर्थिक उदारीकरण' आदि-आदि के नाम पर 'स्वदेशी' के स्थान पर 'विदेशी' के लिए रास्ता खोल दिया है और अपने आर्थिक हितों को गिरवी रख दिया है। प्रेमचंद जिस 'महाजनी सभ्यता' का विरोध करते थे, वह अपने सबल रूप में हमारे सामने है और प्रोत्साहित की जा रही है। अगर ज्ञान के अनुशासनों की दृष्टि से देखें तो सामाजिक, राजनीतिक तथा आर्थिक—अलग-अलग क्षेत्र दिखाई पड़ेंगे लेकिन मानवीय जीवन को इनके अन्योन्याश्रित संबंधों के आधार पर ही देखा एवं समझा जा सकता है।

ऐतिहासिक दृष्टि से विचार करें, तो दलित एवं पिछड़े सदियों से सामाजिक

न्याय से वंचित रहे हैं। ऐसा नहीं है कि वे इसको अपनी नियति मानते थे, वास्तविकता तो यह है कि वे निरंतर इसके लिए संघर्षरत रहे। भले ही ये संघर्ष इतिहास में कभी बड़े आंदोलनों के रूप में दिखाई पड़ते हैं तो कभी छुट-पुट घटनाओं के रूप में। प्राचीन काल में यह सामाजिक न्याय की लड़ाई बौद्धों, सिद्धों और नाथों के माध्यम से दिखाई पड़ती है, मध्यकाल में संतों में इसकी तीव्र ध्वनि दिखाई पड़ती है तो उन्नीसवीं सदी के सुधारवादी आंदोलनों में चरणबद्ध और नियोजित विकास के रूप में इसे देखा जा सकता है।

1947 में भारत स्वाधीन हुआ और ये आशा हुई कि जो लोग सदियों से सामाजिक न्याय से वंचित हुए हैं उन्हें सामाजिक समानता मिल जाएगी। ये स्वाभाविक भी था, क्योंकि जनतंत्र संपूर्ण समाज को अपने में समाहित रखता है। लेकिन स्वधीनता जिन मूल्यों, आदर्शों एवं समानता के सिद्धांत को लेकर प्राप्त की थी, वे नकार दिए गए। प्रारंभ के 40 वर्ष सत्ता की बागडोर पूँजीवादी और सामंती सोच और उच्च वर्ण के नेताओं के हाथ रही जिन्होंने अपने वर्ग के हितों की रक्षा की और आज भी सत्ता पर वर्चस्व इन्हीं लोगों का है। लेकिन सदियों से पीड़ित समाज इस स्थिति पर पहुँच गया है कि उनकी आवाज की अनसुनी नहीं की जा सकती। हालाँकि सामाजिक समानता के लिए अभी संघर्ष खत्म नहीं हुआ है और न होना चाहिए, अब वह निर्णायक स्थिति में हैं। निर्णायक स्थिति प्रत्येक आंदोलन की सफलता की पूर्वपीठिका होती है और इसमें आंदोलन के बिखरने की भी संभावना रहती है क्योंकि प्रतिपक्ष अपना सर्वस्व न्यौछावर कर देता है। आज वंचितों के संघर्ष के संदर्भ में यही हो रहा है, दलित चेतना के बढ़ते प्रचार-प्रसार को रोकने के लिए सामंती एवं पूँजीवादी समाज हर संभव प्रयास कर रहा है। इन कुचक्रों कुचालों से बेहद सजग एवं सावधान रहने की आवश्यकता है, तभी वंचित समाज अपने आंदोलन को सफलता में परिणत करने में सफल होगा।

आज वंचितों के संघर्ष को जाति संघर्ष के रूप में चित्रित किया जा रहा है, वर्ग संघर्ष की अवधारणा को नकारा जा रहा है। यह भी सामंती और पूँजीवाद समाज की चाल है, इसी में उसकी हित साधना है। वह संघर्ष को व्यापक होने से रोकना चाहता है। वास्तविकता यह है कि यह एक वर्ग संघर्ष ही है और इसे रूप में देखा जाना चाहिए। अगर ऐसा नहीं होता तो क्यों उच्च जाति का संपन्न व्यक्ति ही निम्न जातियों पर अत्याचार करता है।

अगर हम मध्यवर्ग की भूमिका पर दृष्टिपात करें तो इससे हमें निराशा हाथ लगेगी। यह अवसरवादी ही सिद्ध हुआ है, इसने अपनी सार्थक भूमिका पर विराम लगा दिया है और पूँजीवादी और सामंती तत्त्वों को हर तरह का सहयोग दे रहा है, अपवादों को छोड़ दीजिए। अपने हितों को पूँजीपतियों और सामंती ताकतों से जोड़ कर मृगतृष्णा के वशीभूत है। एक नई चेतना के प्रचार-प्रसार को रोकने के

लिए एक साधन के रूप में प्रयुक्त हो रहा है। काल्पनिक रोमानी संसार में विचरण कर रहा है। जिससे न समाज का भला होगा, न देश का और न स्वयं का।

भूमंडलीकरण और आर्थिक उदारीकरण का जो रास्ता अपनाया गया है वह वस्तुतः वंचितों को सामाजिक न्याय से दूर करने का प्रयास ही है। इसके माध्यम से पूँजीपति वर्ग सुविधाओं के साधनों पर एकाधिकार रखना चाहता है। शिक्षा, स्वास्थ्य, भोजन, आवास एवं सूचना जैसी मूलभूत सुविधाओं से समाज के एक बहुत बड़े वर्ग को वंचित रखना चाहता है जिसमें उसे काफी सीमा तक सफलता भी मिली।

आज आरक्षण को लेकर संपूर्ण समाज में एक उथल-पुथल है, यहाँ तक कहा जा रहा है कि इससे समाज के विखंडित होने का खतरा है। वास्तविकता यह है कि यह वंचित वर्ग के संघर्ष को कमजोर करने का प्रयास है, उन्हें मिलते जनसमर्थन को रोकने का एक उपक्रम है। वंचितों को आरक्षण पूर्णतः तर्क एवं विवेक सम्मत है क्योंकि वंचित सदियों से शोषित, पीड़ित एवं अमानवीय व्यवहार का शिकार रहे हैं। अतः स्वाभाविक है कि उन्हें संघर्ष के योग्य बनाने के लिए, उनके अंदर जिजीविषा जाग्रत करने के लिए कुछ तो सार्थक कदम उठाने ही होंगे।

यही सही है कि प्रत्येक समस्या के मूल में आर्थिक समस्या निहित होती है, वही किसी समाज में विभेद का मूल कारण होती है। पूँजीवादी सभ्यता सामाजिक समानता की शत्रु होती है। और समतामूलक समाज के मार्ग में सबसे बड़ी बाधक। किंतु सामंती संस्कार भी पूँजीवाद के मूल में व्याप्त हों वहाँ वर्ग भेद मिटाने के लिए सामाजिक-राजनीतिक एवं आर्थिक तीनों स्तरों पर समान रूप से एक साथ संघर्ष करने की आवश्यकता होती है। भारत में सामंती संस्कार गहरे तक बैठे हुए हैं, यहाँ हमें सिर्फ पूँजीवाद से ही मुकाबला नहीं करना बल्कि उन सामंती तत्त्वों से भी लोहा लेना है, तभी सही अर्थों में हम इस वर्ग भेद को समाप्त कर सकेंगे। भारत में अनेक उदाहरण मिल जाएँगे कि व्यक्ति आर्थिक रूप से तो मुक्त हो चुका है लेकिन सामाजिक समानता के लिए छटपटा रहा है। एक उदाहरण के रूप में हम विगत सप्ताह राजस्थान के चित्तौड़गढ़ जनपद के एक गाँव में घटी घटना का अवलोकन कर सकते हैं कि एक अध्यापक को उसके साथी अध्यापकों के साथ इसलिए अपमानित किया गया क्योंकि वह उच्च जाति के लोगों की उपस्थिति में अपने घर के सामने चारपाई पर बैठा हुआ था (दैनिक भास्कर, 15 अक्टूबर, 1999)। यहाँ एक ओर संकेत करना आवश्यक है जहाँ शहरों में हमें पूँजीवाद के खिलाफ बड़ी लड़ाई लड़नी है वहीं गाँव-कस्बों में सामंती संस्कृति और सोच से।

यह कहा जाता है कि भारत कृषि प्रधान देश है। समाज में न्याय-अन्याय का प्रश्न जमीन से जुड़ा हुआ है। किंतु आज की परिस्थिति में यह बदला है, इसका क्षेत्र बढ़ा है, व्यापक हुआ है, आज इस सवाल को सिर्फ जमीन से जोड़ कर देखते हैं तो यह हमारी एकांगी दृष्टि ही होगी। हमारे यहाँ देशी-विदेशी उद्योग बड़ी संख्या

में हैं, शहरी सभ्यता का तेजी से विकास हुआ है। उद्योग धंधे प्रत्यक्ष या अप्रत्यक्ष रूप से गाँव को प्रभावित करते हैं। इसलिए औद्योगिक विकास, पूँजी, जमीन जैसे बिंदुओं पर विचार करके ही न्याय-अन्याय के मूल प्रश्न को हल किया जा सकता है।

यहाँ यह ध्यातव्य है कि कुछ लोग दलित एवं पिछड़े वर्ग के नाम पर राजनीति कर रहे हैं। वे सिर्फ 'राजनीति' कर रहे हैं। संवेदना के स्तर पर वे उनके साथ तादात्म्य नहीं स्थापित कर पाते, इसमें उनके संस्कार आड़े आ जाते हैं। ऐसे ही लोग दलितों एवं पिछड़ों की सामाजिक न्याय की लड़ाई को भ्रामक बना रहे हैं, एक तरह से इसमें बाधक ही बने हुए हैं। कुछ तत्त्व सामाजिक एवं आर्थिक सवालों को अलग रख कर कोरी राजनीति की बात कर रहे हैं। यह सामाजिक न्याय के आंदोलन को नुकसान ही पहुँचा रहे हैं। वास्तविकता तो यह है कि सामाजिक-आर्थिक आधार को लेकर ही राजनीतिक लड़ाई लड़ी जा सकती है। सही अर्थों में हम इनमें तादात्म्य स्थापित करके ही न्याय प्राप्त कर सकेंगे और एक समतामूलक समाज की स्थापना।

आरक्षण के पीछे कई मूल सवाल जुड़े हुए हैं। उन मूल सवालों से तर्क-वितर्क के माध्यम से हमारा ध्यान मोड़ने के लिए सफल-असफल प्रयास हो रहे हैं। जिन लोगों का शताब्दियों से सत्ता पर अधिकार रहा है वे आरक्षण के विरोध में बार-बार योग्यता का प्रश्न उठाते हैं और यह कहते हैं कि समाज और देश के विकास के लिए योग्यता ही एकमात्र मापदंड है। यदि आरक्षण के द्वारा योग्य डॉक्टर, इंजीनियर और वैज्ञानिक बना दिए जाएँगे तो देश रसातल में चला जाएगा। डॉक्टर मरीजों का उपचार गलत करेगा और निरपराध रोगी अकाल मृत्यु को प्राप्त होगा। इंजीनियर और वैज्ञानिक अनेक त्रासदियों को जन्म देंगे। यह तर्क सुनने में बहुत अच्छा लगता है, जाने-अनजाने में बहुत से अच्छे लोग भी इसके शिकार बन जाते हैं। क्या कभी कोई ऐसा सर्वे हुआ है कि जिन लोगों को आरक्षण दिया गया है। इन त्रासदियों के पीछे उनका कितना हाथ है। क्या किसी जाँच आयोग ने इन त्रासदियों का उत्तरदायित्व तय किया है। मेरी जहाँ तक जानकारी है ऐसा कभी कुछ नहीं हुआ, दुर्घटना किसी के माध्यम से हो सकती है। उसके लिए आरक्षण का सवाल व्यर्थ में उठाया जा रहा है। हमारी सोच में मूल समस्याओं के निदान की परंपरा नहीं है उनकी तह तक पहुँचने का हम प्रयास नहीं करते। कुछ यथार्थ, कुछ काल्पनिक सिद्धांत बनाते हैं और उन्हें इतना प्रचारित कर देते हैं कि वह एकमात्र सच दिखाई देता है, जिन्हें आप योग्य कहकर नियुक्तियाँ देते हैं कार्य पद्धति की जाँच करके ही इस प्रश्न का उत्तर दिया जा सकता है। नियुक्तियों में योग्यता कम, भ्रष्टाचार और सिफारिश अधिक होती है। अधिकांश नियुक्तियों का आधार योग्यता नहीं है। धनबल और राजनीतिक प्रभाव प्रमुख है। ये दोनों शक्तियाँ किसके पास हैं ? इस प्रश्न के समाधान के बिना यह बहस अधूरी है। जिनके पास शताब्दियों से आर्थिक और राजनीतिक

अधिकार रहे हैं, वे किसी तरह उन्हें खोना नहीं चाहते। साम-दाम दंड-भेद चारों ही सूत्र ये वर्चस्ववादी शक्तियाँ प्रयोग में ला रही है। उचित को अनुचित ठहराने में इन्हें महारत हासिल है। वे किसी भी युगांतकारी शक्ति और नियम को कुंठित करने में सिद्धहस्त हैं। यह अपने वर्चस्व को कायम रखने के लिए लंबा संघर्ष और प्रतीक्षा भी कर सकते हैं। लेकिन सत्ता, आर्थिक स्रोत, सामाजिक नियम और लोहे के फ्रेम को हमेशा टूटने से बचाते रहे हैं। तस्वीरें फ्रेम के अनुरूप बदलती रहीं है। जाति और वर्णव्यवस्था के इस फ्रेम को तोड़ने की आवश्यकता है और जन्म से ऊँच-नीच मानने वाली सामाजिक संस्कृति को बदलने की आवश्यकता है। बिना मूल परिवर्तन के आरक्षण का विशेष लाभ नहीं होगा।

भारतीय इतिहास से सीखने की बहुत आवश्यकता है यह वर्चस्ववादी संस्कृति कैसे क्रांतिकारी आंदोलनों को मंदिर और मठों में बदल देती है। मूर्ति भंजकों को मूर्ति पूजकों में परिवर्तित कर देती है। जाति और वर्णव्यवस्था के संघर्ष को नए आयाम देकर नई जातियों में चुपके से परिवर्तित कर देती है। पहले इन परिवर्तनकारी शक्तियों का भरपूर्ण-विरोध होता है उन पर तरह-तरह के लांछन लगाए जाते हैं। उन्हें सदाचार की श्रेणी वे वंचित किया जाता है। दुष्प्रचार करके उनके क्रांतिकारी आंदोलन को दिशाहीन और अराजक सिद्ध करने में कोई कसर नहीं उठा रखते। इस सबके बाद भी यह जब जनआंदोलन बन जाते हैं तब इन्हें अपने में मिलाने के लिए प्रयास आरंभ हो जाते हैं। गौतम बुद्ध जो इस देश के सबसे बड़े चिंतक, दार्शनिक और परिवर्तन के आंदोलन और प्रणेता थे। उन्हें अवतारी पुरुष बनाकर मंदिर में स्थापित कर दिया और एक क्रांतिकारी धर्म को यथास्थितिवाद में परिवर्तित कर दिया।

आठवीं शताब्दी में सिद्धों ने और बाद में नाथों ने एक जाति विहीन समतामूलक समाज बनाने का प्रयास किया था। यह अपने प्रयासों में काफी सफल भी रहे। वैदिक उपासना पद्धति और रूढ़िग्रस्त धर्म-साधना के स्थान पर इन्होंने मानवीय गरिमा और समानता पर आधारित धर्म-साधना का प्रचार-प्रसार किया। देश के करोड़ों लोग इनकी ओर आकर्षित हुए। इन्होंने जाति और वर्णव्यवस्था को काफी आहत किया। वंचितों को सामाजिक न्याय दिलवाया, लेकिन धीरे-धीरे ब्राह्मणवादी संस्कृति ने इन्हें हाशिये पर रख दिया। सिद्धों को तंत्र-मंत्र, रसायन, रहस्यवाद के आधार पर इतिहास की वस्तु बना दिया। नाथों के साथ वह व्यवहार संभव नहीं था। यह दोनों मठ और मंदिर की संस्कृति के घोर विरोधी थे, मूर्तिपूजा में इनका विश्वास नहीं था। इनका इस देश पर इतना व्यापक प्रभाव था कि दो शहर इनके नाम पर आज भी फल-फूल रहे हैं—पंजाब का जालंधर और पूर्वी उत्तर प्रदेश का गोरखपुर। क्रांतिदर्शी गोरखनाथ को मंदिर और मठों में कैद करके यथास्थितिवाद का परचम लहरा दिया। इस विडंबना को क्या कहिएगा कि गोरखनाथ मंदिर के प्रधान महंत राम मंदिर बनाने में सबसे

आगे हैं। कबीर के साथ यही व्यवहार हुआ। चार सौ साल तक कबीर और उसके विचारों का विरोध करते रहे। लेकिन कबीर के विचार इस विरोध के बावजूद वंचितों और दलितों को बड़ी संख्या में आकर्षित करते रहे। तब अभिजात्य संस्कृति के पुरोधाओं ने दूसरा उपाय किया। यह सिद्ध किया कि कबीर जन्म से ब्राह्मण थे। बुनकरों के बीच उनका लालन-पालन ही हुआ। भेड़ों में पलने के बाद शेर भेड़ थोड़े ही हो जाएगा। अब कबीर के भी मठ बन रहे हैं, उनकी मूर्तियाँ स्थापित की जा रही हैं और उनकी भी उसी तरह पूजा हो रही है जैसे कि अन्य अवतारों की होती है। हमारे भारतीय संस्कृति के नियंता कबीर के मंदिर और मठ बनवाने में बढ़-चढ़ कर हिस्सा ले रहे हैं। राज्य सरकारें भी इस कार्य में पीछे नहीं हैं। एक खतरा यह भी है कि यदि यह सावधानी नहीं बरती गई और इस वर्चस्ववादी संस्कृति का विरोध नहीं किया गया तो आरक्षण का लाभ उठाने वाले लोग जिनका दायित्व है कि एक समतामूलक समाज बनाएँ, वे भी कहीं उसी इतिहास को ना दुहरायें जो हमारे समतामूलक समाज बनाने वाले क्रांतिकारियों के नादान और स्वार्थी शिष्यों ने किया है, इसके लिए निरंतर संघर्ष और एक ऐसी चेतना की आवश्यकता है जो ऐसे समाज की संरचना करे जिसमें सारे पीड़ित, वंचित, शोषित समानता और सम्मान का जीवन जी सकें। यदि यह संघर्ष और चेतना ठंडी पड़ गयी तो वही स्थिति होगी—रेल के डिब्बे में जिसे स्थान मिल जाता है, दूसरे के लिए दरवाजे बंद कर देता है।

दलित चेतना की विकास यात्रा

हिंदी में मराठी की अपेक्षा दलित चेतना की बात दो दशक बाद आरंभ हुई, तब तक मराठी का दलित साहित्य आंदोलन पूरे साहित्य जगत् का ध्यान अपनी ओर आकर्षित कर चुका था। बहुत से लोगों की इकहरी समझ है कि हिंदी में दलितों और पीड़ितों के प्रति निरंतर उपेक्षा रही है। जिस सामाजिक समानता की लड़ाई आज संगठित रूप से लड़ी जा रही है उसकी जड़ें हमें सिद्ध-साहित्य में काफी गहराई से मिलती हैं। हिंदी साहित्य के इतिहासकारों ने सिद्धों के मूल्यांकन में पूर्वाग्रहों से कार्य लिया है। उन्हें रहस्यवादी, पंचमकारवादी ही सिद्ध किया है। उनके सामाजिक सरोकारों की चर्चा बहुत कम हुई है। 84 सिद्धों ने 8वीं से 10वीं शताब्दी तक वर्णव्यवस्था और जाति व्यवस्था पर तीखे प्रहार किए हैं। सरहपा ने अपने अनेक चरिया पदों में जन्मजात श्रेष्ठता पर तीखे व्यंग्य किए हैं। ब्राह्मण धर्म और उपासना पद्धति को ढोंग और मोक्ष को पाखंड कहा है। हिंदी में सबसे पहले सिद्धों ने ही मनुष्य की समानता पर बल दिया है। गुण, नैतिकता, सामाजिक सदाचार, विद्या आदि मनुष्य अपनी साधना से प्राप्त करता है, श्रेष्ठ कुल में जन्म लेने से नहीं। उन्होंने हिंदू देवी-देवताओं के अस्तित्व से भी इनकार किया। वे किसी धार्मिक ग्रंथ तथा वेद, पुराण, उपनिषद आदि के प्रामाणिक और पूज्य होने को भी नकारते हैं। कबीर, रैदास और दादू में यह परंपरा और भी अधिक सघन रूप में मिलती है। सिद्धों की एक विशेषता और है जो बाद में हिंदी साहित्य से लगभग लोप हो गयी, वह है नारी समानता। हिंदी साहित्य में सिद्धों के बाद नारी समानता के स्वर 1871 में भारतेंदु हरिश्चंद्र के इस उद्घोष ''नर-नारि हौं समान सब'' में सुनाई देते हैं। एक हजार साल नारी की समानता और स्वतंत्रता, हिंदी साहित्य और समाज में क्यों गायब रही, इस पर गंभीर विचार-विमर्श करने की आवश्यकता है।

सुधारवादी आंदोलनों ने 'शूद्र' का रूपांतरण किया और उसे 'अछूत' के नाम की गरिमा प्रदान की। शूद्र के मुकाबले 'अछूत' शब्द अधिक मानवीय था। देश के तमाम सुधारवादी आंदोलनों ने अछूतोद्धार को अपने कार्यक्रमों में प्रमुख मुद्दा बनाया। हिंदी क्षेत्र में आर्य समाज ने जाति-पाँति के बंधन ढीले करने के लिए सक्रिय प्रयास

किए लेकिन उन्होंने वर्णव्यवस्था को तर्कसंगत और वैज्ञानिक ठहराने का असफल प्रयास किया। उन्होंने तर्क दिया कि वर्णव्यवस्था का आधार कर्म है जन्म नहीं। यदि कोई अछूत विद्वान है तो वह भी पंडित कहलाने योग्य है और इसलिए आर्य समाज के उपदेशकों में विभिन्न जातियों के लोग अपने नाम के आगे पंडित शब्द का इस्तेमाल करते थे। मैं कई क्षत्रियों को जानता हूँ जो आर्य समाज के उपदेशक थे और अपने नाम के आगे पंडित शब्द लिखते थे, यथा पं. बृहदवल शास्त्री, पं. धर्मदत्त, पं. धर्मेन्द्र शास्त्री आदि। लेकिन खोजने पर भी मुझे कोई दलित नहीं मिला जिसे आर्यसमाजियों ने धर्मोपदेशक मंडली में सम्मिलित किया हो। व्यवहार और सिद्धांत का यह द्वैत भारतीय धर्मसाधना की अपनी सबसे बड़ी विशेषता है। इसके मुकाबले गाँधीजी सैद्धांतिक रूप से पिछड़ेपन की बातें करते थे, उन्हें वर्णव्यवस्था और जाति व्यवस्था में सिद्धांत रूप में कोई बुराई नजर नहीं आती थी, उनकी राय में लोगों ने इसका दुरुपयोग अधिक किया है लेकिन यह रेखांकित करने वाली बात है कि गाँधी ने व्यवहार में कभी जाति व्यवस्था और वर्णव्यवस्था को नहीं माना। गाँधी के यहाँ अछूतों का दर्जा 'हरिजन' में रूपांतरित हो जाता है। ऐतिहासिक रूप से गाँधी का यह बहुत बड़ा योगदान है। एक पिछड़े हुए भारतीय दर्शन की वकालत करने वाले गाँधी अपने व्यवहार में इतने क्रांतिकारी कैसे थे—यह विचारणीय तथ्य है। गाँधी ने 'हरिजन समस्या' और 'नारी समस्या' को स्वतंत्रता के मुख्य ऐजेंडे में जोड़ दिया। उन्होंने स्पष्ट रूप से कहा कि हरिजनों और स्त्रियों की मुक्ति के बिना राजनीतिक मुक्ति का कोई विशेष अर्थ नहीं है। हमारे कुछ तथाकथित क्रांतिकारी और दलित साहित्यकार गाँधी के इस ऐतिहासिक योगदान का, उनके तमाम अंतर्विरोधों से गुजरते हुए अध्ययन नहीं करते। इतिहास का उसके संपूर्ण युगीन संदर्भों में देखकर ही मूल्यांकन करना चाहिए। परेशानी जब होती है जब हम अपने युग की समस्याओं को इतिहास के आईने में देखते और परखते हैं। इसके परिणाम कभी तर्कसंगत और यथार्थ नहीं हो सकते। बाबा साहेब अंबेडकर की ऐतिहासिक भूमिका को भी ऐतिहासिक संदर्भ में देखना और परखना चाहिए। गाँधी और अंबेडकर हमारे राष्ट्रीय मुक्ति आंदोलन के महानायक हैं। दोनों की स्वतंत्रता आंदोलन और देश के नवनिर्माण में विशिष्ट भूमिकाएँ हैं। उन्हें आमने-सामने खड़ा करना उचित नहीं है।

बीसवीं शताब्दी की पहली दलित कविता हीराडोम ने 1914 में लिखी, उसका शीर्षक था—'अछूत की शिकायत' और आश्चर्य यह है कि यह कविता 'सरस्वती' में छपी। उस समय उस पर चर्चा भी हुई लेकिन बाद में इस कविता और हीराडोम को भुला ही दिया। भला हो डॉ. रामविलास शर्मा का, 1977 में प्रकाशित अपनी पुस्तक 'महावीर प्रसाद द्विवेदी और हिंदी नवजागरण' में इस कवि और कविता की चर्चा की तथा उसे उद्धृत किया। तब तक हिंदी में दलित आंदोलन के कुछ स्वर ही फूटे थे। इस कविता की ओर लोगों का ध्यान गया। पाठकों को इसकी सहजता

ने बहुत आकर्षित किया। यह कविता अपने व्यापक सरोकार और संदर्भों के कारण धीरे-धीरे लोकप्रिय होती गई। दलित साहित्य की पहचान बनाने वाली पहली कविता हीराडोम की ठहरती है। यह स्पष्ट है कि हिंदी समाज में सदियों के दबे, पिछड़े एवं कुचले लोगों में एक नई चेतना, गतिशीलता आ रही है। वे अब अपने अधिकारों के लिए संगठित होने लगे हैं और सामाजिक समानता के लिए हर तरह के संघर्ष करने को तैयार हैं। कुछ विद्वान भटकाव, दिशाहीनता आदि की बात करते हैं परंतु मेरी दृष्टि में दलित समाज में एक सृजनात्मक विस्फोट की स्थिति है। वे अब उस तरह नहीं रहना चाहते जिस तरह उनके पुरखे रहे। वे सिद्धांत में ही नहीं व्यवहार में भी, हर तरह की समानता चाहते हैं। दलित चेतना का बीजारोपण उस दिन हो गया था जब 26 जनवरी, 1950 को संविधान ने बिना किसी भेद-भाव के एक व्यक्ति एक वोट का अधिकार दिया था। दलित चेतना की इस धारा को बहुत दिनों तक नदी में बदलने से कोई शक्ति नहीं रोक सकती। हीराडोम की कविता, जनतंत्र के सूर्योदय का पूर्वाभास है। इस कविता में श्रम करके भी दिन-रात दुःख भोगने वाली करुणा तो है लेकिन उसमें श्रम की शक्ति की तीखी अभिव्यक्ति भी है। इस शिकायत में हुंकार अधिक है। इसमें एक गहरा व्यंग्य है। जाति व्यवस्था पर आधारित समाज में सामाजिक मुक्ति का प्रश्न राजनीतिक मुक्ति से कहीं अधिक महत्त्वपूर्ण है। हीराडोम अपनी कविता में एक महत्वपूर्ण संकेत देता है कि धर्म परिवर्तन करने से सामाजिक उत्पीड़न और असमानता का निराकरण नहीं हो सकता। वे अपनी कविता में श्रम की महत्ता को अधिक बल देते हैं–

> ''बमने के लेखे हम भिखिया न मांगवजां,
> ठकुरे के लेखे नहिं लडरि चलाइबि।
> सहुआ के लेखे नहिं डांडी हम मारबजां,
> अहिरा के लेखे नहिं गड़या चोराइवि।
> भंटऊ के लेखे न कवित्त हम जोरबजां,
> पगड़ी न बान्हि के कचहरी में जाइबि।।
> अपने पसिनवा कै पइसा कमाइबजां,
> घर भर मिलि जुलि बांटि-चोंटि खाड़बि।।''

हीराडोम ने इस कविता में ईश्वर को सामंती सभ्यता का प्रतीक बताया है। आज ईश्वर सामंतों के घर जाकर कैद हो गया है। पीड़ितों के प्रति उसके यहाँ कृपा भाव नहीं है। यह अवधारणा आधुनिक युग की देन है और भक्तिकाल के कवियों का अतिक्रमण भी है। यह कविता ऐतिहासिक तो है ही लेकिन इसके बहुत से प्रसंग प्रेरणा देते हैं।

'अछूत की शिकायत' के लगभग ही खड़ी बोली के प्रथम कवि श्रीधर पाठक ने 'मनुजी' कविता लिखकर पूरी सामाजिक, नैतिक और संपत्ति विभाजन की व्यवस्था

पर प्रश्नचिह्न लगाया। इस कविता में पाठक जी ने मनु की सामाजिक संरचना के सिद्धांत पर व्यंग्य किया है। उन्होंने प्रश्न किया है कि कोई ऐसा पिता हो सकता है जो अपनी संतानों के प्रति इस तरह का भेदभाव करे। उन्होंने उस वर्ग को भी चेतावनी दी है जो भारत को मनुराष्ट्र बनाने का सपना देख रहे हैं और जो दलितों, पीड़ितों और महिलाओं को व्यावहारिक समानता देने के पक्षधर नहीं हैं–

'मनुजी' तुमने यह क्या किया ?
किसी को पौन, किसी को पूरा, किसी को आधा दिया।
सरस प्रीति के थल में बोया,
विष अनीति का बिया
लुब्ध पाप का, क्षुब्ध शाप का
साया सिर पर लिया
मनुजी तुमने यह क्या किया ?
और अधिक क्या कहे बापजी
कहते दुखता हिया
जटिल जाति का, अटल पात्र का
जाल है किसका सिया ?
मनुजी तुमने यह क्या किया।

(श्रीधर ग्रंथावली, पृ. 445)

दलितों के सामाजिक और आर्थिक अधिकारों की माँग करने वाली कविताएँ हिंदी में गैर दलितों ने बड़ी संख्या में लिखी हैं। निराला का परिवर्ती साहित्य तो दलित साहित्य का पर्याय बन गया। निराला के यहाँ श्रम के सौंदर्य के साथ संघर्ष का आह्वान भी है उन्हें विश्वास था कि 'अमीरों' की हवेली होगी गरीबों की पाठशाला। निराला और नागार्जुन के यहाँ वर्ण और जाति व्यवस्था को वैध ठहराने वाले शास्त्रों और शास्त्रकारों का विरोध है। निराला ने अपने प्रसिद्ध उपन्यास 'चतुरी चमार' से पहले दलितों के पक्ष में कई कविताएँ लिखी हैं। जो 'मतवाला' में छपी हैं। यहाँ निराला ने धर्म शास्त्रों में निर्देशित जाति व्यवस्था को अमानवीय ठहराया है और आज के संदर्भ में उसे निरर्थक सिद्ध किया है। निराला का विश्वास है कि यह व्यवस्था बिना चेतना और संघर्ष के नहीं टूटेगी। यह जर्जर व्यवस्था, परिवर्तनों की आँधी को अधिक दिनों तक नहीं झेल पाएगी।

"सभा मंच पर चर्मकार को देखा तो भय से भागे।"

तथा

पूर्वकाल के पाप तुम्हारे देखो यों आया आगे।
'भूसुर जी'। यह याद रहे अब भोसर होते जाओगे,
पुंगव थे तो क्या, अब तो पोंगा ही कहलाओगे।

यह सच है कि निराला में कहीं-कहीं दुविधा है लेकिन आगे आना वाला युग दलित वर्ग का होगा, इस विश्वास में कोई कमी दिखाई नहीं देती।

धोबी, तेली, पासी, चमार खोलेंगे अंधेरे का ताला

हीराडोम, श्रीधर पाठक और निराला की दलित चेतना का क्षेत्र बहुत विस्तृत हुआ है। आज वह किसी प्रकार की असमानता को स्वीकार करने को तैयार नहीं है। मनुवाद का विरोध इन कविताओं में व्यंग्यात्मक भी है और तीखा भी। दलितों द्वारा लिखे गये कुछ महत्त्वपूर्ण काव्य अनेक रंग बिखेर रहे हैं। इनमें ओमप्रकाश वाल्मीकि का 'दलितों का संसार', माता प्रसाद का 'भीम शतक', प्रेमशंकर का 'अपनी शताब्दी के उपेक्षित', नगीना सिंह का 'सतह से उठते हुए', धर्मवीर का 'कपिला', मलखान सिंह का 'सुनो ब्राह्मण', सुमनाक्षर का 'सिन्धु घाटी बोल उठी', विद्रोही का 'दलित पचासा' आदि द्रष्टव्य हैं।

दलित चेतना के विकास में प्रेमचंद का योगदान सबसे महत्त्वपूर्ण है। 'सवा सेर गेहूँ', 'ठाकुर का कुआँ', 'सद्‌गति' जैसी कहानियाँ प्रेमचंद ने उस समय लिखीं, जब डॉ. अंबेडकर दलितों को संगठित करके उन्हें स्वाभिमान का जीवन जीने का पहला पाठ पढ़ा रहे थे। उस समय दलित चेतना का कोई बहुत स्पष्ट स्वर सुनाई नहीं दे रहा था। दलित अपने अधिकारों की छुट-पुट लड़ाइयाँ लड़ रहे थे, उनका कोई बड़ा आंदोलन भी क्षितिज पर उभरकर नहीं आया था। अंबेडकर एक समतामूलक समाज की संरचना के लिए प्रयत्नशील थे जिसमें दलितों के साथ कोई भेदभाव न हो। दलित चेतना के सैकड़ों चिरागों को इकट्ठा करके डॉ. अंबेडकर ने एक ज्योति पुंज के रूप में प्रज्वलित किया। यह उनका दलितों के लिए नहीं, पूरे देश के लिए ऐतिहासिक योगदान है। लेकिन जो लोग प्रेमचंद के योगदान को नकारते हैं, वह इतिहास के साथ अन्याय कर रहे हैं। 'कर्मभूमि' उपन्यास दलित चेतना का महाकाव्य है उसके नायक सलोनी काकी और गूदड़ चौधरी हैं। दलित वर्ग में संघर्ष करने की अपूर्व क्षमता है, वह सामाजिक समानता और राष्ट्रीय मुक्ति के लिए बड़े से बड़ा त्याग और बलिदान कर सकते हैं। प्रेमचंद का दृष्टिकोण बहुत व्यापक है, वह दलितों को अपनी कुरीतियों और अंधविश्वासों से संघर्ष करने की प्रेरणा देते हैं। उन्होंने स्पष्ट किया कोई आंदोलन और संघर्ष इकहरा नहीं होता बल्कि बहुआयामी होता है। 'गोदान' में दलित अपने आत्म सम्मान के लिए कोई भी मूल्य देने के लिए तैयार हैं। अब वे इस तरह रहने और कार्य करने के लिए बाध्य नहीं हैं जिस प्रकार से, शताब्दियों से उच्चवर्ग के लोग मजबूर करते रहे हैं उन्होंने सार्वजनिक घोषणा की—"तुम हमें ब्राह्मण नहीं बना सकते, मगर हम तुम्हें चमार बना सकते हैं। हमें ब्राह्मण बना दो, हमारी सारी बिरादरी बनने को तैयार है। जब यह समरथ नहीं है, तो फिर तुम भी चमार बनो। हमारे साथ उठो-बैठो ! हमारी इज्जत लेते हो, तो अपना धरम हमें दो।" (गोदान-208)

प्रेमचंद युग तक दलित 'अछूत' और 'हरिजन' ही रहे। इन शब्दों का 'दलित' रूपांतरण स्वतंत्रता के बाद हुआ। यह एक नई चेतना और स्वाभिमान का प्रतीक है। इस स्वाभिमान और चेतना को प्राप्त करने के लिए दलितों को लंबा संघर्ष करना पड़ा। भारतीय समाज में दलित सामाजिक न्याय से वंचित रहे हैं। इस स्थिति को बदलने के लिए निरंतर संगठित और असंगठित संघर्ष करते रहे हैं। इस संघर्ष की परंपरा गौतम बुद्ध से लेकर सिद्धों, नाथों और संतों तक फैली हुई है। लेकिन दलितों के पास कोई मूल आर्थिक आधार नहीं था, इसलिए वे सफलता के शिखर तक पहुँचने से पहले ही असफल हो जाते थे। न्याय व्यवस्था समान अवसर देने के लिए कभी तैयार नहीं हुई। भारत के संविधान ने यह ऐतिहासिक कार्य किया कि सबको समान मताधिकार एवं अवसर प्रदान करने का आश्वासन दिया। लेकिन हमारा नया और पुराना शासक वर्ग अच्छी शब्दावली के माध्यम से दलितों को भ्रमित करता रहा। यह सही है कि सत्ता पर वर्चस्व आज भी पूँजीवादी और सामंती तत्त्वों का ही है। स्वतंत्रता के तीन दशक बाद दलितों में मध्यम वर्ग की संख्या में काफी वृद्धि हुई है। उन्होंने अपनी राजनीतिक पहचान बनाने का प्रयास किया एवं इसके साथ ही अपने स्वाभिमान के संघर्ष को संगठित किया। 1980 के करीब इस समतामूलक आंदोलन ने अपनी अच्छी पहचान बना ली। सामाजिक-सांस्कृतिक आंदोलन राजनीतिक अधिक हो गया। इस आंदोलन को दिग्भ्रमित करने के लिए काफी सफल-असफल प्रयास हुए। लेकिन दलित आंदोलन को इतिहास से सीख लेने की आवश्यकता है।

महाभोज : दलित चेतना की पहली दस्तक

महाभोज में दलित चेतना का वह रूप देखने को नहीं मिलता जो आज समाज, साहित्य और राजनीति को प्रभावित कर रहा है। महाभोज आपातूकाल के बाद लिखा गया। नई पीढ़ी ने पहली बार अपने अधिकारों का हनन, तानाशाही का बीभत्स रूप तथा शासक दल और उसकी नौकरशाही का वास्तविक चेहरा देखा था। संपन्न और राजनीतिक प्रभुत्व वाले लोग किस तरह देश के संविधान के साथ खिलवाड़ कर रहे हैं यह नाटक भी खुले आम खेला गया। यह वह बिंदु है जहाँ राष्ट्रीय मुक्ति आंदोलन के गरिमामय मानवीय मूल्यों के सामने प्रश्नचिह्न लगा और धीरे-धीरे उनका क्षरण होने लगा। भारतीय लेखक और बुद्धिजीवी यह सोचने पर मजबूर हुए कि हमारी जनतांत्रिक व्यवस्था जनता और उसकी वास्तविक समस्याओं से दूर होती जा रही है। जब कोई शासक जनांदोलनों के उभार से भयभीत हो जाता है तो वह अपने ही बताए हुए नियमों और नागरिक स्वतंत्रता का सबसे पहले हनन करता है वह जनता के हित की बात बराबर करता है लेकिन उसके पीछे शासक वर्ग का हित छिपा रहता है। 'महाभोज' के दा साहब इस राजनीति के सच्चे प्रतिनिधि हैं। सुकुलजी भी इसी श्रेणी में आते हैं जो उनसे कहीं भी कम नहीं हैं।

भारतीय समाज में दलित चेतना के कई प्रस्थान बिंदु हैं। सुधारवादी आंदोलनों से पूर्व दलित 'शूद' के रूप में जाने जाते थे। तीन हजार साल तक उनकी स्थिति में कोई मूलभूत अंतर नहीं आया। दस्यु, दास और शूद्र इनके लिए संबोधन शब्द थे। उन्नीसवीं शताब्दी के सुधारवादी आंदोलनों ने उन्हें 'अछूत' का दर्जा प्रदान किया अर्थात् पहली बार वे मनुष्यता की श्रेणी में गिने जाने लगे। पहली बार उनकी दशा का वास्तविक चित्रण हमारे सुधारवादी आंदोलन के नेताओं और लेखकों ने किया। उनकी दुर्दशा के कारणों की उन्नीसवीं शताब्दी के साहित्य में खोज की गयी और उसे दूर करने के प्रयास किए गए। उन्हें सामाजिक समानता और धार्मिक अधिकार दिलाने की माँग की गई। लेकिन ये प्रयास आदर्शवादी अधिक और व्यावहारिक कम थे। हमारे लेखक और बुद्धिजीवी बिना भौतिक परिस्थितियों के बदले समाज और व्यक्तियों का हृदय परिवर्तन करके समस्याओं का समाधान करना चाहते थे। यह

दिवास्वप्न और ऊँची आकांक्षाओं का मिलाजुला रूप था। इसके बावजूद इन आंदोलनों का ऐतिहासिक महत्त्व है। पहली बार इनके माध्यम से यह स्पष्ट हुआ कि अछूत और भारतीय नारी दोनों की समस्याएँ और दिशा एक जैसी हैं। उन्हें निर्णय लेने का अधिकार जीवन के किसी क्षेत्र में नहीं। आर्थिक और राजनीतिक अधिकारों से दोनों ही वंचित थे। इनकी भूमिका अनुगामी की रही है। अछूतों की समस्या और भी विकट थी। उन्हें धार्मिक अधिकार भी नहीं थे। मंदिर में जाना उनके लिए निषेध था ही, वे घर में भी पूजा-अर्चना करने से वंचित थे। उनके पढ़ने-लिखने पर भी प्रतिबंध था। यदि अपवादस्वरूप कोई पढ़-लिख गया तो वह धार्मिक ग्रंथों का पठन-पाठन नहीं कर सकता था। हिंदू समाज में नारियों को भी शास्त्रों का अध्ययन करने का अधिकार नहीं था।

अपनी तमाम सीमाओं के बाद भी इन आंदोलनों को यह श्रेय जाता है कि उन्होंने अछूतों को सामाजिक, धार्मिक समानता देने की सैद्धांतिक और नैतिक पहल की। इस जड़ समाज में हलचल पैदा की। यथास्थितिवादियों को इस बात पर मजबूर किया कि वे धर्म और समाज की पुनर्व्याख्या करें और अछूतों को मानवीय अधिकार दिलायें। अछूतों और नारी को साहित्य के केंद्र में लाने का श्रेय इन सुधारवादियों को जाता है, इसे स्वीकार करने में हिचक नहीं होनी चाहिए। दलित चेतना के विकास में इन आंदोलनों की ऐतिहासिक भूमिका है। इनका मूल्यांकन इनके अंतर्विरोधों के बीच से ही हो सकता है। यांत्रिक समझ और इकहरी दृष्टि से तो गलत निष्कर्षों पर ही पहुँचेंगे। जटिल यथार्थ का विवेक समस्त मूल्यांकन आज सबसे प्रमुख चुनौती भी है और आवश्यकता भी है।

उन्नीसवीं शताब्दी में ज्योति बा फुले और उनकी पत्नी सावित्री बाई के उल्लेख के बिना दलित चेतना की विकास यात्रा का मूल्यांकन संभव नहीं है। जिन कठिन और विपरीत परिस्थितियों में ज्योति बा फुले और उनकी पत्नी सावित्री बाई ने दलितों और स्त्रियों की शिक्षा के प्रचार-प्रसार में योगदान किया है, वह चिरस्मरणीय रहेगा। महाराष्ट्र में अछूतों की जो दुर्दशा रही है, उसे स्मरण न करना ही अच्छा है। वहाँ उन्होंने विरोध और अपमान सहकर भी दलितों को शिक्षित किया। उनका यह विचार सही था कि बिना शिक्षा के दलितों में चेतना और आत्मसम्मान पैदा नहीं होगा। किसी भी व्यक्ति और समाज के उत्थान के लिए शिक्षा सबसे आवश्यक है। शिक्षा, व्यक्ति की वास्तविकता जानने, समझने का सबसे बड़ा साधन है। महाराष्ट्र की प्रखर दलित चेतना को समझने के लिए ज्योति बा फुले और उनके आंदोलन को समझना आवश्यक होगा। डॉ. अंबेडकर ने ज्योति बा फुले के काम को ही आगे बढ़ाया। अंबेडकर के आंदोलन के पीछे ज्योति बा फुले की प्रेरणा रही है। यह कहने में कोई अतिशयोक्ति नहीं होगी कि यदि ज्योति बा फुले न होते तो अंबेडकर दलितोद्धार के लिए इतना महत्त्वपूर्ण कार्य करने में समर्थ नहीं होते।

राष्ट्रीय आंदोलन ने दलितों को दूसरी पहचान दी। उनका रूपांतरण 'अछूत' से 'हरिजन' में किया। गाँधी का यह ऐतिहासिक कार्य है। वह दलितों को मुख्य भूमिका में लाए। उनके सर्वांगीण विकास की बात की। सामाजिक, धार्मिक, आर्थिक स्वावलंबन और राजनीतिक अधिकार देने के प्रयास हुए। आज के संदर्भ में कोई अधिकार बिना आर्थिक स्वावलंबन और राजनीतिक समानता के संभव नहीं है।

हरिजनों ने राष्ट्रीय मुक्ति संग्राम में आगे बढ़कर हिस्सेदारी की। यातनाएँ सहने और त्याग, बलिदान में हरिजनों की भूमिका का मूल्यांकन अभी तक नहीं हुआ है। प्रेमचंद ने 'प्रेमाश्रम' और 'कर्मभूमि' में उनकी भूमिका की विस्तार से चर्चा की है लेकिन स्वाधीनता आंदोलन के इतिहास में उनकी भूमिका का मूल्यांकन क्यों नहीं हुआ है, यह विचारणीय विषय है। जब कोई संघर्ष होता है तो इकहरा नहीं होता। हरिजन अपनी मुक्ति के संघर्ष के साथ अपने समाज में व्याप्त कुरीतियों और अंधविश्वासों से भी संघर्ष कर रहे थे। राष्ट्रीय आंदोलन के नेताओं ने हरिजनों के लिए बहुत-सी पाठशालाएँ खोलीं और उन्हें शिक्षित बनाने का प्रयास किया।

भारतीय स्वाधीनता और संविधान दलितों के लिए सबसे बड़े वरदान सिद्ध हुए। जमींदारी व्यवस्था के उन्मूलन ने भी दलितों को एक नया जीवन और नई आशा प्रदान की। जमींदारी व्यवस्था सामाजिक, राजनीतिक और आर्थिक तीनों ही दृष्टि से दमन और शोषण की पराकाष्ठा थी। हरिजन सबसे अधिक इस शोषण के शिकार थे, सम्मान और स्वाभिमान कुचला जाता था। हमारे संविधान ने इतिहास में पहली बार व्यक्ति की समानता और सम्मान की गारंटी दी। एक व्यक्ति एक वोट का सिद्धांत दलितों की प्रगति के लिए सबसे महत्त्वपूर्ण साधन बना। दलितों को समानाधिकार एवं आरक्षण ग्राम पंचायत से लेकर संसद तक प्रदान किया। दलितोत्थान का यह मुख्य प्रस्थान बिंदु है। इस नई व्यवस्था और परिस्थितियों ने दलितों के एक वर्ग में नई चेतना का संचार किया। उन्हें आर्थिक रूप से स्वावलंबी बनाया, राजनीतिक अधिकारों ने उनमें एक नया आत्मविश्वास पैदा किया। उच्च वर्ण के लोगों के इस विचार को मिथ्या सिद्ध किया कि दलित शासन करने में समर्थ नहीं हैं।

नए साधन संपन्न दलितों ने जहाँ स्वाभिमान, शिक्षा और सत्ता का नारा दिया वहीं इसके साथ ही एक आत्मकेंद्रित मध्यवर्ग भी पैदा हुआ, जिसकी दिलचस्पी दलित उत्थान से अधिक दलित राजनीति में है। इन्हें दलितों की वास्तविक समस्याओं के समाधान में उतनी रुचि नहीं है जितनी अपनी महत्वाकांक्षाओं की पूर्ति करने में है। वे यह भूल जाते हैं कि अस्सी प्रतिशत दलित अभी भी अनपढ़, खेतिहर, मजदूर, गरीब, छोटे कारीगर हैं जिनके उत्थान की उनके पास कोई योजना नहीं है। आक्रामक भाषा से कोई समाज नहीं बदलता, गालियाँ देने से भी क्रांति नहीं होती, समाज में परिवर्तन बड़ी धीमी गति से होते हैं, उनके लिए भगीरथ प्रयास करने होते हैं। यह

भी महत्त्वपूर्ण है कि पूर्वाग्रह और संस्कार बदलने में समय लगता है और उसके लिए लंबे संघर्ष की आवश्यकता होती है। एक नए सोच के विकास में सामाजिक क्रांति आवश्यक है। भारतीय समाज में जड़ संस्कार काफी गहरे हैं। दलितों के प्रति पूर्वाग्रह भूमिगत हो गए हैं लेकिन सक्रिय हैं। हिंदी प्रदेशों का यह दुर्भाग्य है कि यहाँ पिछले पचास सालों से कोई बड़ा परिवर्तनकारी आंदोलन नहीं हुआ। सामंती संबंधों और संस्कृति के स्थान पर जनतांत्रिक संबंधों और संस्कृति का विकास करने की आवश्यकता है। बिना इन मूलभूत परिवर्तनों के दलितों का उच्च मध्य वर्ग वर्णव्यवस्था में अपने लिए स्थान बना लेगा और दलित समानता की लड़ाई फिर अधूरी रह जाएगी।

दलित साहित्य की चर्चा मराठी साहित्य में 1956 में ही व्यापक रूप में होने लगी थी। 70 के दशक तक वह महाराष्ट्र की सीमाओं का अतिक्रमण करने लगा था। इसका व्यावहारिक प्रभाव हिंदी साहित्य पर 1980 के बाद ही पड़ा। दलित साहित्य के नाम पर छुए-पुट रचनायें ही हमें दिखाई देती हैं। रचनात्मक स्तर पर 1990 के बाद इसने एक आंदोलन का रूप ले लिया। उसकी पहचान बनी और परख होने लगी एवं साहित्य की मुख्य चर्चा में आया। 1980 तक दलित जीवन, उनकी दशा, संघर्ष, इच्छा-आकांक्षा पर जिन लोगों ने लिखा उनमें जगदीश चंद्र का नाम सर्वोपरि है। उनके उपन्यास 'धरती धन न अपना' में व्यापक स्तर पर चित्रण है लेकिन दलित शब्द का प्रयोग नहीं है। मन्नू भंडारी का उपन्यास 'महाभोज' दूसरे रूप में हमारे सामने आता है। यह संकेत करता है कि दलितों को उस रूप में नहीं रख सकते जैसे सैकड़ों को उस रूप में नहीं रख सकते जैसे सैकड़ों सालों से रखते आए हैं। यह अपनी अस्मिता, आत्मसम्मान और अधिकारों के प्रति जागरूक ही नहीं अत्यंत संवेदनशील भी हैं। वह समानता के संघर्ष में कोई भी मूल्य चुकाने को तैयार हैं। इस संघर्ष में विसेसर मृत्यु को प्राप्त होता है और बिंदा यातनाएँ सहता है, जेल जाता है, लेकिन उनका आत्मबल नहीं टूटता है और न जिजीविषा समाप्त होती है। यहाँ स्मरणीय है कि मन्नू भंडारी दलित नहीं हरिजन शब्द का प्रयोग करती हैं।

दलितों के संबंध में सामंती सोच और संस्कार अब भी पूरी तरह नहीं बदले हैं। दलितों की चेतना और उनके जनतांत्रिक मानवीय अधिकारों को स्वीकार करने को पचास साल बाद भी तैयार नहीं हैं। दमन और शोषण के तरीके बदल गए हैं। अब वे स्वयं अन्याय न करके असामाजिक तत्त्वों, पुलिस और प्रशासन की मदद लेते हैं। एक स्थिति निश्चित रूप से बदली है कि आर्थिक रूप से संपन्न दलितों के साथ अन्याय अब संभव नहीं है। इन दो दशकों में उनमें राजनीतिक चेतना भी आयी है और सामाजिक सम्मान और समानता की भावना भी। उनके हित में जो कानून है, उनका उपयोग भी वे कर रहे हैं। शहरों और उनसे जुड़े हुए देहातों में दलितों के अपने संगठन भी सुदृढ़ और सक्रिय हैं। अपने संगठन के बल पर वे प्रशासन पर दबाव डाकर अन्याय का निराकरण करने में भी सक्षम हैं। लेकिन दूर-देहातों

में भूमिहीन दलितों की सामाजिक और आर्थिक स्थिति अब भी अच्छी नहीं है। भू-स्वामी वर्ग उनको राजनीतिक अधिकारों का भी उपयोग नहीं करने देता। किंतु यह स्थिति बहुत दिनों तक नहीं चलेगी। जोराबर जैसे पात्र हर जगह हैं जिनका उपयोग हर सत्ताधारी कर रहा है।

"इसमें जिद्द की बात क्या हुई, दा साहब ? इन हरिजनों के बाप-दादे हमारे बाप-दादों के सामने सिर झुकाकर रहते थे। झुके-झुके पीठ कमान की तरह टेढ़ी हो जाती थी। और ये ससुरे सीना तानकर आँख में आँख गाड़कर बात करते हैं—बरदाश्त नहीं होता यह सब हमसे।" (महाभोज, पृष्ठ संख्या, 140)

जोरावर और दा साहब में सिद्धांततः कोई विशेष अंतर नहीं है केवल व्यवहार का अंतर है। दोनों का उद्देश्य है कि कोई दलित और श्रमिक सत्ता के सामने चुनौती बनकर न आए। दलितों के समानांतर संगठनों को न शुक्ल जी स्वीकार करने को तैयार हैं और न दा साहब। इमरजेंसी के बीच बिसेसर को इसलिए जेल में डाल दिया गया था क्योंकि वह भूमिहीनों की उन माँगों को उठा रहा था, जिन्हें सरकार स्वीकृत कर चुकी है। जो मजदूरी लंबे समय के बाद सरकार ने तय की, भू-स्वामी उसका आधा दे रहे हैं और महिला मजदूरों को तो उससे भी कम। यह 'महाभोज' की समस्या नहीं, आज भी पूरे देश में (कुछ क्षेत्र अपवाद हैं) मजदूरों को सरकार द्वारा स्वीकृत मजदूरी नहीं मिल रही है।

जिसके पास सत्ता और बाहुबल है वे हर प्रकार के नियम और विधि-विधान से ऊपर हैं। नौकरशाही विशेषकर पुलिस उनके इशारों पर चलती है। लेकिन भय और आतंक से अब दलितों-पीड़ितों को दबाया नहीं जा सकता। बिसेसर और बिंदा इस नई चेतना के ध्वजवाहक हैं। दमन और यथास्थितिवाद के विरुद्ध संघर्ष के लिए कोई भी बलिदान देने को तैयार हैं।

बिंदा और बिसेसर दलितोत्थान के लिए कोरा शब्दजाल नहीं बुनते। वे अंबेडकर के सिद्धांत को कार्यरूप में परिणत करते हैं। 'शिक्षित बनो, स्वाभिमानी बनो', 'बिना शिक्षा के कोई परिवर्तन संभव नहीं है' बिसेसर जब शहर से पढ़कर लौटता है तो दलितों को शिक्षित करने के लिए स्कूल चलाता है, उनके घर जाकर स्वयं पढ़ाता है।

गाँव में दलित इतने अभावग्रस्त हैं कि स्कूल में अपने बच्चों को आज भी भेजने में समर्थ नहीं हैं। यदि दलितों को शिक्षित करना है तो उनके मुहल्ले में शिक्षा की व्यवस्था करनी पड़ेगी। जो काम बिसेसर ने अधूरा छोड़ा है, उसे पूरा करने की आवश्यकता है।

दलित चेतना के 'महाभोज' में दो छोर हैं एक छोर पर बिंदा और बिसेसर जैसे शिक्षित और आधुनिक चेतना से संपन्न नवयुवक हैं जो इस नरक से दलितों को मुक्ति दिलाने के लिए किसी भी सीमा तक जा सकते हैं, दलितों को सम्मान

का जीवन जीने का अधिकार दिलाने के लिए कोई कीमत चुकाने को तैयार हैं दूसरी तरफ हीरा जैसे पुरानी पीढ़ी के लोग हैं जो समझौते और अनुनय-विनय की परंपरा पर चलकर ही जीवन यापन करना चाहते हैं। प्रेमचंद के होरी की तरह–'पैर के पीचे उँगली दबी हो तो पैर सहलाना ही बुद्धिमानी है', का अनुसरण करते हैं। आज भी उनके दरवाजे पर कोई बड़ा आदमी आ जाए तो अभिभूत हो जाते हैं–

"गाड़ी तक आकर हीरा बेचारा हाथ जोड़कर खड़ा हो गया। कहा उसने कुछ नहीं, पर बेतरह कातर, बेहद कृतज्ञ हो आया था वह। दा साहब खुद उसके घर आए ऐसा मान तो न उसे जीवन में कभी मिला, न आगे ही कभी मिलेगा। लेकिन जब दा साहब ने उसे गाड़ी में बैठने को कहा तो एकदम हकबका गया। जिंदगी में कब नसीब हुआ है उसे गाड़ी में बैठना और वह भी दा साहब की गाड़ी में। न ना करते बन रहा था, न बैठते बन रहा था। पर दा साहब ने कंधा पकड़े-पकड़े तक तरह से भीतर की ओर ठेल ही दिया। बेहद सकुचाते हुए, सिमटकर एक कोने में बैठ गया बेचारा–बगल में दा साहब।" (महाभोज, पृष्ठ संख्या, 63)

'महाभोज' के दलित और अभावग्रस्त लोग आज भी आतंक के साये में जी रहे हैं। वे मनुष्य नहीं केवल वोटर हैं। उचित मजदूरी का सवाल तो अलग रहा, यदि वे बाहुबलियों के कहने से वोट नहीं देते तो उन्हें तरह-तरह से प्रताड़ित ही नहीं किया जाता उनके घर भी जला दिए जाते हैं। इतना आतंक कि कोई गवाही देने को तैयार नहीं होता। पुलिस भी पीड़ितों का ही उत्पीड़न करती है। 'महाभोज' में इस आतंक का सजीव चित्रण है।

"गाँव की सरहद से जरा हटकर जो हरिजन टोला है, वहाँ कुछ झोंपड़ियों में आग लगा दी गयी थी, आदमियों सहित। दूसरे दिन लोगों ने देखा तो झोंपड़ियाँ राख में बदल चुकी थीं और आदमी कबाब में। लोग दौड़े-दौड़े थाने पहुँचे, पर थानेदार साहब उस दिन छुट्टी पर थे, और जो दो लोग वहाँ ड्यूटी पर थे उन्होंने यह कहकर बात टाल दी कि थानेदार साहब के आने पर ही मौके पर आएँगे और तहकीकात होगी। इसके बाद पता नहीं इन गाँव वालों को कौन सा जहरीला साँप सूँघ गया कि सबके मुँह सिल गए। बस सबकी साँसों के साथ निकला हुआ एक गुस्सा, एक नफरत–भारी तनाव बनकर हवा में यहाँ से वहाँ तक सनसनाता रहा।" (महाभोज, पृष्ठ संख्या, 7)

बिंदा आतंक के विरोध में सार्वजनिक वक्तव्य देता है। उसमें हवा के विरूद्ध नाव खेने का साहस है–"अरे दा साहब, काहे यह नौटंकी कर रहे हो यहाँ ? हरिजनों को जिंदा जला दिया गया और आपकी सरकार और आपकी पुलिस देखती रही और महीने भर से खुद तमाशा कर रही है। हुआ आज तक कुछ ?" (महाभोज, पृष्ठ संख्या, 66)

जब प्रमाण की बात की जाती है तो बिंदा उसका सटीक उतर देता है–

"कौन देगा गवाही...मरना है किसी को शिनाख्त करकें ? चार दिन यहाँ आकर रह लीजिए...पता चल जाएगा कि कैसा आतंक है।" (महाभोज, पृष्ठ संख्या, 66)

'महाभोज' में हमारी शासन व्यवस्था का वास्तविक चरित्र और उसका दागदार चेहरा पूरी तरह स्पष्ट हुआ है।

आज राजनीति के अपराधीकरण पर सभी लोग चिंता प्रकट कर रहे हैं लेकिन इसे रोकने का गंभीर प्रयास कहीं दिखाई नहीं देता। 'महाभोज' में इस समस्या पर जोरावर और दा साहब के संबंधों के माध्यम से प्रकाश डाला गया है। अपराध के दो चेहरे हैं–एक दा साहब जो अपने चेहरे पर मानवीयता का मुखौटा लगाये हुए हैं और जोरावर का चेहरा अपने वास्तविक स्वरूप में। बिंदा दा साहब को स्पष्ट बताता है कि हरिजनों की बस्ती जलाने वालों को आप भली भाँति जानते हैं, उन्हें आपका प्रश्रय है। विसेसर की जिसने हत्या करायी है वह भी आपके सामने साफ है। लेकिन हम जानते हैं कि उनकी पहुँच सत्ता के गलियारों तक है। दा साहब अपनी कुटिलता और कूटनीति से पूरे प्रसग को बदल देते हैं और सवाल करते हैं कि प्रमाण क्या है ? लेकिन जब बिंदा पूरे प्रमाण जुटा लेता है, दिल्ली जाकर जन प्रतिनिधियों और सरकार के सामने रखना चाहता है तो प्रशासन न्याय का गला घोंट देता है और बिसेसर की हत्या का झूठा आरोप लगाकर बिंदा को ही गिरफ्तार कर लिया जाता है।

'महाभोज' से एक प्रश्न और उभरता है कि जोरावर अब तक तो नेताओं को चुनाव में विजय दिलवाता रहा है लेकिन अब उसे अपनी अपराधी शक्ति का अहसास होने लगा है, वह सोचता है कि मैं स्वयं क्यों न चुनाव लड़कर जीत जाऊँ। दा साहब जैसे लोग तब तो अपनी कूटनीति से उसे परास्त कर देते हैं और मजबूर करते हैं कि उनके उम्मीदवार का साथ दें। 'महाभोज' 1979 में प्रकाशित हुआ। 'महाभोज' का जोरावर तो दा साहब की चाल में फँस गया लेकिन आज सैकड़ों जोरावर सत्ता के केंद्र में हैं, विधायक, सांसद ही नहीं, मंत्री भी हैं। जब राजनीति के सामने सत्ता प्राप्ति एकमात्र उद्देश्य हो, उसके सामने देश का भविष्य और जनकल्याण की भावना न हो तो धनबल और भुजबल युक्त व्यक्ति ही शीर्ष पर होंगे। लेकिन अपराधीकरण की राजनीति किसी देश और समाज में बहुत दिनों तक नहीं चल सकती। इसे अंदर और बाहर से बराबर चुनौती मिलती रहेगी। अंदर से सक्सेना जैसे ईमानदार व्यक्ति और बाहर से बिंदा और बिसेसर जैसे दलित पीड़ित, लेकिन मजबूत इरादे वाले व्यक्ति हैं। महाभोज उभरती हुई दलित चेतना के भावी आयामों की ओर संकेत करता है। आज यह चेतना आंदोलन का रूप धारण कर चुकी है।

दलित जीवन की व्यथा और संघर्ष गाथा*

पिछले कुछ दिनों से सीमित संसार की कहानियों और उपन्यासों को महत्त्वपूर्ण और कला का प्रतिमान बनाने का जो अभियान शुरू हुआ है वह अभी भी थमा नहीं है। कलावाद, चमत्कारिक भाषा-शैली और उधार के अनुभवों की पूँजी इन रचनाओं की सबसे बड़ी विशेषता है। हिंदी के पेशेवर आलोचक पिछले दो दशक से मनोहर श्याम जोशी और विनोद कुमार शुक्ल को प्रेमचंद के बाद सबसे बड़ा उपन्यासकार सिद्ध करने का प्रयास कर रहे हैं। इनके यहाँ कलावादी प्रयोग तो मिलते हैं लेकिन व्यापक जीवन का चित्रण इनके यहाँ नहीं मिलता है। ये लेखक स्त्री देह की गाथा बदल-बदल कर लिख रहे हैं। कुछ अपने अतीत को स्वर्णिम अक्षरों में लिखने का प्रयास कर रहे हैं लेकिन जो भरा-पूरा संसार प्रेमचंद, यशपाल, रेणु, भैरव प्रसाद गुप्त, अमृतलाल नागर, राही मासूम रजा और भीष्म साहनी के कथा साहित्य में मिलता है, इनके यहाँ उसका पासंग भी नहीं है। ये उपन्यासकार हमें व्यापक समाज का कलात्मक परिचय कराते हैं। मनुष्य और उसके परिवेश से हमारा निकट से परिचय कराते हैं। कलावादी लेखकों में इस प्रवृत्ति के प्रति उपेक्षा का आग्रह दिखता है। अतः इनके लेखन का आतंक तो है किंतु हमारी संवेदनाओं में वृद्धि नहीं करते। इस बीच में दलित चेतना और दलित साहित्य की बहुत चर्चा है। यह हिंदी साहित्य में एक महत्त्वपूर्ण परिवर्तन है। इस दस्तक की हम अनसुनी नहीं कर सकते। इसे रेखांकित करने की महती आवश्यकता है। लेकिन इसे यथावत् स्वीकार नहीं किया जा सकता। इन रचनाओं में यथार्थ तो है लेकिन जीवंतता का अभाव है। दलित जीवन की व्यथा-कथा तो इनमें भरपूर है लेकिन संघर्ष-गाथा नहीं है। जाति और वर्ण के प्रति घृणा तो है लेकिन वर्ग संघर्ष की चेतना का अभाव है और बिना वर्ग संघर्ष की चेतना के कोई बड़ा परिवर्तन संभव नहीं है। यह स्थिति कुछ लोगों को समाज में सम्मान तो प्रदान कर देगी और कुलीन व्यवस्था का अंग बना देगी लेकिन

---

* **मोरी की ईंट** (उपन्यास) **लेखक**—मदन दीक्षित **प्रकाशक** : शब्दकार 159, गुरु अंगद नगर (वैस्ट) दिल्ली-110092

दलितों की समस्या का समाधान संभव नहीं है।

समाज के सबसे शोषित-पीड़ित वर्ग की गाथा तीन उपन्यासों में इस बीच अलग-अलग बिंदुओं से पढ़ने को मिली। दलित समाज पर पहला उपन्यास जगदीश चंद्र का 'नरक कुंड में बास' (1994) है इसमें चमड़ा उद्योग में काम करने वाले दलितों की भयावह स्थिति, नारकीय जीवन, उससे छुटकारा पाने की अदम्य इच्छा और संघर्ष रेखांकित करने योग्य है। दूसरा उपन्यास नमिता सिंह का 'अपनी सलीबें' है जिसमें विचार और व्यवहार के बीच खाई को पाटने की द्वंद्वात्मक कथा है। कैसे अब तक दलितों और सवर्णों के बीच भावनात्मक स्तर पर रिश्ते नहीं बन पा रहे हैं। तीसरा महत्त्वपूर्ण उपन्यास है 'मोरी की ईंट' जिसके लेखक हैं श्री मदन दीक्षित। वे लंबे समय तक यशपाल और शिव वर्मा से जुड़े रहे। 'नया पथ' के संपादन में मदद करते रहे। वामपंथी ट्रेड यूनियन में दीक्षितजी विद्यार्थी काल से ही सक्रिय रहे और जीवन के एक लंबे समय तक मेहतर समाज के बीच रहकर उनके सुख-दुःख, जय-पराजय और संघर्ष गाथा के साथी और सहयोगी रहे। उन्हीं जीवनानुभवों की कलात्मक अभिव्यक्ति है–'मोरी की ईंट'। यह सुखद आश्चर्य है कि उन्होंने अपना पहला उपन्यास 70 साल की उम्र में लिखा है और दलितों के इतिहास, उनकी सामाजिक-आर्थिक स्थिति, उसमें परिवर्तन के प्रयास, उनकी मानसिकता, उनके रीति-रिवाज, उनके संघर्षों पर एक बृहत् उपन्यास, 'बाहरी दरवाजा' लिखने में व्यस्त हैं। आज सबसे प्रामाणिक दलित साहित्य मदन दीक्षित लिख रहे हैं, पूरी मानवीय संवेदना के साथ। वह दलित राजनीति नहीं कर रहे, दलित लेखन कर रहे हैं।

उपन्यास बीसवीं शताब्दी के आरंभ की सामाजिक-राजनीतिक स्थिति का परिचय देते हुए मेहतर समाज से हमारा अंतरंग परिचय कराता है। स्वतंत्रता से पूर्व नगर पालिकाओं का क्या स्वरूप था ? सफाईकर्मियों की पशुओं से भी बुरी स्थिति, कुलीनों और उच्च कुलों के लोगों का अंग्रेजी शासन के लोगों से रिश्ता, उनके व्यापारिक और आर्थिक हित, धर्म परिवर्तन, जाति व्यवस्था, स्वतंत्रता और देश विभाजन–सारा अर्द्धशती का सामाजिक और राजनीतिक इतिहास कलात्मक स्तर पर 'मोरी की ईंट' में चित्रित है। मदन दीक्षित व्यंग्यात्मक स्वर में शासक वर्गों की स्वार्थपरकता उजागर करते हुए कहते हैं–

"चुंगी की ओर से प्रचार किया गया कि मेहतरों की माँगें मानने के लिए या तो रोशनी, सड़कों, खरंजों के खर्चों में कटौती करनी होगी या शहर में आने वाले सामान पर चुंगी की दरें बढ़ानी होंगी। दोनों ही परिस्थितियाँ शहर की खुशहाली के लिए घातक हैं इसलिए मेहतरों की माँगें नहीं मानी जा सकतीं।" (मोरी की ईंट, पृष्ठ, 6)

यह तर्क स्वतंत्रता से पूर्व ही नहीं, आज भी श्रमिक और कमजोर वर्ग के लोग जब अपने जीवन को बेहतर बनाने का प्रयास करते हैं तो दुहराया जाता है।

सफाईकर्मी समानता की बात करते हैं तो मोरी की ईंट कहकर अपमानित किया जाता है। हिंदू समाज ने इस श्रमिक और दलित वर्ग के साथ जो भारतीय समाज की रीढ़ रहा है, सदैव अमानवीय व्यवहार किया है। उन्हें साधारण मनुष्य की श्रेणी में भी नहीं रखा। मेहतर तो दलितों में भी दलित हैं, अछूतों में भी अछूत हैं। धर्म परिवर्तन कर लेने पर भी भारतीय समाज में मेहतरों की स्थिति में कोई अंतर नहीं आया–

"मुसलमान बना लिया तो लाल बेगी कहने लगे, हलालखोर कहने लगे; अल्लन, बिल्लन, अहमदा, मोहमदा नाम रख दिए। सिख बना लिया तो मजहबी कहने लगे; झंडा सिंह, गंडा सिंह, संता सिंह, बसंता सिंह नाम रख दिए। ईसाई बना लिया तो जानसन, थाम्पसन, ऐडविन, ग्लैडविन नाम रख दिए। रहे मेहतर के मेहतर और नरक बटोरने का पट्टा उनके नाम बदस्तूर कायम रहा।" (मोरी की ईंट, पृष्ठ 9)

लेखक का यह मत सही है कि देश के हजारों वर्ष के इतिहास में सबसे पहले ईसाई मिशनरियों ने ही मेहतरों को इंसान समझकर उन्हें सफाई के अतिरिक्त दूसरे व्यवसायों में भी भाग लेने का अवसर दिया। इस अवसर की हिंदू धर्म से तो आशा ही नहीं की जा सकती, जाति और वर्ण विरोधी इस्लाम ने भी वही व्यवहार किया जो सवर्ण हिंदू करते रहे। हमारी सामाजिक व्यवस्था ने किसी मेहतर को व्यवसाय नहीं बदलने दिया।

भारतीय जाति व्यवस्था लोहे के फ्रेम की तरह है। धर्म बदलने पर श्री जाति से छुटकारा नहीं मिलता। तस्वीरें बदलती रहीं लेकिन जाति व्यवस्था का यह फ्रेम अपनी जगह विद्यमान रहा। सेमुअल का बेटा जैकब हाई स्कूल की परीक्षा प्रथम श्रेणी में पास होता है लेकिन भूगोल के अध्यापक विन्सटन दिलीप सिंह का बेटा तृतीय श्रेणी में पास होता है। दोनों अध्यापक हैं और दोनों ही ईसाई हैं लेकिन जाति भेद की खाई काफी गहरी है। दिलीप सिंह कहते हैं–"वह भंगी का बेटा फर्स्ट डिजीवन में पास हुआ। तुम ससुर निकम्मे जमाने-भर के, राजपूतों के बेटे होकर भी थर्ड डिवीजन में पास हुए हो।" (मोरी की ईंट, पृष्ठ 48)

यह बात सुनकर अपमानित सेमुअल और उनके पुत्र जैकब की सारी खुशियाँ और उत्साह ठंडा पड़ गया। यही बात सेमुअल अपनी पत्नी मार्था से कहता है–

"आज की दुनिया में जैकब की योग्यता के मुकाबले उसका घसीटे का पोता होना अधिक महत्त्व रखता है।" (मोरी की ईंट, पृष्ठ 48)

ईसाई धर्म में दीक्षित होने के दो कारण रहे हैं सबसे ज्यादा दलित और पीड़ित लोग मनुष्य बनने के लिए ईसाई धर्म में दीक्षित हुए जिनमें सबसे बड़ी संख्या आदिवासी और मेहतरों की है जिन्हें भारतीय समाज ने कभी इन्सान नहीं समझा। ईसाई असमानता की खाई तो नहीं पाट सके लेकिन कम करने का प्रयास अवश्य किया। उच्च वर्ग के लोग आर्थिक और राजनीतिक लाभ उठाने के लिए ईसाई धर्म में दीक्षित हुए।

अल्मोड़ा के जोशी और पंत परिवार दूसरी श्रेणी में आते हैं। वे अपने आर्थिक लाभ के लिए ईसाई धर्म में दीक्षित हुए।

"लोग कहते हैं कि सांसारिक सुख-सुविधाओं के लिए उगते हुए सूरज को सिर नवाने की जगत् की रीति का निर्वाह करते हुए उन्होंने पुरखों के धर्म को तिलांजलि दी थी। ईसाई उच्चधिकारियों से घनिष्ठ संबंध बना लिए और उसी आधार पर उन्होंने अपनी फर्म 'जोशी एंड पंत कन्ट्रक्टर्स' के लिए जंगलात के भारी मुनाफे के ठेके हासिल करके अपने लिए आर्थिक संपन्नता के रास्ते खोल लिए थे।" (मोरी की ईंट, पृष्ठ 56)

लेकिन दिलचस्प बात यह है कि उन्होंने अपने जाति सूचक नाम नहीं बदले। पंत, जोशी, ठाकुर, चटर्जी, बनर्जी आदि नाम अपनी जातिगत श्रेष्ठता के लिए सुरक्षित रखे। वहीं छोटी जातियों और आदिवासियों से ईसाई बने लोगों ने अपने अतीत को पूरी तरह मसीह समाज में विलीन कर लिया।

उपन्यास में ईसाइयों का पूरे अंतर्विरोधों के साथ यथार्थ चित्रण किया गया है। ईसाई मिशनरियों की एक सार्थक भूमिका भी है उन्होंने मनुष्यता से च्युत लाखों लोगों को शिक्षित करके सभ्यता की रोशनी से परिचय कराया। गरीबों के बीच अस्पताल और स्कूल खोले। मेहतर और आदिवासी समाज को ऊँची जाति के अमानवीय व्यवहार से काफी हद तक मुक्ति दिलाई। उच्च वर्ण के कुलीन लोगों को ईसाइयों का व्यवहार कभी अच्छा नहीं लगा लेकिन भारतीय समाज में मिशनरियों की भूमिका को नकारा नहीं जा सकता। उपन्यास में ईसाई मिशनरियों के श्वेत और श्याम दोनों पक्षों पर चर्चा है। 'मोरी की ईंट' में ईसाई मिशनरी न नायक है न खलनायक। यही सही है कि चाहते हुए भी वे भारतीय समाज का अंग नहीं बन सके, इसलिए वह प्रत्यक्ष या अप्रत्यक्ष रूप में स्वतंत्रता आंदोलन का विरोध करते रहे। उन्हें भय था कि स्वतंत्र भारत में काम करने की छूट नहीं होगी।

सामाजिक प्रश्नों पर कांग्रेस और आर्य समाज की भूमिका पर उपन्यासकार की गहरी और व्यंग्यात्मक दृष्टि है—

"इसी बीच आर्यसमाजियों के अछूतोद्धार और कांग्रेस के हरिजन सेवा की हवा चल पड़ी तो शहर की बिरादरियों का भी रुझान रात के स्कूल की ओर हो गया। आर्य समाजियों का खास इरादा ईसाइयों की घुसपैठ पर अंकुश लगाना था। रविवार के दिन शाम के समय आर्य समाज के महाशय लोग स्कूल पर आकर मेहतरों को सफाई से रहने के उपदेश देते थे। ईसाइयों की खाट खड़ी करते थे। निराकार, निर्विकार परमपिता परमेश्वर की प्रार्थना करते थे। वेद, मंत्रों के साथ हवन करते थे और अंत में प्रसाद बाँटकर अपने घरों को वापस चले जाते थे। मेहतरों को इस सारे प्रोग्राम में प्रसाद की बात सबसे अच्छी लगती थी।" (मोरी की ईंट, पृष्ठ 148)

आर्यसमाजियों की अछूतोद्धार की एक सीमित भूमिका है, उन्होंने मूल समस्याओं

को कभी नहीं छुआ।

"आर्यसमाजियों से कांग्रेसी लोग अधिक उदार थे। महात्मा गाँधी ने 'हरिजन सेवक संघ' बनाया और अखबार निकालना शुरू किया और कांग्रेसियों के लिए अनिवार्य किया कि हरिजनों के बीच जाकर कार्य करें। कांग्रेसियों ने दिखाने के लिए ही सही, हरिजन सेवा की सार्थकता मान ली थी लेकिन मध्य बिरादरी के कांग्रेसी भी अछूतों के सीधे संपर्क में आने से कतराते रहे। वे हरिजन सेवा की रस्म अदा कर लेते थे। वे घर पहुँचकर कपड़ों सहित स्नान करके शुद्ध हो जाते थे।" (मोरी की ईंट, पृष्ठ 148)

एक दिलचस्प प्रसंग यह भी है कि कांग्रेस में 1936 के बाद पदाधिकारी बनने के लिए यह अनिवार्य कर दिया था कि जो हरिजनों के साथ खान-पान का व्यवहार नहीं रखेगा उसे जिले में कोई महत्त्वपूर्ण पद नहीं मिलेगा। जातीय संस्कार और पद के द्वंद्व में अधिकांश कांग्रेसी पद से वंचित हो गए तथा कांग्रेस में कार्य कर रहे साम्यवादी और समाजवादियों का जिले के प्रमुख पदों पर आधिपत्य हो गया। आरंभ से ही कांग्रेस में सिद्धांत और व्यवहार में अंतर्विरोध रहा है।

मंदिर की राजनीति स्वतंत्रता से पूर्व भी निहित स्वार्थी वर्ग करता है। इस उपन्यास का एक महत्त्वपूर्ण पात्र है—साहू कन्हैयालाल। सूदखोरी, मिलावट और दलाली के कार्य में सिद्धहस्त। मेहतर बिरादरी साहू कन्हैयालाल के कर्ज से सबसे अधिक पीड़ित है। साहू ने अफवाह फैला दी कि उन्होंने हरिजनों के लिए जो रामजी का मंदिर बनवाना शुरू किया था, क्रिस्तानों ने उसकी नींव उखड़वा के फिंकवा दी। शहर में चारों ओर यही चर्चा चलने लगी। लोग स्वयं जाकर वास्तविकता को जानने का प्रयास नहीं करते बल्कि बिना वास्तविकता को जाने इन अफवाहों पर विश्वास कर लेते हैं। हिरिया चाची को यह बात मालूम होती है तो प्रतिकार करते हुए कहती है—

"बहूजी रामजी की कृपा होगी तो हमीं लोग बना लेंगे उनका मंदिर अपनी बस्ती में। रामजी की पूँछ पकड़कर उस कन्हैयालाल रावण को हम अपनी बस्ती में नित नए सीता हरण नहीं करने देंगे।" (मोरी की ईंट, पृष्ठ 197)

मोरी की ईंट के कई महत्त्वपूर्ण दलित पात्र हैं जो परिस्थितियों से समझौता नहीं करते और अपने समाज की दुर्दशा बदलने के लिए निरंतर संघर्ष करते हैं। इस उपन्यास की प्रमुख पात्र मंगिया (मंगो) एक साधारण सफाई कर्मचारी है लेकिन बहुत ही जीवट और आत्मविश्वास से पूर्ण महिला है। वह अपमान, लांछन सब कुछ सहती है लेकिन अपने मार्ग पर दृढ़ता से चलती रहती है। जब जमादार हीरालाल उसे साहू कन्हैयालाल के चंगुल में फँसाने का प्रयास करता है तो वह चुनौती देते हुए कहती है—

"मंगिया के बही-खाते में सब कुछ लिखा है, मुझसे अटकेंगे तो चौराहे पर

ऐसा घड़ा फोड़ूँगी कि साहूजी की सात पुश्तें पानी माँग जायेंगी।'' (मोरी की ईंट, पृष्ठ 122)

वह अपने साथ काम करने वाली मेहतरानियों के लिए आदर्श है, उनके काम भी आती है। मंगिया के चंडी रूप की चर्चा मेहतर बस्ती में भी पहुँची। औरतों के मन बल्लियों उछलने लगे। लोगों को लगने लगा कि अब मिला है साहू साहब को सेर का सवा सेर। वह स्वयं भी संघर्ष करती है और मेहतर समाज की कुरीतियों और अंधविश्वासों से भी। एक तरह से यह उपन्यास मंगिया की संघर्ष गाथा है, एक स्वावलंबी नारी बनने की प्रक्रिया और एक साधारण स्त्री से स्वाभिमानी स्त्री बनने की विकास यात्रा। उसका साथ देती है हरिया चाची, किशनलाल और हरी लाल। दलितों का उत्थान उनके ही बीच से निकलकर आने वाले नौजवान स्त्री-पुरुषों से ही संभव होगा। दलितों में हीरालाल जैसे स्वार्थी और दलाल किस्म के लोग भी हैं जो अपनी संपन्नता में वृद्धि करने के लिए अपने ही लोगों के साथ विश्वासघात करते हैं।

उपन्यास की भाषा कुछ अनगढ़ है लेकिन पारदर्शी है। उपन्यास के शिल्प के संबंध में लेखक ने स्वयं ही कहा है—

''अंग्रेजी माध्यम से सोचे और गढ़े गए पंचसितारा संस्कृति के 'पॉप' उपन्यासों के शिल्प की कसौटी पर, यह प्रयास 'ऑडियस' नहीं तो 'ऑड' तो सिद्ध होगा ही। हिंदी उपन्यासों की अपनी परंपरागत शैली के अनुरूप, सुधी पाठकों को, इसमें प्रेमचंद, वृंदावनलाल वर्मा, यशपाल और अमृतलाल नागर के शिल्प की परछाइयाँ भी कहीं-कहीं झलकती हुई दिखाई दे जाएँगी तो गँवई-गाँव का किस्सागो अपने प्रयास को कृतार्थ समझेगा।'' (मोरी की ईंट, पृष्ठ 10)

नरककुंड में बास : भूमिहीन-श्रमिक जीवन की त्रासदी का कलात्मक दस्तावेज

स्वाधीनता आंदोलन में गरीब किसान और मजदूर भारतीय राजनीति के केंद्र में थे। उनकी चिंता और मुक्ति के लिए निरंतर प्रयास हुए। वामपंथी दलों, ट्रेड यूनियनों और किसान सभाओं ने शोषितों के लिए भारत में विशेष अभियान चलाये। लेखकों पर भी इसका प्रभाव पड़ा। प्रेमचंद और उनके सहयोगी लेखकों के यहाँ यह श्रमिक, भूमिहीन मज़दूर किसी न किसी रूप में उनके रचना संसार में मिलते हैं। होरी और उसके परिवार की त्रासदी एक नई ऐतिहासिक प्रक्रिया का आरंभ है कि देहात अब छोटे किसान और भूमिहीन के लिए नहीं हैं। होरी छोटे किसान से मजदूर बन जाता है और वहीं उसी स्थिति में उसकी मृत्यु होती है, लेकिन उसका बेटा गोबर भागकर शहर की शरण लेता है। शहर उसे सम्मान का जीवन तो नहीं देता लेकिन शरण अवश्य दे देता है। देहातों से जाने वाले लोग जो सपने लेकर जाते हैं वह कभी पूरे नहीं होते लेकिन शरणार्थियों का यह काफिला निरंतर शहरों की ओर बढ़ रहा है।

खेद है कि आज हमारे सामाजिक और राजनीतिक जीवन में यह गरीब सर्वहारा मज़दूर और अपनी ज़मीन से उखड़े हुए लोग न राजनीतिज्ञों की सोच का विषय हैं और न ही समाजसेवियों में। मध्यवर्ग इतना अधिक आत्म केंद्रित हो गया है कि अपने अलावा उसे अपने सोच में कोई और चिंता नहीं है। मालती और मेहता के माध्यम से प्रेमचंद ने जो सपना देखा था वह आज पूरी तरह बिखर गया है। वो गोबर को सम्मान का जीवन देने का प्रयास तो करते हैं लेकिन आज के शहर इन लोगों को डाल के टूटे पत्तों के अतिरिक्त शायद कुछ नहीं समझते। शायद यही सोच हमें, हमारे समाज को पुराणपंथी विचार, अवैज्ञानिक चिंतन और संवेदनहीन बना रहा है। जब हमारे सोच में बृहत् मानव समाज भारत का आदमी, उसकी पीड़ा, उसके संघर्ष, अमानवीय स्थिति को बदलने की छटपटाहट नहीं होगी ऐसे में मध्यवर्ग प्रतिक्रियावादी, पुनरुत्थानवादी विचारों का ही संवाहक अधिक बनेगा।

यह दुर्भाग्य ही है कि आज हिंदी प्रदेश में वर्ग संघर्ष न के बराबर है। इसके

स्थान पर जाति और धर्म के आधार पर संगठन बन रहे हैं और संघर्ष हो रहे हैं। बड़ी हास्यास्पद स्थिति है कि हमारे अधिकांश राजनीतिक दल और उनके नेता इन जातिगत और धर्म पर आधारित संगठनों को पूरा प्रोत्साहन दे रहे हैं लेकिन साम्प्रदायिकता और जातिवाद को बुरा कह रहे हैं। गुड़ तो खा रहे हैं, गुलगुलों से परहेज़ कर रहे हैं। खुले बाज़ार की व्यवस्था ने हमारे नवजागरण की एक सौ पचास साल की उपलब्धियों के सामने प्रश्नचिह्न लगा दिया है।

राष्ट्रीय आंदोलन और नवजागरण ने हमें यह सिखाया था कि सामान्य समस्याओं और विद्रूपताओं के विरुद्ध सामूहिक संघर्ष के माध्यम से ही मुक्ति मिल सकती है। कोई समस्या जाति विशेष या एक धर्मावलंबियों की नहीं होती वर्ग विशेष की होती है। यही दृष्टि हमें सांप्रदायिकता और जातिवाद, धार्मिक कट्टरवाद और पुरुत्थानवाद से मुक्ति दिला सकती है। मध्यवर्ग का सोच हमें कोई नई दिशा नहीं दे सकता और न ही नए क्षितिजों का उद्घाटन कर सकता क्योंकि उसके सोच में जब तक बदलाव नहीं आएगा भारत के साधारण जनों की समस्या से जब तक नहीं जुड़ेगा तब तक वह नई सोच और नई दिशायों को खोजने में असमर्थ रहेगा।

स्वतंत्रता के बाद हमारा सोच इतना सीमित और क्षेत्रीय नहीं था इसलिए हिंदी कथा साहित्य में बीस साल तक इतनी अधिक विविधता और ताजापन और जनजीवन से जुड़ाव मिलता है। 1950-70 के बीच अनेक महत्त्वपूर्ण उपन्यास लिखे गए। 'मैला आँचल', 'परती परिकथा', 'गंगा मैया', 'बलचनमा', 'सत्ती मैया का चौरा', 'आधा गाँव', 'अलग-अलग वैतरणी', 'राग दरबारी', 'कब तक पुकारूँ', 'बूँद और समुद्र', 'अमृत और विष', 'उखड़े हुए लोग', 'सूरज का सातवाँ घोड़ा', 'भूले बिसरे चित्र' आदि महत्त्वपूर्ण उपन्यास लिखे थे। 1970 के बार ग्रामीण समाज और उसमें हो रहे परिवर्तन हमारी चिंता के हाशिये पर आ गए। हिंदी के किसी महत्त्वपूर्ण लेखक का दलित, पीड़ित और श्रमिक समाज पर कोई महत्त्वपूर्ण उपन्यास नहीं आया। इस सन्नाटे को 1972 में जगदीशचंद्र जी ने 'धरती धन न अपना' के माध्यम से तोड़ा था। फिर उनका दूसरा उपन्यास 'कभी न छोड़ें खेत' 1976 में प्रकाशित हुआ। इन दोनों उपन्यासों में पंजाब के ग्रामीण जीवन और कृषि व्यवस्था, बड़े-छोटे किसान और बड़े किसान और भूमिहीन किसानों के संघर्ष, सामंतों के दंभ, उनके आपसी संघर्ष का प्रामाणिक चित्रण हमें मिलता है। जगदीशचंद्र जी के उपन्यास 'धरती धन न अपना' में भूमिहीन दलितों के जीवन को प्रामाणिक रूप में हिंदी संसार के सामने प्रस्तुत किया गया है। स्वतंत्रता के बाद दलित चेतना को अभिव्यक्ति देने का इस उपन्यास में प्रयास किया है। काली अपना और दलितों का जीवन बदलने का प्रयास करता है लेकिन गाँव का कुचक्र और आर्थिक दबाव उसे इस जाल से मुक्ति नहीं देते। वह सामाजिक और व्यक्तिगत दोनों स्तरों पर संघर्ष करता है। अपने ही जैसे लोगों को सम्मान का जीवन जीने की प्रेरणा देता है। चमादड़ी के लोगों को सामाजिक

न्याय दिलाने का प्रयास करता है किंतु असफल रहता है। लेकिन उसकी यह असफलता एक नए संघर्ष की शुरुआत है। दलित अब उस तरह नहीं रहेंगे जिस तरह सामंत उन्हें रखते आए हैं। वे अपने सम्मान और समानता के लिए संघर्ष करते रहेंगे। काली हारकर भी जीतता है और सामंत जीतकर भी हार जाते हैं।

बीस साल बाद जगदीशचंद्र जी ने इसी समस्या को कई बिंदुओं के माध्यम से अपने नए उपन्यास 'नरककुंड में बास' (1994) में यथार्थ के नए क्षितिजों का उद्घाटन करते हुए प्रस्तुत किया है। यह आश्चर्य है कि आज हिंदी में ऐसे उपन्यासों की चर्चा हो रही है जो हमें झूठे सपने दिखाते हैं। भाषा और शिल्प के आकर्षण से पाठकों और आलोचकों को चमत्कृत कर रहे हैं। एक ऐसी दुनिया का चित्रण कर रहे हैं जिसके बारे में हमने सुना है देखा नहीं। 'मुझे चाँद चाहिए' एक पठनीय उपन्यास कतई नहीं है। उसकी एक बड़ी विशेषता यह है कि नाटक को कैसे उपन्यास में समाहित किया जा सकता है। 'वर्षा वशिष्ठ' की कहानी दिलचस्प है लेकिन यथार्थ नहीं। यथार्थ का भ्रम जरूर है।

जगदीशचंद्र ने जोखिम भरा काम किया है। वे नक्कारखाने में शहनाई बजाने का प्रयास कर रहे हैं। 'नरककुंड में बास' भूमिहीन और दलित व्यक्ति की समाज में क्या स्थिति है उसका विविध आयामों से चित्रण करते हैं। काली की नियति व्यक्ति की नहीं सर्वहारा व्यक्ति की नियति है जिसे न गाँव सम्मान का जीवन दे रहे हैं और न शहर, वह नरक दर नरक भटक रहे हैं। आज दलित राजनीति तो हो रही है, उनकी भावनाओं से खेला जा रहा है। उनके आर्थिक और सामाजिक मुक्ति के प्रयास बहुत कम हो रहे हैं। राजनीतिक खेल रहे हैं। जो दलितों में संपन्न और मंध्यवर्ग विकसित हुआ है वह अपना सामाजिक और राजनीतिक वर्चस्व कायम करने के लिए उनकी भावनाओं से खेल रहा है। दलितों से दलितों की राजनीति करने वाले, उनके और पराये दोनों ही तरह के लोग एक क्रूर मज़ाक कर रहे हैं।

जगदीशचंद्र जी ने यह सिद्ध कर दिया है कि दलितों की व्यथा-कथा लिखने के लिए दलित होना आवश्यक नहीं है। आज यह भ्रम फैलाया जा रहा है कि दलितों की व्यथा-कथा दलित ही लिख सकता है। लेखन में विशेषकर कथा साहित्य में यह फार्मूला निरर्थक है। यदि ऐसा होता तो वेश्या, नारी, पीड़ितों और अछूतों पर दुनिया में जिन लोगों ने लिखा था कोई वह न था जिसकी व्यथा-कथा लिखी है। उसी तरह चोरों और शराबियों पर लिखने के लिए चोर और शराबी होना आवश्यक नहीं है।

दलितों की व्यथा-कथा का 'नरककुंड में बास' एक जीवंत कलात्मक दस्तावेज़ है। यह आश्चर्य की बात है कि आज हिंदी क्षेत्र में दलित राजनीति पर जितनी बात हो रही है एक साल से यह उपन्यास एकदम उपेक्षित है। यानि कला के स्तर पर दलित चेतना, श्रमिक और बेसहारा लोग आज हाशिये पर हैं।

'नरककुंड में बास' का नायक काली गाँव से भीतरी और बाहरी दबाव के

कारण पलायन करके जालंधर पहुँचता है। यहीं से उनके शहरी जीवन के संघर्ष की व्यथा प्रारंभ होती है। काली शहर में काम की तलाश में भटकता है किंतु उसे काम नहीं मिलता क्योंकि शहर में बिना पहचान के कोई काम नहीं देता। इस सत्य को मिस्त्री ध्यानसिंह काली से उजागर करता है–

"शहर में हर परदेसी को चोर उचक्का समझा जाता है। काम उसी को मिलता है जिसका कोई अपना सरनामा हो, कोई अता-पता हो, कोई बाली वारिस हो। वहाँ तो लोग गली के बाहर के कुत्ते को भी टुकड़ा नहीं डालते, परदेसी को काम के लिए घर में कैसे घुसने देंगे।"

काली शहर में रहने के ठिकाने और भूख से व्याकुल हो इधर-उधर भटकता है। ऐसी स्थिति में उसी की तरह श्रमिक बरकत, मनसुख, सोमा और तोखे उसकी मदद करते हैं और उसके साथ सहानुभूति रखते हैं–

"अड्डे में तेरे लिए कोई काम नहीं है। अगर थोड़ी-सी भी गुंजाइश होती तो मैं उस्ताद से तुम्हारी ज़रूर सिफारिश कर देता।"

काली को शहर में काम नहीं मिलता और काम न मिलने के कारण काली की स्थिति भिखारी से भी अधिक दयनीय हो जाती है। काली भुखमरी की स्थिति में भिखारियों के साथ सेठ रत्नचंद्र द्वारा आयोजित भोज में जाता है लेकिन वहाँ देखता है कि उनसे अच्छे तो पशु-पक्षी हैं। गुमाश्ता इसकी व्याख्या करते हुए कहता है कि–

"लेकिन कौन मानता है। आदमी दयालु और कृपालु बनकर चींटे-चीटियों को दाने डालता है। पक्षियों के लिए अनाज फेंकता है। देसी घी लगा गौ को आटे का पेड़। खिलाता है लेकिन आदमी का पेट भरते समय वह सोच में पड़ जाता है।

सेठजी के यहाँ भोजन करने के लिए भूख से पीड़ित भिखारी, मज़दूर आदि सेठजी की ओर टकटकी लगाए रहते हैं लेकिन सेठ उनसे बात करना तो दूर उनकी ओर देखना भी पसंद नहीं करता।"

एक बूढ़ा भिखारी दार्शनिक रूप में बड़ी सही टिप्पणी करता है–

"पैसा क्या आया, सेठजी तो भगवान बन गए हैं। अपनी इच्छा से ही दरसन देंगे।"

शहर में आकर काली को इस कटु सत्य का ज्ञान भली-भाँति हो जाता है कि आदमी की घर गाँव के बिना कोई पहचान नहीं है, उसका कोई स्वतंत्र अस्तित्व नहीं है। छिब्बू जोकि मण्डी में रेढ़ा खींचता है उससे कहता है–

"देख पहलवान, जड़ से उखड़ा पेड़ जल्दी सूख जाता है। घर घाट से बिछड़ा हुआ आदमी जल्दी ही अपना आपा खो बैठता है। मर-खप जाता है। पशु की कीले के बिना और आदमी की घर-गाँव के बिना कोई पहचान नहीं है।"

अंततः काली को आधी मज़दूरी पर अस्थायी रूप से छिब्बू, मांझा और कालू

के साथ रेढ़ा खींचने का काम मिल जाता है। वह देखता है कि रेढ़े में बैल की जगह आदमी लगता है और उसे भरपेट भोजन भी नहीं मिलता। छिब्बू उसे समझाते हुए कहता है कि–

"मैंने कहा न कि शहरों में पशुओं के कई काम आदमियों को करने पड़ते हैं। जब आदमी रेढ़ा खींचते हैं तो भींडी भी वही लगेंगे।"

काली इस दुष्कर कार्य को करने लगता है। वह अपने साथियों के साथ मंडी का माल दुकानदारों तक पहुँचाता है। इसी दौरान काली देखता है कि दुकानदार उन्हें चोर समझते हैं कि वह रास्ते में माल निकाल लेते हैं तो कालू उसे स्थिति का ज्ञान कराते हुए कहता है कि–

"सब चलता है। गरीब आदमी की ज़रूरत भी चोरी है और बड़े आदमी की चोरी उसका शौक समझी जाती है।"

कुछ दिनों तक काली मंडी का काल ढोता रहता है। उसके लिए काम न करने पर वह पुनः बेरोज़गार हो जाता है तो छिब्बू उसे समझाता है कि–

"शहर में काम की कमी नहीं है। बस मौका मिलना चाहिए और हिम्मत होनी चाहिए। मेहनत-मशक्कत करके आदमी दो टैम की रोटी तो कमा ही लेता है। लेकिन मेहनत के हिसाब से मजदूरी नहीं मिलती। गरज़मंद को झुकना भी पड़ता है।"

इस प्रकार काली को बेबस, आश्रयहीन श्रमिक जीवन की बेबसी का अहसास हो जाता है। वह नए काम की तलाश के विषय में सोचता है। मांझा उसे काम दिलाने के लिए चमड़े के कारखाने में ले जाता है। ये कारखाना और उसके आस पास की बस्ती नरक से भी बदतर स्थिति का बोध कराते हैं। कारखाने का फोरमैन उसे काम देने से पहले उसका अता-पता पूछता है। काली उसे टालते हुए कहता है कि–

"फोरमैन जी, गरीब आदमी का क्या अता-पता हो सकता है। अता-पता तो ज़मीन-जायदाद से बनता है। पक्षियों का अता-पता कौन बताएगा। जहाँ दाना-दुनका, रोटी-टुक्कड़, काम-काज मिल गया वहीं अता-पता बन जाता है।"

काली के इस कथन में मज़दूर जीवन की व्यथा उभरकर आती है जोकि मज़दूर जीवन की वास्तविकता को उजागर करती है। फोरमैन काली को नौकरी पर रख लेता है लेकिन इसके साथ ही काम की कठिनाई और मज़दूरी की ओर भी संकेत कर देता है–

"तेरी जवानी को देख तो जी चाहता है तुम्हें तुरंत जवाब दे दूँ। क्योंकि यह काम अच्छे भले आदमी को भी कुछ साल में ही खा जाता है। खुजली-खारिश तो दो-तीन माह के बाद शुरू हो जाती है। जिस आदमी के हाथ-पाँव, बाजू-टाँगें, नमक-शीरे, चूने और छीलन के पानी में रहेंगे, सारा दिन मोटा मच्छर काटेगा, उसकी जिंदगी क्या होगी तू आप सोच सकता है। फिर उजरत भी ज्यादा नहीं है। बारह घंटे काम के बाद अच्छे

सधे हुए कारीगर को रुपए सवा-डेढ़ मिलते हैं। नौसिखिए को तो रुपए बारह आने से ज्यादा नहीं मिलेगा। क्या खाएगा और क्या इलाज पर लगाएगा...। लेकिन जब तेरी गरीबी की ओर झाँकता हूँ तो इतनी उजरत भी बहुत लगती है।''

काली यह सब जानकर भी परिस्थितियोंवश सड़ी-गली, ताज़ा खालों को नमक में धोने का कार्य स्वीकार कर लेता है। यह मानव जीवन की विडंबना है जो उसे नारकीय कार्य करने के लिए बाध्य कर देती है। मांझा जो उसे अर्थात् काली को नौकरी दिलाने के लिए उसके साथ आया था फोरमैन के हल का आभार व्यक्त करते हुए कहता है–

''यार, जरूरतमंद की मदद करने, भूखे को रोटी देने और बे-सहारा को आसरा देना बहुत बड़ा पुण्य माना जाता है लेकिन बेकार को रोजगार देना या दिलाना सबसे बड़ा पुण्य है।''

मांझा का यह कथन बेरोजगारी की भीषणता की ओर संकेत करता है। काली कारखाने में सड़ी-गली बदबू युक्त खालों को नंगे हाथ-पैर से धोता है। गंदे पानी से नहाता है जिसमें कि पशु भी नहाना पसंद नहीं करता। इस गंदगी से उसे दो-तीन माह बाद ही खुजली हो जाती है। कारखाने का वातावरण नरक से भी बदतर है। वहाँ हवा में बदबू आती है। इसे श्रमिक जीवन की विडंबना ही कहेंगे कि काली और उसके अन्य साथी बंसे, जिंदर, किशने, निहाला आदि इस दूषित और घातक वातावरण में इस गंदे कार्य को करने के लिए विवश हैं। कहने को तो ये सभी आज़ाद देश के नागरिक हैं लेकिन इन्हें क्या मिला ? इन्हें मिला नारकीय जीवन, बेबसी और यातना। आज़ादी का इस सबसे अधिक ज़रूरतमंद तबके को कोई फायदा नहीं मिला। वह बड़े लोगों के बीच ही रह गई। ये कडुवा सच नाथी उत्तेजित हो कहता है–

''कहते हैं देश आजाद हो गया है। लेकिन लगता है कि आजादी सेठों, अफसरों और बड़े-बड़े चौधरियों और कोठियों और हवेलियों में ही फँसकर रह गई है। उसे छोटी-छोटी गलियों और कच्चे मकानों का रास्ता नहीं मिला।

साले ऐ कितना बड़ा धोखा है।''

स्वतंत्रता के बाद देश के विकास के साथ-साथ भ्रष्टाचार भी तेजी के साथ पनपा है। ये श्रमिक जीवन की विडंबना ही है कि इस भ्रष्टाचार के कारण वह कानूनी सुविधाओं से भी वंचित रह जाता है। लेबर इंस्पेक्टर भ्रष्टाचार में लिप्त होकर मज़दूरों के हितों को अनदेखा कर उन्हें नारकीय वातावरण में जीने के लिए छोड़ देता है। यह बात नाथी के कथन से अधिक स्पष्ट होती है जोकि जीते-जागते यथार्थ को दर्शाती है–

''बंसया, तू बैल बुद्धि का मालिक है। बैल भी वह जिसकी आँखों पर खोपे बंधे हुए हों। इंस्पेक्टर भी तो आज़ादी की ही पैदावार है। सेठ के दफ्तर और कोठी के आगे का रास्ता ही उसे याद रहा होगा। वहाँ की हालत देख कारखाने का अंदाजा

भी लगा लिया होगा। मालिक से मामला भी तय हो गया होगा। किताबों में ट्यूबवैल भी लग गया होगा। लंबे बूट और दस्ताने भी आ गए होंगे...किताब का पेट भरा होना चाहिए बाकी सब अल्ला-अल्ला खैर सल्ला है।''

फोरमैन जो कि स्वयं दलित वर्ग का है लेकिन वह मज़दूरों को बात-बात पर, गाली देता है, झिड़कता है, काम से निकालने की धमकी देता है। यहाँ तक कि मज़दूर उसकी गालियों के आदी हो गए हैं। किरपू काली से कहता है–

''वह भी आदत से मजबूर है और हम भी। उसे गालियाँ देने की आदत है, हमें सुनने की...। अब तो यह हालत बन गई है कि अगर किसी दिन वह गाली नहीं देता तो हमें चिंता हो जाती है कि फोरमैन की तबीयत ठीक हो।''

काली इस नर्क से निकल कभी-कभी अपने साथी किशनू के साथ उसके घर जाता है। उसे उसके छोटे भाई कल्लू से बेहद लगाव हो जाता है। काली को किशनू के परिवार में कुछ समय व्यतीत करके सुखद अनुभूति होती है क्योंकि उसका स्वयं का परिवार तो पहले ही उजड़ चुका है। काली जिसने स्वयं गाँव के यातनापूर्ण जीवन को देखा और झेला है, उसी जीवन की दुर्गमता की याद किशनू उसे दिलाता है–

''पहलवान, गाँव में रहकर चौधरियों से पंगा लेना अपनी तबाही को बुलाना है। वे जमीनों-जायदादों के मालिक हैं और हमारे पल्ले मेहनत और गरीबी के सिवा कुछ नहीं है। थाने जाओ तो पुलिस उनकी है। कचहरी जाओ तो जज-मजिस्ट्रेट उनके हैं। कहाँ मुकाबला करेंगे।''

काली कारखाने के नर्क युक्त वातावरण तथा अपने शोषण को काफी दिनों तक बर्दाश्त करता रहा लेकिन एक दिन उसकी अपने शोषण के विरुद्ध आवाज़ उठ ही गई। उसने सेठ रामप्रकाश से अपनी पीड़ा को साहस करके व्यक्त कर ही दिया–

''सेठजी, आप देख ही रहे हैं काम बहुत गंदा है। मुरदार की चमड़ी से जूझना पड़ता है। सारा दिन गंदगी, नमक, चूने और तेजाब के पानी से खेलना पड़ता है। खाज-खुजली समेत सौ बीमारियाँ लगती हैं। लेकिन यहाँ कोई सहूलत नहीं है। पीने के लिए ताजा पानी और नहाने के लिए नल तक नहीं है।''

सेठ रामप्रकाश उनकी समस्याओं को उनके कारखाने के मालिक राधेश्याम से बात करके सुलझाने का आश्वासन देता है और उन्हें दलित जाति के उत्थान के लिए होने वाले जलसे में आने का आमंत्रण देता है।

सेठ रामप्रकाश जो कि दलित जाति से है, जलसे में प्रभावशाली भाषण देता है। वह दलितों से अपनी पहचान स्थापित करने के लिए कहता है और पहचान के लिए रविदास के भव्य मंदिर के निर्माण की घोषणा करता है। वह स्वयं मंदिर के लिए दस हजार रुपए देता है तथा काली के कारखाने का मालिक अपने व्यक्तिगत स्वार्थों के कारण सवर्ण होकर भी मंदिर के लिए पाँच हजार रुपए तथा अन्य सामग्री

देता है। फोरमैन प्रति मज़दूर पाँच रुपए मंदिर के नाम पर दिए जाने की घोषणा करता ह। मज़दूरों में इस घोषणा के खिलाफ विद्रोह है क्योंकि फोरमैन ने उनसे पूछा तक नहीं। काली इस अन्याय के विरुद्ध दलित नेता सेठ रामप्रकाश से बात करने को कहता है तो पोरमैन उसे वास्तविकता का ज्ञान कराता है–

"बिरादरी अलग-अलग होने के बावजूद सेठ बख्शीराम, रामप्रकाश और हमारे मालिक के हित एक हैं। दोनों के चमड़े के कारखाने और दुकानें हैं। तुम्हें सहूलतें दिलाने से पहले रामप्रकाश को अपने तीन कारखानों के कारीगरों का भी ध्यान रखना होगा...। वैसे शौक से कोशिश कर देखो। लेकिन नतीजा भुगतने को तैयार रहना।"

कारखाने में खालों को धोते-धोते काली के हाथ में पां पड़ गई जो कि अत्यंत खतरनाक बीमारी है। काली फोरमैन को अपनी दशा के बारे में बताता है। वह उसकी स्थिति का ध्यान रखते हुए उसे इस कार्य से हटा देता है। जब उसे यह ज्ञान होता है कि काली चार जमात पढ़ा है तो वह कारखाने के मुंशी की अनुपस्थिति में मुंशी का कार्य करने के लिए कह देता है।

काली के साथी अब उससे घृणा करने लगते हैं ये उससे कटे-कटे रहते हैं और अपने शोषण में काली को भी शोषक मानते हैं। उसका मित्र किशनू भी उसे अपने घर पर अपमानित करता है। काली को आत्मग्लानि महसूस होती है कि उसके साथी अब उससे घृणा करते हैं। उसे दुःख होता है कि लोग उसे गलत समझ रहे हैं।

इसी बीच फोरमैन काली से प्रभावित हो उसे लालच देकर उसके साथ अपनी बदसूरत पुत्री भोली का विवाह करना चाहता है। वह अपनी मंशा को प्रकट कर देता है–

"भोली को चेचक ने दागदार बना दिया है। लेकिन वह दिल और स्वभाव की बहुत अच्छी है। उससे शादी कर लो तो तुम्हें बीवी, बाप और मकान मिल जाएगा और मुझे बेटा। तेरा भविष्य बन जाएगा और मेरी जिम्मेदारी निभ जाएगी।"

इसी बीच काली अपने अन्य साथियों के हित के लिए बिरादरी की दुहाई देता है तो फोरमैन उसे वस्तुस्थिति का यथार्थ बताता है कि–

"बिरादरी एक कैसे है ?" तू कारखाने का मुंशी है। वे सब कामे हैं।

वह आगे उसे समझाते हुए कहता है कि–

"बिरादरी कई स्तर पर होती है। सेठ बख्शीराम को ही ले लो। जन्म से तो वह हमारी बिरादरी से हैं। लेकिन कार्य से उसकी और हमारे मालिक लाला राधेश्याम की बिरादरी एक ही है। सेठ बख्शीराम तेरे-मेरे घर में शायद ही आएगा लेकिन सेठों और लालों के घर सबसे पहले पहुँचेगा। समझ गया मेरी बात।"

फोरमैन के प्रस्ताव ने काली के समक्ष अत्यंत गंभीर स्थिति उत्पन्न कर दी। विवाह के प्रस्ताव को वह सहजता से नहीं ले पा रहा था क्योंकि वह ज्ञानो के प्रति समर्पित था। दूसरी तरफ वह अपने आपको एकदम अकेला अनुभव कर रहा था

क्योंकि उसके साथी जिंदर, किशनू, बंसे, भीमा, उसका डटकर विरोध करने लगे थे। काली इन विपरीत परिस्थितियों के प्रभाव में आकर कारखाने को छोड़ देता है। उसकी पहचान खत्म हो जाती है।

इसी बीच काली को उसके गाँव का नंद सिंह मिलता है। वह काली को बताता है कि ज्ञानो को मार दिया गया। काली इस खबर को सुनने के बाद अपनी वेदना को रोक नहीं पाता। उसकी आँखों से आँसू बहने लगते हैं। नंदसिंह उसे समझाता है और उसे अपने साथ अपने अड्डे पर ले जाता है। इस प्रकार इस नरक से परिपूर्ण बीभत्स जीवन की कथा समाप्त होती है।

उपन्यास में काली का चरित्र प्रमुखता से उभरकर आया है। वह शहर पहुँचकर बेरोजगारी की समस्या को झेलता है और परिस्थितियों को समझकर वह आधी मज़दूरी पर काम करने लगता है। वह मेहनती और लगनशील तथा अपने काम के प्रति ईमानदार युवक है। मंडी से काम छूटने के बाद वह पुनः बेरोज़गार हो जाता है। उसे निराशा होती है जोकि मानव मन की स्वाभाविकता है। वह चमड़े के कारखाने में काम करना प्रारंभ कर देता है। वह उस नारकीय वातावरण में निरंतर अपने आप से संघर्ष करता है। इससे उसकी संघर्षशीलता का पता चलता है।

अंततः अपने शोषण के विरुद्ध उसमें आक्रोश उत्पन्न हो जाता है। वह आवेश में आकर फोरमैन से कहता है कि–

"यही कि हमें कुछ सहूलतें मिलनी चाहिए। काम बहुत गंदा है। पां और खाज-खुजली जैसी मोहलक बीमारियाँ लग जाती हैं, जो बाद में बिगड़कर कोढ़ बन सकती हैं। और न सही, जो सरकार ने सहूलतें कानूनी तौर पर मंजूर की हैं वे तो मिलनी ही चाहिए।"

काली जैसा पात्र मानवीय संवेदना से परिपूर्ण है। किशनू के घर जाकर उसे सुखद अनुभूति होती है और किशनू के छोटे भाई कल्लू के प्रति उसे अगाध स्नेह हो जाता है।

काली जैसे मज़दूर व्यक्ति के हृदय में श्रमिकों तथा अपने जैसे अभावग्रस्त लोगों के लिए कुछ करने की चाह है। वह कल्लू से कहता है कि–

"बरखुरदार, हिम्मत न हारना। हौसला रखना। तकदीर बुरी न हो तो काम औखे-सौखे बन ही जाता है। मैं भी कोशिश करूँगा। कहीं नाखून फँस गया तो तुम्हारी ज़रूर मदद करूँगा।"

उपन्यास में कथा में एकसूत्रता कायम रहती है। कथा का विकास स्वाभाविक ढंग से हुआ है। कथा के साथ-साथ समस्याएँ स्वतः उत्पन्न होती गई हैं। उन्हें कथा पर आरोपित नहीं किया गया जो कि उपन्यास के मज़बूत आधार का परिणाम है।

उपन्यास में संवादों से कथा का प्रवाह अवरुद्ध नहीं हुआ बल्कि संवादों के माध्यम से दलितों के जीवन की व्यथा अधिक तीव्र होकर उभरी है–

''चाचा, जब मैं कारखाने में भर्ती हुआ था तो देह बहुत तगड़ी थी। सब दबते थे तेरे से।''

''भाई सब कुछ था। तंदुरुस्ती थी। जवानी थी। कमाई भी थी। तब सब कुछ ठीक था। लेकिन हाथों की पां और खुजली ने सब कुछ बिगाड़ दिया है। पेड़ के तने सा भरा शरीर सूखकर काँटा हो गया है।''

भाषा के स्तर पर 'नरककुंड में बास' में आंचलिकता का पुट देखने को मिलता है। जोकि स्वाभाविकता से परे नहीं है। भाषा सैकड़ों मजदूरों, दलितों और पीड़ितों की अभिव्यक्ति में सफल है। इसके साथ-साथ भाषा सेठों, व्यापारियों, कारिंदों की अभिव्यक्ति में भी सहायक ही सिद्ध हुई है। भाषा पर पंजाब की मिट्टी की सौंध है। ये निःसंदेह प्रभावशाली ही सिद्ध हुआ है। शहरी जीवन में बोली जाने वाली भाषा पात्रानुकूल व्यक्त हुई है। भाषा की सजीवता निम्न कथन में व्यक्त हुई है–

''शहर में हर परदेसी को चोर उचक्का समझा जाता है। काम उसी को मिलता है जिसका कोई अपना सरनामा हो, कोई अता-पता हो, कोई बाली-वारिस हो। वहाँ तो गली के बाहर के कुत्ते को भी टुक्कड़ नहीं डालते, परदेसी को घर में काम करने के लिए कैसे घुसने देंगे।''

जगदीशचंद्र के उपन्यास 'नरककुंड में बास' में दलितों और मज़दूरों की अनेक समस्याएँ अपने यथार्थ रूप में उभरकर आयी हैं। शहरों में रोज़गार की तलाश में आने वाले व्यक्तियों को निराशा ही हाथ लगती है। इस बेरोज़गारी और मजबूरी का लाभ पूँजीपति वर्ग अधिक से अधिक उठाता है। शहर में इसी बेरोज़गारी के कारण उन्हें पशु की जगह काम करना पड़ता है जो निःसंदेह मानव जीवन के लिए, हमारी व्यवस्था के लिए घातक है।

कारखानों में तो मज़दूरों की स्थिति और अधिक बदतर है। इन कारखानों में सड़ी-गली पशुओं की खाल को उन्हें हाथों से रगड़-रगड़ के धोना पड़ता है जिससे वे अक्सर घातक बीमारियों का शिकार हो जाते हैं जो उन्हें सीधे मौत के मुँह में ले जाती हैं। ये उनकी विवशता है जो उन्हें इस बीभत्स वातावरण में कार्य करने के लिए मजबूर करती है।

पूँजीपति वर्ग अपने व्यक्तिगत स्वार्थों के लिए इस दलित-पीड़ित श्रमिक वर्ग का उपयोग करते हैं। यह श्रमिक वर्ग जो कि तमाम समस्याओं से ग्रस्त है अपने अधिकारों को नहीं माँग सकता क्योंकि या तो उसके अधिकार पूँजीपतियों के पास गिरवी हैं या विपरीत परिस्थितियों के शिकार। इससे छुटकारे का कोई उपाय नहीं है। आवश्यकता है मुक्ति और पहचान के लिए छटपटाहट और गहरी इच्छी शक्ति की। यही इच्छा शक्ति चेतना का पुंज बनकर नया मार्ग प्रशस्त करेगी।

धर्म, संस्कृति और राजनीति के द्वंद्वात्मक संबंधों की संघर्ष गाथा

पिछले कुछ दिनों से भारतीय संस्कृति की बहुत चर्चा हो रही है। उसकी श्रेष्ठता एवं महानता के अश्व पर सवार होकर संघ परिवार दिग्विजय पर निकला है। लेकिन कभी इस संस्कृति की परिभाषा नहीं की जाती; अंधों के हाथी की तरह, जो उसे टुकड़ों में देखते हैं, संपूर्णता में नहीं। जिसे भारतीय संस्कृति बताया जा रहा है, मूलतः आभिजात्य वर्ग की संस्कृति है। वर्णव्यवस्था, जाति श्रेष्ठता, वर्चस्व और अवतारवाद इस संस्कृति के मूलाधार हैं। उसके समानांतर एक जन संस्कृति रही है।

जब शंकराचार्य ने इस वर्चस्ववादी संस्कृति का पुनरुत्थान किया और उसकी श्रेष्ठता सिद्ध की, तब उसके विरोध में सिद्धों ने जनता की संस्कृति का एक माडल प्रस्तुत किया। उन्होंने वर्णव्यवस्था और देवत्ववादी संस्कृति के स्थान पर साधारण जन की संस्कृति और उसके जीवन को महत्त्व दिया। उन्होंने जाति और वर्ण की श्रेष्ठता पर तीखे व्यंग्य किए। ब्राह्मणों के मुक्ति और मोक्ष के सिद्धांत को निरर्थक बताया। यज्ञ, तीर्थ, पंडे, पुजारी और पुरोहितों को भ्रमित करने वाले समुदाय के रूप में चित्रित किया। 84 सिद्धों में बहुमत दलितों, पिछड़ों और शिल्पी वर्ग का है। इस संस्कृति का एक नया आयाम नारी समानता का भी है। चार महिलाएँ सिद्धों में गुरु के रूप में मान्य हैं। यह परंपरा कबीर और अन्य संतों में अपने शिखर पर दिखाई देती है। शताब्दी के अंत में यह परिवर्तनकारी जनता की संस्कृति कमलेश्वर के महाकाव्यात्मक उपन्यास 'कितने पाकिस्तान' में एक साथ तमाम रंगों, खुशबुओं और विविधता के साथ साक्षात्कार करती है। यह उपन्यास कई नदियों का संगम है।

उपन्यास में भारतीय संस्कृति ही नहीं, विश्व की तमाम प्राचीन संस्कृतियों की कलात्मक व्याख्या और मूल्यांकन है। चाहे वह सुमेरी सभ्यता हो, बेबीलोनिया हो, यूनान की सभ्यता हो, मिस्र हो अथवा सिंधु घाटी की सभ्यता। यह सभ्यताएँ कभी इकहरी नहीं रहीं। इनमें निरंतर संघर्ष और द्वंद्व रहा है।

"मैंने इन देवताओं की जीवन शैली को देखा है। यह लोग स्त्री के प्रति तत्काल आसक्त हो जाते हैं। इनकी वासना जाग पड़ती है और यह अपनी साधना और लक्ष्य को भूल जाते हैं। सप्त सिंधु की आर्य सभ्यता भी अपने देवताओं को वश में रखने के लिए अप्सराओं का उपयोग करती है।" (कितने पाकिस्तान, पृ. 27)

इस आभिजात्य संस्कृति में आत्म विश्लेषण की पद्धति नहीं है। जिस संस्कृति में आलोचनात्मक पद्धति न हो, वह नए विचार और नई सभ्यता का सृजन नहीं कर सकती। सामंती संस्कृति वैदिक संस्कृति का ही विकसित रूप है। उसने अपनी वैदिक ऊर्जा और विचार छोड़ दिए हैं, केवल एक काल्पनिक नैतिकता एवं भाववादी दार्शनिक संसार का सृजन कर लिया है। यह वास्तविक समस्याओं से संघर्ष करने में कतराती है और आत्मालोचन से डरती है। 'कितने पाकिस्तान' की पूरी कथा का तानाबाना अदीब और उसके अर्दली महमूद के इर्दगिर्द बुना गया है। जहाँ कथा का सूत्र टूटता है, वहीं अदीब अथवा महमूद कथा के सूत्र जोड़ कर उपन्यास की कथा को फिर पटरी पर ले आते हैं। कई स्थानों पर ऐसा लगता है कि कथा सूत्र लेखक के हाथ से छूट कर स्वतंत्र हो गए हैं। लेकिन धैर्य के साथ उपन्यास को पढ़ें तो सारे बिखरे हुए सूत्र एक-दूसरे से जुड़ जाते हैं। जगह-जगह अदीब की अदालतें लगती हैं। महमूद के पूछने पर कि यह अदालत क्यों? आप कोई न्यायाधीश नहीं हैं जो इतिहास के अभियुक्तों पर मुकदमा चलाएँ, उपन्यासकार अदीब को इतिहास का सबसे बड़ा न्यायाधीश मानता है। अदीब के माध्यम से कमलेश्वर ने स्पष्ट किया है–"मत भूलो महमूद, किसी भी दौर के अत्याचारों, अनाचारों के खिलाफ खड़ा होने वाला कोई न कोई अदीब हमेशा एक नैतिक अदालत बनकर मौजूद रहता है।" (पृ. 20)

वैदिक काल में नारी पुरुष की संपत्ति बन गयी थी। ऋषि गौतम और अहिल्या के प्रसंग को इस संदर्भ में देखा जा सकता है। स्त्री और शूद्रों को दलितों की श्रेणी में डाल दिया गया। इस ब्राह्मणवादी संस्कृति ने अपने श्रमजीवियों को शूद्र बनाया और श्रम के महत्त्व को इतिहास में हाशिये पर डाल दिया। इनके पास मित्रता का मूल्य नहीं था। प्रेम के स्थान पर वासना थी। वे मनुष्य के स्थान पर देवताओं का निर्माण करते रहे और मनुष्य बिना प्रेम और मित्रता के अधूरा है। जब तक मनुष्यता का निर्माण नहीं होगा, किसी सुदृढ़ और मानवीय सभ्यता और संस्कृति का निर्माण नहीं हो सकता। वैयक्तिक श्रेष्ठता किसी नए समाज का निर्माण नहीं करती। जो संस्कृति नारी को मित्र न मान कर भोग्या माने, वो इतिहास में किसी अच्छी परंपरा और संस्कारों का निर्माण नहीं कर सकती। (कितने पाकिस्तान, पृ. 30)

जिस सभ्यता और संस्कृति के पास मित्रता की गरमाहट और प्रेम की मर्यादा न हो, उसका विकास संभव नहीं है। घृणा और ईर्ष्या के आधार पर कोई नवनिर्माण नहीं किया जा सकता, केवल मनुष्य, समाज और देशों को बाँटा जा सकता है। धर्म और संस्कृति का घालमेल भी अनेक त्रासदियों को जन्म देता है। धर्म व्यक्तिगत

होता है, संस्कृति सामूहिक होती है। वह धर्म और संप्रदाय से ऊपर मनुष्यता के सूत्र जोड़ने वाली शक्ति है। संस्कृति निरंतर परिवर्तनशील और विकासमान होती है जब यह इन दोनों गुणों से वंचित हो जाती है तब वह जड़ और रूढ़ि बन जाती है। बहुत से लोग जड़ संस्कृति को गले में तावीज़ बना कर पहन रखे हैं और इस पर गर्व भी कर रहे हैं। पाकिस्तान का निर्माण भी धर्म का राजनीति में प्रयोग, संस्कृति की गलत व्याख्या, सद्भाव और प्रेम के मूल्यों का ह्रास तथा आपसी अविश्वास के कारण हुआ। संस्कृति और धर्म का सत्ता प्राप्त करने में दुरुपयोग करने से अनेक त्रासदियों का जन्म हुआ है। देश का विभाजन इसी गलत विचारधारा का परिणाम था। कमलेश्वर के इस उपन्यास में बराबर यह गूँज सुनाई देती है कि धर्म और संस्कृति का दुरुपयोग कई विभाजन और करेगा। यदि मानव विरोधी प्रवृत्तियों को न रोका गया तो कई और पाकिस्तान बनेंगे, हिंदुस्तान में ही नहीं दूसरे उन देशों में भी जहाँ बहुधर्मी लोग रहते हैं। भाईचारा, सद्भाव, साथ जीने की इच्छा-शक्ति ही लोगों को एक रखती आयी है।

हर फासिस्ट व्यवस्था संस्कृति और इतिहास के लौह दंड से अपने विरोधियों का दमन करती है। इतिहास उनके लिए पुराण बन जाता है, लिखित परंपरा, तथ्य और उनके विश्लेषण में इनकी कोई रुचि नहीं होती। वे इतिहास को श्रुति शब्दावली में ढाल कर बहुत रोचक ढंग से प्रस्तुत करते हैं। काल्पनिक नायकों की झूठी शौर्य गाथाएँ इतनी बार दोहराते हैं कि वे सच मान ली जाती हैं। वैदिक काल से अब तक इतिहास के साथ यही खिलवाड़ चल रहा है। महाकाव्यों की नायक और खलनायक वाली परंपरा इतिहास में भी दोहरायी जा रही है। हमारे रचनात्मक साहित्य में इसका विरोध तो मिलता है परंतु वह विरोध पाठक को बहुत दूर तक अपने साथ ले जा सकने में समर्थ नहीं होता क्योंकि उनके पीछे गहरे तथ्य और तर्क नहीं होते।

कमलेश्वर ने सांप्रदायिक शक्तियों द्वारा इतिहास का दुरुपयोग करने की प्रवृत्ति का तर्कसंगत एवं तथ्यात्मक उतर दिया है। इतिहास की इस बहस को 'कितने पाकिस्तान' में बहुत रोचक एवं कलात्मक ढंग से प्रस्तुत किया है। अर्दली महमूद और अदीब इतिहास के उस समय के साहित्यकारों और इतिहासकारों से अपने समय के सच को कहलवाते हैं।

"अदीब की अदालत मनुष्य की शाश्वत अदालत है। कानून के नाम पर धर्म का व्यापार करने वालों के पास इतना साहस नहीं है कि वे अदालत में हाजिर हो सकें।" (पृ. 47)

अदीब की अदालत का यह निर्णय तर्क संगत लगता है कि भारत विभाजन के लिए ब्रिटिश साम्राज्यवाद 50 प्रतिशत ही जिम्मेदार है। 30 प्रतिशत मुस्लिम लीग और मुहम्मद अली जिन्ना, 20 प्रतिशत हिंदू सांप्रदायिक शक्तियों और कांग्रेस की जिम्मेदारी आती है। सिद्धांत जब सत्ता और स्वार्थ की बलिवेदी पर कुर्बान हो जाते

हैं तो मानव मूल्य और राष्ट्र आँखों से ओझल हो जाते हैं। ऐसा ही कुछ जून 1947 में हुआ। माउंटबेटन की बिछायी हुई बिसात के सबसे बड़े मोहरे जिन्ना थे। सरदार पटेल, नेहरू और आचार्य कृपलानी उसी शतरंज के खेल में शामिल थे। माउंटबेटन से जिन्ना एक सप्ताह का समय माँगते हैं, सोचने के लिए, लेकिन ब्रिटिश साम्राज्य का यह पाया जिन्ना से कहता है कि, "इतना वक्त बरबाद नहीं किया जा सकता।"

"लगता है आप हमसे ज्यादा जल्दी में हैं।" जिन्ना ने उत्तर दिया।

"मिस्टर जिन्ना आप पाकिस्तान माँग रहे थे। दुनिया जानती है कि पाकिस्तान कभी नहीं बन सकता...लेकिन ब्रिटिश सरकार तश्तरी में रख कर आपको पेश कर रही है। अब आप हिचक क्यों रहे हैं। जिन्ना साहब खामोश रहे कुछ बोले नहीं।" (पृ. 55)

इस उपन्यास की सबसे बड़ी विशेषता यह है कि इसके चरित्र पूर्णतः ऐतिहासिक एवं सामाजिक परिवेश से जुड़े हुए हैं। उनमें मानवीय कमजोरियाँ हैं, परिस्थितियों का सही मूल्यांकन और मुकाबला नहीं कर पाते, लेकिन वे खलनायक नहीं हैं। जिन्ना भारतीय जनमानस में एक खलनायक के रूप में परिचित हैं। कमलेश्वर ऐसा नहीं मानते। जिन्ना की नसों में खालिस हिंदुस्तानी खून था। उसके अहंकार, ईर्ष्या और शिखर पर रहने की चाह ने उसे ब्रिटिश साम्राज्यवाद का मोहरा बना दिया।

'कितने पाकिस्तान' में पाँच हजार वर्ष की समय सीमा है। इसमें सभ्यता, संस्कृति, युद्ध, प्रेम, सभ्यताओं का उत्थान-पतन आदि सब कुछ कहानी का कलात्मक हिस्सा है। शिल्प की दृष्टि से इस उपन्यास की सबसे बड़ी विशेषता है कि अतीत, वर्तमान और भविष्य तीनों से पाठक साथ-साथ साक्षात्कार करता है। सच कहा जाए तो यह कहानी अतीत की कम, वर्तमान की अधिक है। यह वर्तमान हमें बराबर भविष्य की ओर इंगित करता रहता है। पूरा उपन्यास इतिहास से सबक लेने का आग्रह करता दिखाई देता है। किसी राष्ट्र के शासक जब छोटे प्रश्नों से उलझ जाते हैं तो अपने साथ देश और समाज को भी गर्त में धकेल देते हैं। आज के संदर्भ में यह बात कितनी सार्थक और सही है। संकीर्ण राजनीति और छोटे सवाल हमारी राष्ट्रीय त्रासदी का प्रमुख कारण हैं। (पृ. 14)

'कितने पाकिस्तान' में दाराशिकोह और औरंगजेब के सत्ता संघर्ष की कहानी विस्तार से कही गयी है। औरंगजेब की कूटनीतिक चालें, सत्ता के लिए धर्म, मुल्ला और मौलवियों के उपयोग का बहुत यथार्थपरक चित्रण है। कमलेश्वर ने ऐतिहासिक प्रमाणों के आधार पर यह स्पष्ट किया है कि दाराशिकोह जैसे धर्मनिरपेक्ष, हिंदू-मुसलमानों को समानता की दृष्टि से देखने वाले शाहजहाँ के उत्तराधिकारी को औरंगजेब ने नहीं, बल्कि जोधपुर के महाराजा जसवंत सिंह और जयपुर के महाराजा की स्वार्थ लिप्सा ने हराया था। अपने मनसब और जागीरों की खातिर इन दोनों राजपूत राजाओं ने दाराशिकोह के साथ विश्वासघात किया था। इसी प्रकार जब मैसूर के नवाब हैदर

अली और उनका पुत्र टीपू सुल्तान अंग्रेजों की कूटनीति को असफल कर रहे थे और उन्हें देश से निकालने का प्रयास कर रहे थे, इन दोनों दूरदर्शी शासकों को न हिंदुत्व के रखवाले मराठे मदद दे रहे थे, न इस्लाम के ध्वजवाहक निजाम हैदराबाद। दोनों ही विदेशी व्यापारियों का साथ दे रहे थे। सच कहें तो टीपू सुल्तान को अंग्रेजों ने नहीं, मराठा सरदारों और निजाम हैदराबाद ने हरवाया।

यह उपन्यास आज के संदर्भ में एक चेतावनी है, कि जब कोई शासक वर्ग निजी सुख और सत्ता की लालसा में सब कुछ भूल जाता है तो देश के दुर्दिन शुरू हो जाते हैं। आज की परिस्थितियों की ईस्ट इंडिया कंपनी से तुलना करें तो बहुत-सी चीजें स्पष्ट हो जाती हैं। व्यक्तिगत महत्वाकांक्षाओं और भ्रष्टाचार में डूबे हमारे शासक मीर जाफर से कम नहीं हैं। वे जिस रूप में आज बड़ी विदेशी व्यापारिक कंपनियों को छूट दे रहे हैं, यदि यही नीति जारी रही, तो वह दिन दूर नहीं जब भारत आर्थिक और राजनीतिक परतंत्रता के जाल में फँस जाएगा। अमरीकी व्यापारिक कंपनियाँ अपना अर्थशास्त्र ही नहीं, संस्कृति भी ला रही हैं। 18 वीं शताब्दी में यही सब कुछ हुआ था। ''बंगाल में पैर जमाने के साथ-साथ अंग्रेजों ने माल गोदामों के नाम पर किले बना लिए। मालगोदामों की चौकीदारी के नाम पर फौजें खड़ी कर लीं।'' (पृ. 288)

आज युद्ध की बड़ी चर्चा है। पिछले साल कारगिल युद्ध लड़ कर कृत्रिम देशभक्ति का नाटक करके राजनीतिक लाभ उठाया गया। यही हाल पाकिस्तान का है। युद्ध से तबाही होती है, दोनों देशों की जनता की मैत्री समाप्त हो जाती है। युद्ध का उन्माद मानव के प्राकृतिक गुणों को नष्ट कर देता है। पूरे उपन्यास में युद्ध के विरुद्ध उद्घोष है। कमलेश्वर ने इस उपन्यास में महाभारत के युद्ध की विस्तार से चर्चा की है। लेखक प्रश्न करता है कि कौन जीता ? कौरव अथवा पांडव ? केवल पाँच पांडव और एक कृष्ण जीवित बचे और पांडवों को द्रौपदी के साथ हिमालय में गलना पड़ा। युद्ध का कोई सार्थक परिणाम नहीं निकला। व्यवहार में दोनों ही पराजित हुए। युद्ध से जनहानि होती है, प्रकृति का ध्वंस होता है; सामाजिक, नैतिक मूल्य ध्वस्त हो जाते हैं। युद्ध भी कई प्रकार के होते हैं। सबसे भयानक शीत युद्ध होते हैं जो पूरी आर्थिक व्यवस्था की रीढ़ पर सीधा प्रहार करते हैं। पिछले कुछ वर्षों से हिंदुस्तान-पाकिस्तान के बीच यही हो रहा है। इस घृणा और अविश्वास का कोई अंत दिखाई नहीं देता। यह उपन्यास इस जहरीले वातावरण के विरुद्ध कलात्मक हस्तक्षेप करने का प्रयास करता है। ये जहरीली हवाएँ रुक नहीं रहीं, ये सोमनाथ से चली थीं बाबरी मस्जिद को ध्वस्त किया। फिर चक्रवात बनकर यह अयोध्या महाराष्ट्र, उत्तर प्रदेश, कनार्टक, आंध्र होती हुई सन् 1998 में पोखरण पहुँच गया, यही पोखरण से चलकर बलूचिस्तान के चगाई पहाड़ों में विध्वंस मचा रही हैं। (पृ. 357)

कुछ पेशेवर आलोचकों और कलावादियों को यह उपन्यास अच्छा नहीं लगेगा। वे साहित्य में 'स्पष्ट विचारों' को देखने-परखने के आदी नहीं हैं। उनकी स्थिति उस भावुक भक्त की तरह है जो हर मूर्ति को प्रणाम करते हुए चलता है। किसी से बिगाड़ अच्छा नहीं है। इसके शिल्प पर कुछ लोग नाक-मुँह सिकोड़ सकते हैं परंतु शिल्प एवं भाषा, संवेदना और विचार तय करते हैं, इस उपन्यास में दोनों सघन एवं स्पष्ट रूप में मिलते हैं।

रचना और आलोचना की द्वंद्वात्मकता और आज के सवाल

हिंदी आलोचना आज विवाद के घेरे में है। रचनाकार आलोचक के बीच इतनी खाई इससे पहले कभी नहीं हुई। दोनों एक-दूसरे से असंतुष्ट हैं, और सार्वजनिक रूप से रचनाकार आपना आक्रोश व्यक्त कर रहे हैं, उन्हें शिकायत है कि आलोचक अच्छी रचनाओं की ओर ध्यान नहीं दे रहे हैं। वे गुटबाजी में लिप्त हैं और अपने गुट के रचनाकारों को ही महत्त्व दे रहे हैं। बुरी रचनाओं को प्रमुखता देने से अच्छी रचनाएँ हाशिए पर आ गई हैं। इस षड्यंत्र में कुछ संपादक भी शामिल हैं। प्रायोजित आलोचनाएँ और लेख लिखवा रहे हैं। रचनाओं का संपूर्ण सामाजिक संदर्भों में मूल्यांकन नहीं हो पा रहा है। मूल्यांकन पद्धति तर्कसंगत और समाजनिष्ठ न होकर भाववादी है और उस पर क्रांतिकारिता के आवरण में कलावाद का मुलम्मा अधिक है। कथा साहित्य के संदर्भ में यह आक्रोश अधिक मुखर है। कुछ गंभीर कथाकारों का यह आरोप है कि कविता की आलोचना की जो पद्धति और कसौटी है, उसी कसौटी पर कथा साहित्य की पहचान और परख पिछले पचास साल से हो रही है। यह आरोप डॉ. नामवर सिंह पर विशेष रूप से लगाया जा रहा है। इस आरोप में काफी सच्चाइयाँ हैं। डॉ. नामवर सिंह की प्रतिभा और ईमानदारी पर संदेह नहीं किया जा सकता है। वे मूलतः कविता के आलोचक हैं। कविता की कसौटी आधार पर ही वे कथा साहित्य की आलोचना करते हैं इससे गलत निष्कर्ष ही निकल सकते हैं। डॉ. नामवर सिंह को वे लेखक अधिक प्रिय रहे हैं जिनके गद्य में कविता के गुणों की अधिकता है, इसी कारण बहुत दिनों तक निर्मल वर्मा जैसे अयथार्थवादी कथाकार उन्हें पसंद रहे। उषा प्रियंवदा की कहानियों में भी कविता और रोमानियत थी। इस कारण कृष्णा सोबती और मन्नू भंडारी जैसी यथार्थ के धरातल से जुड़ी लेखिकाओं को वह महत्त्व नहीं मिला जिसकी वह अधिकारिणी थीं। नामवर जी ने कथा साहित्य के क्षेत्र में जिन रचनाकारों को महत्त्व दिया उनमें मनोहर श्याम जोशी और विनोद कुमार शुक्ल उल्लेखनीय हैं इनका गद्य भी कविताओं के अधिक समीप है लेकिन उनकी रचनाएँ

समाज निरपेक्ष और रोमांटिक हैं।

कथा साहित्य नई औद्योगिक व्यवस्था की देन है वह मानव जीवन का महाकाव्य भी है। उपन्यास जटिल जीवन की सार्थक अभिव्यक्ति करने में पूर्णतः सक्षम है तथा मनुष्य के आंतरिक और बाह्य जीवन का चित्रण करने में समर्थ है। साहित्य की कोई अन्य विधा ऐसा कर पाने में इतनी समर्थ नहीं, जितना उपन्यास। पूँजीवादी समाज का यथार्थ अत्यंत जटिल और निरंतर परिवर्तनीय है। इस व्यवस्था में जन संघर्ष कथा साहित्य मूलतः हाशिये के लोगों को महत्त्व देता है। जिन भद्र और कुलीन लोगों ने किसानों, मजदूरों, दलितों, स्त्रियों और शिल्पी वर्ग को कभी साहित्य कला का अंग नहीं बनने दिया। उपन्यास ने पहली बार उन्हें नायकत्व प्रदान किया।

इस मूलभूत परिवर्तन को कविता के आलोचक समझने में असमर्थ हैं, इसलिए इन आलोचकों के नियम पर शक करने की अपेक्षा, इनकी समझ समाज के व्यापक अध्ययन की कमी और इनकी पुरातन कसौटियों पर प्रश्नचिह्न लगाने की आज आवश्यकता है। दुर्भाग्य से हमारे यहाँ आलोचना भी व्यक्ति विशेष पर केंद्रित हो गई है। आज इसके केंद्र में नामवर सिंह, राजेंद्र यादव आदि हैं, पहले नंददुलारे वाजपेयी, रामविलास शर्मा, शिवदान सिंह चौहान, नगेंद्र आदि थे। हम यह भूल गए हैं कि समाज तथा इतिहास में व्यक्ति विशेष की भूमिका सीमित होती है असल में समाज को समझने और विश्लेषण करने का दृष्टिकोण अधिक महत्त्वपूर्ण है। आज काव्यशास्त्र और छंदशास्त्र की कसौटी पर कविता की भी परख की जाय तो कुछ भी हाथ नहीं लगेगा। आज जब काव्य की विषयवस्तु मुहावरा और भाषा ही बदल गई है, तो कसौटी के परिवर्तन की भी आवश्यकता है। पुरानी कसौटी से नए साहित्य का निष्पक्ष और विवेक सम्मत मूल्यांकन असंभव है। निराला और मुक्तिबोध के काव्य का मूल्यांकन करने में आलोचक इसी कारण असमर्थ रहे हैं कि वे दोनों कवियों की क्रांतिकारी, विषयवस्तु, भाषा और संवेदना की गहराई को समझने में असफल रहे हैं यह दुखद है कि आलोचक अपनी सीमाएँ नहीं पहचानते हैं और लेखक को वे आत्मविश्लेषण की सलाह देते हैं किंतु स्वयं का आत्मविश्लेषण करने का किंचित् प्रयास नहीं करते।

इस तथ्य को भी स्वीकार करने में हमें हिचक नहीं होनी चाहिए कि रचनात्मक साहित्य की अपेक्षा आलोचना को सहृदय पाठक वर्ग ने प्रथम श्रेणी में कभी स्थान नहीं दिया। व्याकरणाचार्यों की तरह आलोचक भी भाषा और रचनात्मक साहित्य के पीछे चलने वाले हैं। उन्हें कभी मशाल दिखाने वाले रचनाकार की हैसियत और सम्मान नहीं मिला इस तथ्य से भी लेखकों को संतोष मिलेगा कि आलोचकों ने बड़े रचनाकारों का अपने समय में कभी सही मूल्यांकन नहीं किया। चाहे प्रेमचंद हों, यशपाल का कथासाहित्य हो, या निराला का काव्य संसार। मुक्तिबोध के साथ जीवन भर ये सब होता रहा। इन युगद्रष्टा साहित्यकारों के निहितार्थ और आंतरिक रचना

संसार का मूल्यांकन नहीं कर सके।

असल में बड़ा रचनाकार अपने समय से आगे भी देखता है इसके साथ उन मूल्यों व मान्यताओं पर भी निर्मम प्रहार करता है जो हमारे बुद्धिजीवी वर्ग के संस्कारों पर हावी रहते हैं। प्रेमचंद जब ब्राह्मणवादी संस्थाओं की आलोचना करते थे जिनकी समाज के विकास में भूमिका अब समाप्त हो चुकी थी। तब हमारे संस्कारी आलोचक इस महत्त्व को समझने में असमर्थ थे कि इतिहास में एक समय सार्थक भूमिका निभाने वाली परंपराएँ रूढ़ियाँ बनकर समाज के विकास में बाधक भी बन जाती हैं। हमारे बड़े रचनाकार इतिहास और समाज की द्वंदात्मकता को समझते रहे हैं और अपने रचना संसार में जटिल यथार्थ की अभिव्यक्ति करते रहे हैं।

आलोचना की भाषा की जटिलता के पीछे भी यही गणित है। यह आम धारणा है कि आलोचना सरल और सहज भाषा में नहीं लिखी जा सकती। इस जटिल और गूढ़ भाषा के कारण आलोचना पाठक वर्ग से दूर हो गई। हमारे अधिकांश आलोचकों ने अपने अध्ययन और समझ की सीमाओं का विस्तार और अतिक्रमण नहीं किया है। भाषा और विचारों की जटिलता से अपने सीमित संसार को विस्तार देना नहीं चाहा और इस कार्य में आलोचना और आलोचक दोनों ही असफल रहे। आलोचना भी रचनात्मक और साधारण पाठकों के लिए पठनीय हो सकती है। हिंदी साहित्य में कुछ अपवादों को छोड़कर यह दिवास्वप्न ही रहा कि जिन आलोचकों ने प्रयास भी किए तो उन्हें आलोचना के क्षेत्र से धकियाकर बाहर कर दिया।

काशीनाथ सिंह की एक भूली-बिसरी पुस्तक है—'आलोचना भी रचना है'। इस पुस्तक की चर्चा कहीं भी नहीं होती। काशीनाथ को कोई हिंदी लेखक आलोचक मानने को तैयार ही नहीं है। हमारी साहित्य के समझने की यांत्रिक समझ और परंपरावादी रूढ़ि दृष्टि सीमित संसार में कैद रहकर सुख पाती है। काशीनाथ केवल कहानीकार और संस्मरण लेखक हैं और कुछ नहीं, लेकिन इनकी यह पुस्तक पढ़कर हम आलोचक काशीनाथ से भी परिचित होते हैं। काशीनाथ की आलोचना पद्धति तर्कसंगत और निष्पक्ष है। हमारी कथा आलोचना में जो उलटवासियाँ हैं काशीनाथ उससे मुक्त हैं। काशी में सच कहने का साहस है। मित्र हो या शत्रु काशी व्यक्ति विशेष को महत्त्व न देकर रचना पर ध्यान देते हैं। उन्हें लोग धूमिल के अभिन्न मित्र और सहयोगी के रूप में जानते हैं लेकिन धूमिल का जब मूल्यांकन करते हैं तो तब उनकी शब्द सामर्थ्य और सीमाएँ तीनों को खोलकर पाठक सम्मुख रख देते हैं। वे अपने अभिन्न मित्र और साथी की कमजोरियों का भी उद्‌घाटन करने से भी नहीं चूकते हैं। धूमिल के अंतर्विरोधों को स्पष्ट करते हुए काशीनाथ लिखते हैं—

"कभी-कभी तो दोस्तों—जो भी एकाध रह गए थे—उसकी ऐसी हरकतें दुविधा और परेशानी में डाल देती। सुबह जिन बातों के लिए वह लड़ चुका होता, शाम को उन्हीं बातों के खिलाफ हो जाता। सुबह जिस रचना की वकालत कर चुका होता।

शाम होते-होते वही रचना उसे दो कौड़ी की लगने लगती। (उसकी इस अस्थिरता ने बाद में चलकर बहुत से लोगों के सामने उसकी 'इमेज' धुँधली कर दी थी।) वह कब क्या कहेगा किसी के लिए भी निश्चयपूर्वक कुछ कहना मुश्किल हो गया था।''

यह धूमिल का संस्कारगत स्वभाव रहा हो या विधिवत शिक्षा के अभाव का परिणाम या अकाल सम्मान की स्वीकृति—कि जो 'व्यक्तिवाद' मार्क्सवाद के प्रभाव के कारण दब गया था, धीरे-धीरे उभरने लगा। उसमें 'आत्मरति', इस हद तक बढ़ने लगी कि उसके पास अपनी कविताओं के सिवा बात करने के लिए कुछ भी नहीं रह गया था। उसे खुद के सिवा सब गलत दिखाई पड़ने लगे और अपनी कविताओं के सिवा सारी कविताएँ घटिया लगने लगीं। (विपक्ष का कवि : धूमिल)।

धूमिल छोटे और बड़े संसार के बीच तालमेल बिठाने में अमसर्थ रहे, उनमें एक तरह की अराजकता थी। उनके अंतर्मन में यह विचार घर कर गया था, कि वह पत्रिका व्यर्थ है, जिसमें धूमिल की कविता न हो, वह लेख बेकार है, जिसमें धूमिल की कविता का उल्लेख न हो। यह आत्मरति धूमिल को अहम् की ओर धकेल रही थी। वह अपने काव्य का मूल्यांकन अपनी कसौटी के माध्यम से करना चाहता था। (विपक्ष का कवि : धूमिल, पृष्ठ 71) काशीनाथ के अनुसार धूमिल को यह गलत-फहमी थी कि 'संसद से सड़क तक', 'अनामिका' और 'चाँद का मुँह टेढ़ा है', से बड़ी घटना सिद्ध होगी, लेकिन जब आलोचकों ने 'अनामिका' और 'चाँद का मुँह टेढ़ा है' से बड़ी घटना नहीं माना, तो वह बहुत व्यथित हुआ, और अपनी रचना पर स्वयं ही लिखने की योजना बनाने लगा। बड़ी मुश्किल से काशीनाथ ने ऐसा करने से रोका। धूमिल बहुत-सी योजनाएँ बनाते थे, और उस पर काम भी करते थे, लेकिन बीच में पहली योजना अधर में छूट जाती थी और धूमिल विपरीत दिशा में नाव खेने लगते थे। धूमिल कविता करता ही नहीं, बनाता भी था। कविता के कुछ सूत्र उसके पास थे, तो कुछ समस्याएँ थीं। समस्या पूर्ति करने वाले कवि की तरह धूमिल दिमाग में आए जुमलों को कविता बना देता था। कविता का सचेत पाठक 'संसद से सड़क तक' में लगभग सभी कविताओं पर उँगली रख सकता है। अधिकतर यह पंक्तियाँ कविता के अंत में हैं। अपनी बात के समर्थन में काशीनाथ कई उदाहरण देते हैं—

अब उसे मालूम है कि कविता
घेराव में
किसी बौखलाये हुए आदमी का
संक्षिप्त एकालाप है (कविता)
आजादी सिर्फ तीन थके हुए रंगों का नाम है
जिन्हें एक पहिया ढोता है (बीस साल बाद)
एकता युद्ध की और दया

अकाल की पूँजी है (अकाल दर्शन)

... वह सुरक्षित नहीं है
जिसका नाम हत्यारों की सूची में नहीं है
(हत्यारी संभावनाओं के नीचे)

कहीं-कहीं ऐसी सूक्तियाँ कविता के अंत में न होकर आरंभ या बीच में हैं जैसे—

हर आदमी एक जोड़ी जूता है
जो मेरे सामने
मरम्मत के लिए खड़ा है (मोचीराम)

इस वक्त जबकि कान नहीं सुनते हैं कविताएँ
कविता पेट से सुनी जा रही है। (कविता 1970)

जब तक ठोस उदाहरण न हो, काशीनाथ अपनी तरफ से फतवा देने के आदी नहीं हैं, वे रचना से साक्षात्कार करते हैं, फिर निष्कर्ष निकालते हैं। आलोचना के चालू मुहावरों की तरह जिसमें अधिकांश आलोचक फ्रेम तैयार करते हैं, उसके बाद तस्वीरों में काटछांट करके फ्रेम के योग्य बना देते हैं। रचना के मूल्यांकन की यह अवैज्ञानिक पद्धति है।

धूमिल नक्सलवादी आंदोलन से प्रभावित थे एक यांत्रिक क्रांतिकारी की तरह—"उसका विश्वास था कि गाँव को, किसानों को, गरीबों को आज तक 'एक्सप्लोइट' किया गया है। समय पर भिन्न नारे देकर बुद्धिजीवियों ने गाँव को सिद्धांत गढ़ने और बहस के विषय के रूप में इस्तेमाल किया है। राजनीतिज्ञों ने अपनी कुर्सी और संपत्ति को जोड़ने में, गरीबों का मतदान की पेटी के रूप में उपयोग किया है, और लेखकों-साहित्यकारों ने, उसकी गरीबी, भुखमरी और बेकसी को अपने को महान् बनाने हेतु इस्तेमाल किया है। किसी को क्या हक है, कि हमारी पीड़ा का ढोल पीटे या गाना गाये।" (पृष्ठ 77)

इन्हीं विचारों व समझ के कारण धूमिल अकेला होने लगता है। उसे प्रतीत होता है कि सारा देश कारागार है, मुमकिन है कि यही कारण हो कि धूमिल ने 1971 के बाद बहुत कम लिखा, उसकी भाषा चुप रहने लगी। काशीनाथ एक महत्त्वपूर्ण प्रश्न उठाते हैं, धूमिल के माध्यम से तमाम अतिक्रांतिकारियों से पूछना चाहते हैं। एक समय कविता में ठोस और मूर्त भाषा की वकालत करने वाला धूमिल इतना अमूर्त क्यों हो जाता है ? धूमिल की प्रतिभा, बात कहने का अनूठा ढंग, भाषा की शक्ति और सामर्थ्य पर काशीनाथ विस्तार से चर्चा करते हैं, लेकिन धूमिल और उसके जैसे तमाम रचनाकारों के अंतर्विरोधों को भी स्पष्ट करते हैं। ये गहरे अंतर्विरोध किसी लेखक के महान् प्रतिभा होते हुए भी उसे बड़ा रचनाकार नहीं बनने देते। यह बात धूमिल पर ही नहीं उन तमाम साहित्यकारों पर लागू होती है जो अपने

अंतर्विरोधों की खाई को पाटना नहीं चाहते हैं। उनके सामने लक्ष्य स्पष्ट नहीं है। क्रांतिकारी यथार्थवाद पर रोमानियत हावी है।

"वह पूँजीवादी शोषण के भी खिलाफ है, मध्यवर्ग के भी और जनता के भी। उसका कोई हमदर्द नहीं, इसलिए कि उसको किसी के साथ हमदर्दी नहीं है। वह परिवर्तन चाहता है कि लेकिन व्यक्तिवाद की कीमत पर नहीं। वह कविता के ऐसे बगीचे की कल्पना करता है जिसमें केवल एक पेड़ हो–धूमिल का, और वह बगीचा ही कहलाएगा।" (पृष्ठ 82)

एक और महत्त्वपूर्ण रचना है 1950 और 1970 के बीच की हिंदी कहानी पर कुछ बेबाक बातचीत का निष्कर्ष यह प्रसिद्ध अमेरिकन हिंदी विद्वान डॉ. गार्डन रोडारमल के इंटरव्यू के रूप में है लेकिन यह साक्षत्कार रोडारमल की मृत्यु (जून 1972) के बाद प्रकाशित हुआ है। ऐसा लगता है कि रोडारमल के बहाने काशी ने कहानी पर अपनी बात कही है। बहुत ही नए ढंग से हिंदी कहानी उसकी प्रवृत्तियाँ, सामाजिक संबंधों, भारतीय परिवेश और नई कहानी, भारतीय मध्यवर्ग के नव युवकों के लिए उनकी यह टिप्पणी महत्त्वपूर्ण है। यहाँ के लोग जितने अंग्रेज हो गए हैं उतने अंग्रेजी शासन के दौरान नहीं थे। वे विदेशी हिंदी विद्वानों से अंग्रेजी में बात करना अपना सौभाग्य समझते हैं। अपनी जमीन से कटे हुए मध्यमवर्गीय लोगों पर काशी की यह आरंभिक टिप्पणी आज के संदर्भ में विशेष उल्लेखनीय है। 1950 और 1965 के बीच कुछ ऐसी कहानियाँ और उपन्यास लिखे गए जो हिंदी में तो थे लेकिन भारतीय परिवेश से उनका कोई संबंध नहीं था। ज्ञानरंजन, रवींद्र कालिया और दूधनाथ के संबंध में टिप्पणी 30 साल बीतने पर भी आज भी सटीक है। वे यह दिखाने का प्रयत्न करते हैं कि वे परिवार से अलग हैं या पारंपरिक संबंधों से मुक्त हैं। गार्डन यह सवाल करते हैं कि क्या भारतीय जीवन इतना बदल गया है।

1950 और 60 के बीच अधिकांश पात्र अधिक सक्रिय नहीं हैं वे सोचते अधिक है करते बहुत कम हैं। इन कहानियों में संघर्ष नहीं है, यह आवश्यक नहीं कि नया लेखक पुरानी कहानियाँ नहीं लिखेगा, जबतक लेखक का उद्देश्य स्पष्ट नहीं है तब तक नई कहानी पुरानी भी हो सकती है। भारतीय परंपरा के संबंध में यथार्थ से अधिक भावुकता और रोमानीपन है। यह बात महत्त्वपूर्ण है हमारे आलोचक इन्हीं कहानियों को अधिक प्रश्रय देते हैं। जिनमें इन तत्त्वों के अतिरिक्त काव्यात्मक तत्त्व भी हों। इन तीन दशकों में सैक्स और रोमानी क्रांति का पुट और शामिल हो गया है। कुछ विवादास्पद प्रश्न भी हैं भोगे हुए यथार्थ की कहानियाँ कौन लेखक और लेखिका लिख रहे हैं। ममता कालिया और सुधा अरोरा का नाम काशी लेते हैं या गार्डन, यह कहना मुश्किल है। इन दोनों लेखिकाओं की कहानियों की घटनाएँ बहुत निजी लगती हैं।

महिला लेखन पर बहुत दिलचस्प बहस है, "हिंदी महिला कथा लेखिकाओं

की मुख्य चरित्र महिलाएँ ही हैं। वे पुरुष के मन में कम जाती हैं। भारतीय जीवन बहुत विविधता पूर्ण है। उस जीवन को बहुत कम लोग अभिव्यक्ति प्रदान कर रहे हैं। प्रेमचंद का संसार बहुत व्यापक था उनके पात्रों में विविधता और प्रामाणिकता दोनों हैं। कुली के जीवन पर लिखने के लिए कुली होना जरूरी नहीं है, लेकिन उसके जीवन को बहुत निकट से देखने की आवश्यकता है।'' (पृष्ठ 55)

कहानियों के मूल्यांकन की पद्धति क्या हो, ताकि लेखकों को यह शिकायत न रहे कि उनकी रचना का सही मूल्यांकन नहीं हुआ है। आलोचना के सिद्धांतों के विकास और मापदंड के बिना मूल्यांकन संभव नहीं है। रचना के आंतरिक संसार को भी देखने-परखने की आवश्यकता है। कहानी जितने पक्षों का उद्‌घाटन करेगी उतनी ही अधिक सार्थक और महत्त्वपूर्ण होगी। गार्डन रोडारमल तीन दशक पहले इस बात पर बहुत चिंतित थे कि–''यहाँ के बहुत पढ़े-लिखे लोग, क्यों नहीं पढ़ना चाहते। इस पर गंभीरता से कहानीकारों को सोचने की आवश्यकता है। इस पर आज शताब्दी के अंत में सोचने समझने और सही कारण जानने की आवश्यकता है।

एक बहुत विवादास्पद आलेख है 'प्रथम विश्व हिंदी सम्मेलन और हम'। काशीनाथ उस समय अतिक्रांतिकारी दल में शामिल थे। वह क्रांति अधिकांश लोगों के लिए सैद्धांतिक अधिक थी व्यावहारिक कम। काशी सिद्धांत और व्यवहार की खाई पाटने का प्रयास करते हैं, उनके कई निष्कर्ष आज सही नहीं हैं। उस समय के उनके कई क्रांतिकारी साथी या तो चुप होकर बैठ गए या जिस व्यवस्था से लड़ने चले उसी का जाने-अनजाने में अंग बन गए। कुछ लोगों के अब भी क्रांतिकारी तेवर तो हैं लेकिन व्यवस्था की गोद में बैठकर वे क्रांतिकारी लफ़्फाज़ी करते हैं। उनको समझने को यह शेर बहुत उपयुक्त है–

रात को मय पी और सुबह तोबा कर ली,
रिंद के रिंद रहे और हाथ से जन्नत न गई

लेकिन काशी के नेतृत्व में जो समानांतर सम्मेलन हुआ, वह कई दृष्टियों से महत्त्वपूर्ण है। जब जनआंदोलन होते हैं तो हमारे लेखक और बुद्धिजीवी भी साहसी हो जाते हैं। लेकिन जनांदोलनों के अभाव में, यही लोग कायर और समझौतावादी हो जाते हैं। हिंदी के अधिकांश बुद्धिजीवी और लेखक खतरे नहीं उठाते, जहाँ खतरे होते हैं वहाँ वो बचके निकल जाते हैं। इस नारे की बहस आज हर शहर और कस्बे में पहले से अधिक आवश्यक है। तभी पुर्नरुत्थानवाद, सांप्रदायिकता और सत्ता के तानाशाही चरित्र से लड़ा जा सकता है। आज प्रतिक्रियावाद का कला साहित्य और भाषा पर पहले से अधिक संगठित आक्रमण है। उस समय का नारा था–

'जनवादी लेखन जिंदाबाद'
'लिखना है तो लड़ना सीखो'

'हिंदी जनता की भाषा है सेठों की जागीर नहीं'

हिंदी भाषा और साहित्य को जनविरोधी राजनीति के हाथों से निकालना हर लेखक का कर्तव्य है। लेखन को जनसंघर्ष से जोड़कर ही इस जनविरोधी राजनीतिक षड्यंत्र से लड़ा जा सकता है। साहित्य, जीवन की वास्तविकता और वर्ग संघर्ष को झुठलाकर एक अमूर्त मानव की शक्ल में पेश नहीं किया जा सकता। शासक वर्ग, भारतीय जन-जीवन की वास्तविकता से साहितय को विमुख करना चाहते हैं।

काशी कुछ गलत निष्कर्षों पर भी पहुँचे हैं। वे राजेंद्र यादव, कमलेश्वर और अमृतराय जैसे लोगों को धर्मवीर भारती के साथ बिठा देते हैं और उन्हें दलाल बुद्धिजीवियों की श्रेणी में रखते हैं। इनके मूल्यांकन में अतिक्रांतिकारी आक्रोश अधिक है, निश्चित रूप से यह तीनों अपनी तमाम कमजोरियों के बावजूद सत्ता के दलाल लेखक नहीं हैं। कुछ सैद्धांतिक सवाल काशी ने उठाए हैं। उन पर अपनी टिप्पणियाँ भी दी हैं जिनमें कुछ सार्थक हैं कुछ अधिक सरलीकृत। साहित्य और राजनीति के अंतःसंबंधों पर आधी-अधूरी बहस है। वे नागार्जुन और रेणु को एक ही पलड़े में रखकर तौलते हैं। रेणु की राजनीति, वामपंथी नहीं थी। वे जयप्रकाश और लोहिया से प्रभावित रहे। इन दोनों की राजनीति की विफलता ने क्या गुल खिलाए हैं, यह किसी से छुपा नहीं है। साम्प्रदायिक और जातिवादी राजनीति की अमरबेल, कल्पवृक्ष कहकर, इन दोनों ने ही लगायी थी, आज जनता, किसान, मजदूर की साहित्य में बात नहीं होती। जनता के साहित्य की चर्चा अभी हाशिये पर है, तब प्रश्न यह उठता है कि दो दशक में कितना महान् साहित्य मध्यवर्ग के बीच से पैदा हुआ है। जनता के साहित्य की पुनर्व्याख्या करने की आवश्यकता है। साहित्य व्यंग्य की वस्तु नहीं है, जनकवि भी उतने ही महत्त्वपूर्ण होते हैं जितने श्रेष्ठकवि।

काशीनाथ अपनी इस इकलौती आलोचना पुस्तक में 60 से 80 के दशक की समस्याओं के प्रश्नों पर विचार नहीं करते, लेकिन हमारे समय में जो प्रश्न और बहस हैं, वे अधिक महत्त्वपूर्ण हैं। जिनपर आज नए सिरे से बात करके निष्कर्ष निकालने की आवश्यकता है। हिंदी आलोचना का यह दुर्भाग्य है कि इतनी अधिक रचनात्मक आलोचना की यह कृति छपने के बाद अँधेरे में धकेल दी गई। मेरी दृष्टि में काशी जैसी रचनात्मक आलोचना लिखने वाले लेखकों का अकाल है।

□□□